W0257371

Heiko Lippold, Paul Schmitz und Dietrich Seibt (Hrsg.)

**Sicherheit in netzgestützten Informationssystemen**

Heiko Lippold, Paul Schmitz und Dietrich Seibt (Hrsg.)

# Sicherheit in netzgestützten Informationssystemen

## Proceedings des BIFOA-Kongresses

### SECUNET '93

ISBN-13:978-3-528-05352-9    e-ISBN-13:978-3-322-87805-2
DOI: 10.1007/978-3-322-87805-2

Das in diesem Buch enthaltene Programm-Material ist mit keiner Verpflichtung oder Garantie irgendeiner Art verbunden. Die Herausgeber, die Autoren und der Verlag übernehmen infolgedessen keine Verantwortung und werden keine daraus folgende oder sonstige Haftung übernehmen, die auf irgendeine Art aus der Benutzung dieses Programm-Materials oder Teilen davon entsteht.

V

## Inhaltsverzeichnis


Vorwort ................................................................................................ IX

Grußwort **Dr. Rudolf Seiters,**
  Bundesminister des Innern ............................................................... XIII

Grußwort **Dr. Herbert Schnoor,**
  Innenminister des Landes Nordrhein-Westfalen ............................... XVII

Programm ........................................................................................... XXI


## Plenumsvorträge


**Dr. Heiko Lippold**
Erstellung eines Sicherheitskonzeptes: Grundlagen, Stärken des IT-Sicherheits-
  handbuches, Verbesserungsvorschläge und weitere Empfehlungen ........................... 1

**Prof. Dr. Alfred Büllesbach**
Rechtsfragen zur europäischen Telekommunikation ................................................. 21


## Sektion A
## Strategie, Organisation und Personalaspekte der
## Informationssicherheit ......................................................... 43

**Sektionsleiter: Prof. Dr. Paul Schmitz**


**Dr. Dirk Stelzer**
Ansätze zur Entwicklung von Sicherheitskonzepten: Risikoanalysen oder Baseline
  Security Measures? ........................................................................................... 45

**Dr. Gerhard Klett**
Praxisgerechte Methodik zur Risikoanalyse in vernetzten
  heterogenen Informatik-Infrastrukturen ............................................................... 63

**Hennig Wilke**
Zugriffsschutz in heterogenen Netzen - Schwierigkeiten, Lösungen und Erfahrungen aus
  Anwendungsprojekten .......................................................................................... 85

**Dr. Ivo Geis**
Aktuelle personalrechtliche Fragen der Informationssicherheit ................................... 95

**Sektion B**

**Methoden und Werkzeuge der Informationssicherheit**...................... 115
Sektionsleiter: Dr. Heinrich Kersten

**Dipl.-Ing. Harald Hauff**
Wege zu qualitativ hochwertiger Informationstechnik: VSE (Verification Support
    Environment), ein Werkzeugkasten für die Entwicklung und Herstellung
    vertrauenswürdiger zuverlässiger Software ........................................ 117

**Dipl.-Inform. Petra Borowka**
Sicherheit durch Netzwerkmanagement: Anforderungen an ein integriertes
    Netzwerkmanagement-System ...................................................... 137

**Dipl.-Math. Klaus Keus**
Übersicht und Gegenüberstellung der aktuellen IT-Sicherheitskriterien (ITSEC,
    CTCPEC, FC, Japanische Kriterien, ITSK) und ihre Einordnung in
    Normungsaktivitäten ............................................................... 171

**Teresa F. Lunt**
Inference Control for relational databases........................................... 201


**Plenumsvortrag**

**Dr. Gerhard Klett**
Sicherheitskomponenten für Client-Server-Architekturen,
    speziell für SAP R/3-Umfeld.................................................... 221


**Sektion C**

**Sicherheit bei Nutzung von PC, Workstations, LAN,
    gemischter Infrastruktur**........................................................ 243
Sektionsleiter: Dipl.-Kfm. Heinz A. Gartner

**Wolfgang Bender**
Die PC-Sicherheitskonzeption der Dresdner Bank..................................... 245

**Dipl.-Kfm. Heinz A Gartner**
Add-on-Sicherheit in NOVELL NetWare 3.11-Netzen - Anforderungen und
    Marktübersicht .................................................................... 257

**Jörg Steindecker**
Audit in Novell-Netzen.............................................................. 277

**Dipl.-Ing. Norbert Pohlmann**
Sicherheit in Unix-Netzen (TCP/IP).................................................. 309

**Prof. Dr. Kurt Bauknecht**
Definition und Vorgehensplanung für die Einführung einer Sicherheitsarchitektur in
    offenen verteilten Systemen ...................................................... 327

**Sektion D**
**Sicherheit in nationalen Telekommunikationssystemen**......................343
**Sektionsleiter: Dr. Dr. Gerhard van der Giet**

**Wilhelm Möller**
Datensicherheit in einem AS/400-Speditionsnetzwerk.....................................345

**Dipl.-Phys. Peter-M. Oden**
Sicherheitsaspekte beim strategischen Einsatz von vertriebsunterstützenden
   AD-Beratungssystemen ...............................................................371

**Dr. Karl Rihaczek**
Ansatzpunkte und Entwicklungsstand der Realisierung digitaler Urkundsbeweise................411

**Dipl.-Kfm. Michael Müller-Berg**
EDI und Sicherheit.....................................................................421


**Plenumsvortrag**

**Dipl.-Math. Klaus-Dieter Wolfenstetter**
Sicherheit in internationalen Telekommunikationssystemen ...........................................445


**Sektionsleiter und Referenten** ................................................................461

**Programm- und Organisations-Komitee**................................................................463

**An der Ausstellung teilnehmende Firmen**
   **und Verlage sowie Sponsoren**................................................................465

VIII

# Vorwort

**Dr. Heiko Lippold**
**Prof. Dr. Paul Schmitz**
**Prof. Dr. Dietrich Seibt**

# VORWORT

(zur Kongreßdokumentation SECUNET '93)

Die immer stärkere Verbreitung rechnergestützter Informationssysteme in allen Bereichen der Gesellschaft, in Unternehmen und Behörden sowie im privaten Bereich, die zunehmende Integration, Dezentralisierung und Vernetzung dieser Systeme bis hin zu globalen Lösungen, die Vielfalt von Kommunikationsverbindungen zwischen den Systemen und Zugriffsmöglichkeiten auf Informationsbestände vergrößern

- die Gefahren und die Eintrittswahrscheinlichkeiten von Schäden bezogen auf alle Systemkomponenten,
- die Dimensionen der möglichen Schäden,
- die Betroffenheit des Einzelnen, die Betroffenheit sozialer Gruppen, Unternehmen, Institutionen jeglicher Art und der Gesellschaft als Ganzes,
- die Abhängigkeit Aller von 'sicherer' Informationsverarbeitung in einem umfassenden Sinne.

Die Gewährleistung der technischen Verfügbarkeit und Funktionsfähigkeit von Informationssystemen, die Sicherstellung und Kontrolle von Befugnissen sowie die Nachweisbarkeit von Kommunikationsvorgängen sind als Aufgaben von weitreichender Bedeutung für die Erreichung des Ziels 'Informationssicherheit', d. h. von 'Sicherheit der Informationsverarbeitung' erkannt. Sicherheit in offenen Netzen, Diensten und Benutzergruppen sowie im Zusammenwirken verteilter Rechner und Unternehmens- bzw. branchenübergreifender Rechenzentren ist eine komplexe Aufgabe.

**Informationssicherheit muß 'Chefsache' in den Unternehmen und Behörden sowie Verpflichtung und Aufgabe aller Gruppen und Individuen in der Gesellschaft sein.**

Zweck des SECUNET-Kongresses, der von BIFOA 1993 zum vierten Mal durchgeführt wird, ist die Diskussion wichtiger und aktueller Sicherheitsprobleme und -lösungen unter organisatorischen, personellen, technischen, wirtschaftlichen und rechtlichen Gesichtspunkten. Im Mittelpunkt stehen 'netzgestützte Informationssysteme'. Hierzu zählen Verbundlösungen unter Einbeziehung von Großrechnern, Abteilungs- und Arbeitsplatzrechnern einschließlich mobiler Rechner und Endgeräte, von Nebenstellenanlagen und Local Area Networks sowie von öffentlichen Netzen und Diensten (einschließlich des grenzüberschreitenden Datenverkehrs).

Der Kongreß umfaßt

- vier Plenumsvorträge, mit den Schwerpunkten

  * 'Sicherheitskonzept',

  * 'Europäische Rechtsfragen',

  * 'Client-Server-Architekturen',

  * 'Internationale Telekommunikation',

- vier Sektionen, mit den Schwerpunkten

  * Sektion A 'Strategie, Organisation und Personalaspekte der Informationssicherheit' (vier Vorträge) sowie Sektion B 'Methoden und Werkzeuge der Informationssicherheit' (vier Vorträge),

  * Sektion C 'Sicherheit bei Nutzung von PC, Workstations, LAN, gemischter Infrastruktur' (fünf Vorträge) und die Sektion D 'Sicherheit in nationalen Telekommunikationssystemen' (vier Vorträge).

  * Hinzu kommt eine weitere Sektion mit (voraussichtlich acht) Vorträgen aus Hersteller- bzw. Vertriebsunternehmen von Sicherheitsprodukten und -dienstleistungen (nicht in diesem Kongreßband dokumentiert).

Kongreßbegleitend präsentieren eine Reihe von Ausstellern ihre Sicherheits-Produkte (Orgware, Software, Hardware) und -Literatur.

Die Veranstaltung wendet sich an die Sicherheits-Verantwortlichen, an die von Sicherheit 'Betroffenen' in Unternehmen aller Branchen und in der öffentlichen Verwaltung sowie an die Anbieter von Sicherheitslösungen und an Wissenschaftler auf dem Gebiet der Informationssicherheit. Hauptaufgabe des Kongresses ist es, ein Diskussionsforum für alle wichtigen und aktuellen Probleme der Informationssicherheit zur Verfügung zu stellen, insbesondere den Fragen der Praxis breiten Raum einzuräumen und Anregungen für praktische Problemlösungen zu geben.

Heiko Lippold
Paul Schmitz
Dietrich Seibt

# Grußwort

## Dr. Rudolf Seiters
## Bundesminister des Innern

## G r u ß w o r t

Im Jahr 1990 hat das Betriebswirtschaftliche Institut für
Organisation und Automation an der Universität zu Köln damit
begonnen, mit seinem ersten SECUNET-Kongreß ein Forum zu
schaffen, in dem Probleme der Sicherheit in netzgestützten
Informationssystemen auf einer breiten Basis diskutiert werden
können.

Eine solche Diskussion ist heute notwendiger denn je. Die
schnelle technische Weiterentwicklung sowohl im Bereich der
Informationsübertragung als auch der Informationsverarbeitung
führt dazu, daß die moderne Industriegesellschaft mehr und
mehr vom störungsfreien Betrieb netzgestützter Informationssysteme abhängig wird. Sie schaffen die notwendigen Voraus-
setzungen für eine effiziente Zusammenarbeit in Wirtschaft und
Verwaltung innerhalb und zwischen den Staaten. Das Potential
für politische und wirtschaftliche Vorteile, das in dem Einsatz solcher Systeme liegt, ist unbestritten. Allerdings
werden auch die Risiken zunehmend deutlich.

Die Möglichkeit, daß Informationen in diesen Systemen ver-
fälscht werden, nicht zur Verfügung stehen, wenn sie benötigt
werden oder an Unbefugte gelangen, kann zur Verunsicherung der
Anwender führen. Informationssysteme sollten nur dann vom Anwender akzeptiert werden, wenn ihm ein Urteil darüber möglich
ist, wie seine Informationen durch geeignete Sicherheitsmaßnahmen zuverlässig geschützt werden können.

Der technische Fortschritt und die zunehmende Verbreitung des
Wissens über Grundlagen und Anwendung der Informationstechnik
führt zu einem ständigen Wettlauf zwischen der Entstehung
neuer Sicherheitsrisiken und der Entwicklung darauf
abgestimmter Schutzmaßnahmen.

Themen, wie z.B. Risikoanalyse, Netzwerkmanagement oder die
Einrichtung von Trust Centern haben dabei zusammen mit rechtlichen Fragen einen besonderen Stellenwert für die Sicherheit
in netzgestützten Informationssystemen und müssen zunehmend in
einem internationalen Zusammenhang gesehen werden. Der dies-
jährige Kongreß SECUNET'93 behandelt diese Probleme sowohl aus
technischer Sicht wie auch aus der Sicht der Anwender und
setzt damit auf die gute Tradition der früheren Tagungen fort.

In diesem Sinne wünsche ich dem Kongreß einen erfolgreichen
Verlauf und allen Teilnehmern anregende Diskussionen.

Rudolf Seiters
Bundesminister des Innern

# Grußwort

## Dr. Herbert Schnoor
## Innenminister des Landes Nordrhein-Westfalen

Grußwort des Innenministers des Landes NRW
zum Kongreß "SECUNET '93" am 7. und 8. Juni 1993 in Köln


Der SECUNET-Kongreß wird in diesem Jahre zum vierten Mal
veranstaltet. Er hat seit 1990 die Sensibilisierung von Anwendern, Herstellern und Entwicklern von Informationstechnik
für Fragen der Sicherheit in der Informationstechnik gefördert
und wesentlich dazu beigetragen, die Komplexität von IT-
Sicherheit in einer ganzheitlichen Sichtweise deutlich zu
machen.

Ein Blick in die Themenliste des diesjährigen Kongresses
zeigt, daß die Entwicklung von Lösungsansätzen auf dem Gebiet
der Sicherheit in der Informationstechnik weit über einen
reinen Erfahrungsaustausch und das Aufzeigen spezieller Pro-
blematiken hinausgeht.

Methodische Ansätze und Konzepte werden zur Diskussion gestellt, die das Ziel haben, die Verfügbarkeit von Daten und
Dienstleistungen, die Vertraulichkeit von Informationen und
die Integrität von Daten, Dienstleistungen und Systemen in
angemessener Form herzustellen; auch werden bereits Werkzeuge
zur Entwicklung und Herstellung vertrauenswürdiger zuver-
lässiger Software vorgestellt.

Normungsaktivitäten auf dem Gebiet der IT-Sicherheitskriterien
unterstreichen das Bestreben, von einem Spektrum bereits
existierender oder in der Überarbeitung oder im Entstehen
befindlicher Kriterien zu harmonisierten Definitionen und
Bewertungen zu kommen.

Die Nutzung von Netzen hat sich weiter verstärkt - sei es, daß
z. B. im Rahmen von "Downsizing" oder "Rightsizing" Local Area
Networks mit Arbeitsplatzcomputern realisiert werden, sei es
durch die Inanspruchnahme nationaler oder internationaler
Telekommunikationsdienste im Weitverkehrsbereich. Der SECUNET
'93-Kongreß bietet dem Fachpublikum ein Forum für Sicherheitsfragen in netzgestützten Informationssystemen und damit
in dem komplexesten Anwendungsfall der Informationstechnik
überhaupt.

Ich wünsche den Veranstaltern und allen Teilnehmern einen
erfolgreichen Verlauf des Kongresses.


Dr. Herbert Schnoor
Innenminister
des
Landes Nordrhein-Westfalen

## Montag, 7. Juni 1993

10.00 - 10.45   Eröffnung, Grußworte

10.45
-
11.45

Plenumsvortrag - **Dr. H. Lippold** / BIFOA
Erstellung eines Sicherheitskonzeptes: Grundlagen, Stärken des IT-Sicher-
heitshandbuches, Verbesserungsvorschläge und weitere Empfehlungen

11.45 - 12.00   Kaffeepause

12.00
-
13.00

Plenumsvortrag - **Prof. Dr. A. Büllesbach** / debis Systemhaus GmbH
Rechtsfragen zur europäischen Telekommunikation

13.00 - 15.00   Mittagspause und Ausstellungsbesuch

| Sektion A | Sektion B |
|---|---|
| **Dr. D. Stelzer**<br>BIFOA<br><br>Ansätze zur Entwicklung von Sicherheits-<br>konzepten: Risikoanalysen oder Baseline<br>Security Measures? | **H. Hauff**<br>BSI - Bundesamt für Sicherheit in der<br>Informationstechnik<br><br>Wege zu qualitativ hochwertiger Informations-<br>technik - VSE (Verification Support Environ-<br>ment), ein Werkzeugkasten für die Entwick-<br>lung und Herstellung vertrauenswürdiger<br>zuverlässiger Software |
| **Dr. G. Klett**<br>BASF AG<br><br>Praxisgerechte Methodik zur Risikoanalyse<br>in vernetzten heterogenen Informatik-<br>Infrastrukturen | **P. Borowka**<br>Unternehmensberatung Netzwerke UBN<br><br>Sicherheit durch Netzwerkmanagement:<br>Anforderungen an ein integriertes<br>Netzwerkmanagement-System |

15.00 - 15.40 (Sektion A: Dr. D. Stelzer / Sektion B: H. Hauff)

15.40 - 16.20 (Sektion A: Dr. G. Klett / Sektion B: P. Borowka)

16.20 - 16.40   Kaffeepause

| Sektion A | Sektion B |
|---|---|
| **H. Wilke**<br>UniWare Computer GmbH<br><br>Zugriffsschutz in heterogenen Netzen -<br>Schwierigkeiten, Lösungen und Erfahrungen<br>aus Anwendungsprojekten | **K. Keus**<br>BSI - Bundesamt für Sicherheit in der Infor-<br>mationstechnik<br><br>Übersicht und Gegenüberstellung der<br>aktuellen IT-Sicherheitskriterien (ITSEC,<br>CTCPEC, FC, Japanische Kriterien, ITSK)<br>und ihre Einordnung in Normungsaktivitäten |
| **Dr. I. Geis**<br>Ortner & Geis Rechtsanwälte<br><br>Aktuelle personalrechtliche Fragen der<br>Informationssicherheit | **T. F. Lunt**<br>Stanford Research Institute International<br><br>Inference Control for relational databases |

16.40 - 17.20 (Sektion A: H. Wilke / Sektion B: K. Keus)

17.20 - 18.00 (Sektion A: Dr. I. Geis / Sektion B: T. F. Lunt)

18.00 - 18.20   Schlußdiskussion in den Sektionen

18.30           Empfang und Abendessen

# Dienstag, 8. Juni 1993

**09.00 - 10.00**

Plenumsvortrag - **Dr. G. Klett**
Sicherheitskomponenten für Client-Server-Architekturen, speziell für SAP R/3-Umfeld

**10.00 - 13.00** Ausstellungsbesuch und Mittagspause

## Sektion C

**13.00 - 13.40**

**W. Bender**
Dresdner Bank AG
Die PC-Sicherheitskonzeption der Dresdner Bank

**13.40 - 14.20**

**H. A. Gartner**
BIFOA
Add-on-Sicherheit in NOVELL NetWare 3.11-Netzen - Anforderungen und Marktübersicht

**14.20 - 14.40** Kaffeepause

**14.40 - 15.20**

**J. Steindecker**
S&S International (Deutschland) Gesellschaft für Sicherheit in der Informationstechnik mbH
Audit in Novell-Netzen

**15.20 - 16.00**

**N. Pohlmann**
KryptoKom GmbH
Sicherheit in Unix-Netzen (TCP/IP)

**16.00 - 16.40**

**Prof. Dr. K. Bauknecht**
Universität Zürich-Irchel
Definition und Vorgehensplanung für die Einführung einer Sicherheitsarchitektur in offenen verteilten Systemen

## Sektion D

**13.00 - 13.40**

**W. Möller**
Kühne & Nagel (AG & Co) Zentralkontor ZES
Datensicherheit in einem AS/400-Speditionsnetzwerk

**13.40 - 14.20**

**P.-M. Oden**
GERLING-KONZERN Gesellschaft für Informationsmanagement und Organisation mbH
Sicherheitsaspekte beim strategischen Einsatz von vertriebsunterstützenden AD-Beratungssystemen

**14.40 - 15.20**

**Dr. K. Rihaczek**
Ansatzpunkte und Entwicklungsstand der Realisierung digitaler Urkundsbeweise

**15.20 - 16.00**

**M. Müller-Berg**
LION EDInet Gesellschaft für Kommunikation mbH
EDI und Sicherheit

---

**16.40 - 17.00** Schlußdiskussion in den Sektionen

**17.00 - 17.20** Kaffeepause

**17.20 - 18.20**

Plenumsvortrag - **K.-D. Wolfenstetter /**
Forschungsinstitut der DBP TELEKOM
Sicherheit in internationalen Telekommunikationssystemen

anschl. Schlußwort und Ende der Veranstaltung

Dr. Heiko Lippold

# Erstellung eines Sicherheitskonzeptes: Grundlagen, Stärken des IT-Sicherheitshandbuches, Verbesserungsvorschläge und weitere Empfehlungen

## Zusammenfassung

Ein Sicherheitskonzept beinhaltet Grundlagen, Aussagen zur Ist-Situation und Maßnahmen zur Erhaltung und Verbesserung des Sicherheitsniveaus in einem definierten Bereich der Informationsverarbeitung. Konzepte zeigen wesentliche Gefahren bzw. Risiken auf und definieren Maßnahmen zur Erhaltung bzw. Verbesserung des aktuellen Sicherheitsniveaus.

Bundesbehörden in Deutschland wird empfohlen, Sicherheitskonzepte anhand des IT-Sicherheitshandbuchs des Bundesamtes für Sicherheit in der Informationstechnik (BSI) zu erstellen; in zunehmendem Maße interessieren sich auch andere Behörden und Unternehmen für das Handbuch. Das IT-Sicherheitshandbuch enthält ein komplexes Verfahren zur Durchführung von Risikoanalysen, zur Auswahl von Sicherungsmaßnahmen und zur Erstellung von Sicherheitskonzepten. Das Verfahren enthält viele hilfreiche Anregungen und Hinweise, jedoch ist erhebliche Einarbeitungszeit erforderlich, um das Handbuch sinnvoll anwenden zu können. Auch Anwender haben zudem festgestellt, daß das Handbuch auslegungs- und verbesserungsbedürftig ist.

## Gliederung

1 Sicherheitskonzepte: Inhalt, Ziele, generelle Empfehlungen, Anforderungen an ein Verfahren
2 Das IT-Sicherheitshandbuch
    21 Überblick und Schritte des Verfahrens
    22 Stärken
    23 Verbesserungsvorschläge
3 Ergänzende Empfehlungen zur Erarbeitung eines Sicherheitskonzeptes

## Ausgewählte Literatur

BSI - BUNDESAMT FÜR SICHERHEIT IN DER INFORMATIONSTECHNIK (Hrsg.): IT-Sicherheitshandbuch: Handbuch für die sichere Anwendung der Informationstechnik; Version 1.0 - März 1992. Bonn 1992.

LIPPOLD, Heiko; GARTNER, Heinz A.: Strategie für die Informationssicherheit: Grundsätze und Instrumente. In: Office Management, 39. Jg. 1991, Heft 7-8, S. 6-13.

LIPPOLD, Heiko; STELZER, Dirk; KONRAD, Peter: Sicherheitskonzepte und ihre Verknüpfung mit Sicherheitsstrategie und Sicherheitsmanagement. In: Wirtschaftsinformatik, 34. Jg. 1992, Heft 4, S. 367-377.

STELZER, Dirk: Sicherheitsstrategien in der Informationsverarbeitung: Ein wissensbasiertes, objektorientiertes Beratungssystem für die Risikoanalyse. Wiesbaden 1993.

STELZER, Dirk; KONRAD, Peter; LIPPOLD, Heiko; GARTNER, Heinz A.: Das IT-Sicherheitshandbuch des BSI - Darstellung, Kritik und Verbesserungsvorschläge. In: Datenschutz und Datensicherung (DuD) (Veröffentlichung in Vorbereitung).

## 1 SICHERHEITSKONZEPTE: INHALT, ZIELE, GENERELLE EMPFEHLUNGEN

### INHALT EINES SICHERHEITSKONZEPTES

## Ein Sicherheitskonzept ...

- **ist Grundlage für das Sicherheitsmanagement**

- **beinhaltet Grundsätze zur Erhaltung und Verbesserung des Sicherheitsniveaus in einem definierten Bereich**

- **beschreibt die untersuchten IV-Systeme und wesentliche Gefahren bzw. Risiken**

- **definiert Maßnahmen zur Erhaltung bzw. Verbesserung des aktuellen Sicherheitsniveaus**

- **kann in verschiedenen Phasen des Lebenszyklus von IV-Systemen erstellt werden**

Häufig werden Konzepte für bereits existierende Systeme erarbeitet, jedoch müssen Sicherheitsaspekte bereits in die Planung neuer Systeme einbezogen und die Erstellung und Fortschreibung von Sicherheitskonzepten über alle Phasen des Systemlebenszyklus hinweg gewährleistet werden:

=> **'Built-in'-Sicherheit ist besser als 'Add-on'-Sicherheit**

## ZIELE EINES SICHERHEITSKONZEPTES

**Ein Konzept für die Informationssicherheit (ISi) ...**

- **fordert die Verantwortlichen, systematisch über ISi nachzudenken**

- **macht die Verantwortlichen auf die wichtigsten Objekte, Gefahren und Schwachstellen aufmerksam**

- **fördert das Verständnis für die relevanten Zusammenhänge**

- **erhöht das Sicherheitsbewußtsein**

- **ermöglicht es den Mitarbeitern, ihre Verantwortung gut informiert wahrzunehmen**

- **liefert Begründungen für bereits ergriffene, noch zu realisierende und verworfene Maßnahmen**

- **sollte Grundlage aller wichtigen ISi-Entscheidungen sein**

## GENERELLE EMPFEHLUNGEN FÜR EIN ISi-KONZEPT (1)

### Betten Sie das ISi-Konzept in ISi-Strategie und ISi-Management ein!

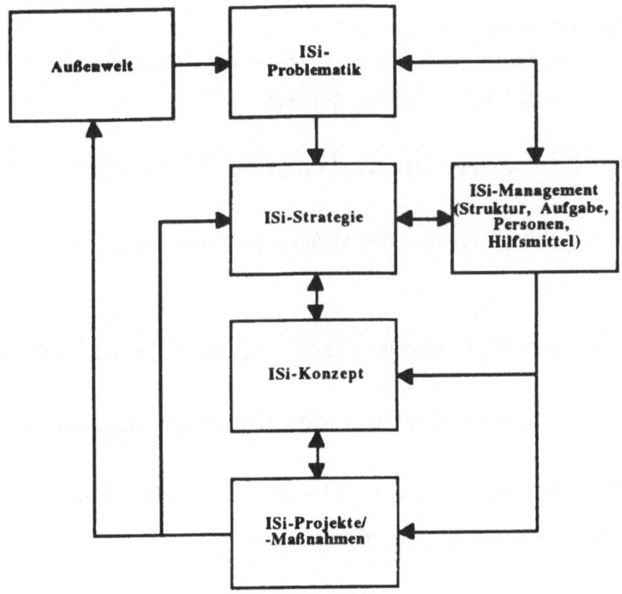


Eine Strategie ist nötig, wenn es sich um einen komplexen Bereich handelt, der für die Gesamtorganisation von grundlegender und langfristiger Bedeutung ist.

Eine Strategie "ist das Ergebnis bewußter ... Planungs- und Entscheidungsprozesse ... (zur) Abgrenzung und teilweise(n) Ausfüllung von Ziel- und Aktionsräumen unter dem Aspekt der Erschließung und / oder Sicherung der Erfolgspotentiale ..." (Grochla, Grundlagen der organisatorischen Gestaltung. Stuttgart 1982, S. 112).

Eine Strategie beschreibt die Ausgangssituation, definiert Ziele und Kriterien zur Erfolgsmessung und präzisiert Wege und erforderliche Ressourcen zur Zielerreichung.

### Klären Sie, wieviel Mittel für die Erarbeitung des Konzepts zur Verfügung stehen!

## GENERELLE EMPFEHLUNGEN FÜR EIN ISi-KONZEPT (2)

### Prüfen Sie sorgfältig, auf welche Weise Sie das Sicherheitskonzept erstellen wollen!

Risikoanalyse oder baseline security measures?

Reichen die genehmigten Mittel zur Durchführung einer Risikoanalyse?

Welcher Vorgehensweise soll konkret gefolgt werden?

### Verwenden Sie eine formalisierte Vorgehensweise!

Eine formalisierte Vorgehensweise bzw. eine Methode zur Erstellung eines Sicherheitskonzepts hat folgende Vorteile:

- **Die Gefahr, wichtige Aspekte zu vergessen, wird reduziert.**

- **Übersichtlichkeit und Klarheit des Konzepts werden erhöht.**

- **Bei der Beteiligung mehrerer Personen an der Konzepterstellung erhöht sich die Konsistenz der Ergebnisse.**

- **Werden Sicherheitskonzepte gleichzeitig in verschiedenen Bereichen der Institution erstellt, verbessert ein einheitliches Vorgehen die Vergleichbarkeit und Integration der Ergebnisse.**

# EXKURS:
## PHASEN DER ERSTELLUNG VON SICHERHEITSKONZEPTEN

**• Beschreibung der Systemgrenzen**

In der Regel wird ein Sicherheitskonzept nicht die gesamte Informationsverarbeitung abdecken können. Daher muß vorher, im Zuge der Strategiebildung, eine Entscheidung darüber getroffen worden sein, was behandelt werden soll und was nicht. Es bietet sich an, ein Sicherheitskonzept z. B. auf eine (oder mehrere) Organisationseinheit(en), auf eine (oder mehrere) Anwendung(en) oder auf ein (oder mehrere) IV-System(e) bzw. eine Kombination dieser Bereiche zu begrenzen. Einerseits hat dies den Vorteil, daß die Konzepterstellung 'machbar' bleibt, andererseits darf aber nicht vergessen werden, daß durch eine solche Begrenzung Gefährdungen außerhalb der Grenzen des Konzepts eventuell unbeachtet bleiben. Dies kann zur Unvollständigkeit des Sicherheitskonzepts und damit zu einem unangemessenen Sicherheitsniveau führen.

**• Beschreibung der Sicherheitsziele und Rahmenbedingungen**

- Sachziele: Integrität, Verfügbarkeit, Vertraulichkeit und Verbindlichkeit

- Formalziele: Rechtmäßigkeit, Wirtschaftlichkeit, Soziale Akzeptanz, …

Es sind ferner Aussagen zu treffen, welche besonders wichtigen Ziele der Organisation (wie Wettbewerbsfähigkeit, Zahlungsfähigkeit, Image) generell und unter Sicherheitsgesichtspunkten welche Bedeutung haben, welche Priorität Sicherheit gegenüber anderen Zielen (z. B. Durchsatz, Benutzerfreundlichkeit) haben soll und welche Zielabhängigkeiten besonders bedeutsam sind und geklärt werden müssen.

Auch sind Rahmenbedingungen festzulegen, die Antworten z. B. auf folgende Fragen geben: Sollen Mitarbeiter des Unternehmens 'sicherheitsüberprüft' werden? Soll schwerwiegendes Fehlverhalten von Mitarbeitern gerichtlich verfolgt werden? Sollen für die Durchführung von Risikoanalysen, die Auswahl von Sicherungsmaßnahmen und die Entwicklung von Sicherheitskonzepten externe Berater hinzugezogen werden?

**• Beschreibung der zu sichernden Objekte**

Innerhalb der vorher festgelegten Grenzen sind alle sicherheitsrelevanten Objekte, die durch Gefährdungen beeinträchtigt werden können, zu identifizieren. Hierzu gehören Hardware, Software, Anwendungen, IV-Prozesse und Personen.

Informationen über die sicherheitsrelevanten Objekte können z. B. aus Systembeschreibungen, Ablauf- und Lageplänen oder aus Data Dictionaries entnommen werden. In der Regel werden diese Informationsquellen aber nur für einen Einstieg ausreichen. Eine Komplettierung und Aktualisierung der Angaben durch Interviews (z. B. mit Benutzern, Systemverwaltern / -entwicklern, Revisoren) ist unerläßlich. Es empfiehlt sich, die Objekte nicht nur aufzulisten, sondern auch ihre Beziehungen und Abhängigkeiten (am besten graphisch) darzustellen.

## • Beschreibung bereits existierender Sicherungsmaßnahmen

In der Regel findet die Erarbeitung eines Sicherheitskonzepts in einer Umgebung mit bereits verwirklichten Maßnahmen statt. Diese sollten ebenfalls kritisch betrachtet werden, denn ihre Existenz sagt noch nichts über ihre Angemessenheit aus: Realisierte Maßnahmen können angesichts der bestehenden Gefährdungen z. B. zu aufwendig oder aber unzureichend sein.

## • Beschreibung möglicher Gefahren

Gefährdende Ereignisse, d. h. das Einwirken von Gefahren auf die sicherheitsrelevanten Objekte, sollten gedanklich 'durchgespielt' werden, um mögliche Konsequenzen zu analysieren. Gefahrenquellen sind: Höhere Gewalt / Natur, Technik, Mitarbeiter, externe Personen und sonstige Umwelteinflüsse.

Aufgrund der Vielzahl möglicher Gefahren ist es unabdingbar, besondere Beachtung denen zu schenken, deren Eintritt entweder besonders wahrscheinlich ist oder die besonders hohe Schäden anrichten können. Um diese Gefahren identifizieren zu können, ist es nötig, die Gefahrenbetrachtung um eine Risikobetrachtung zu erweitern.

## • Beschreibung der Risiken

Risiko = Kombination aus Schadenspotential und Eintrittswahrscheinlichkeit eines gefährdenden Ereignisses

Zur Ermittlung der Schadenspotentiale ist es notwendig, die möglichen Konsequenzen anhand der zuvor beschriebenen Beziehungen und Abhängigkeiten im Detail zu analysieren.

-   Welche Schäden zieht z. B. der Ausfall des Servers in Abteilung ABC nach sich?

-   Welche Schäden kann ein Mitarbeiter anrichten, wenn er eine Möglichkeit gefunden hat, das Zugriffsschutzsystem des lokalen Netzwerks zu umgehen?

Die Ermittlung von Eintrittswahrscheinlichkeiten erweist sich in aller Regel als besonders schwieriges Problem, denn es liegen häufig weder Erfahrungswerte vor noch sind die Eintrittswahrscheinlichkeiten leicht zu schätzen:

* Inwiefern unterscheidet sich die Eintrittswahrscheinlichkeit der Gefahr 'Erdbeben mit einer Stärke > 5 auf der Richter-Skala' in Hamburg von der in Köln, Wiesbaden oder München?

* Wie wahrscheinlich ist es, daß Anwendungsprogrammierer Müller in das gerade in Entwicklung befindliche Softwaremodul ein Trojanisches Pferd programmiert?

Liegen keine verläßlichen Informationen über Schadenspotentiale und Eintrittswahrscheinlichkeiten vor, müssen bestmögliche Schätzwerte verwendet werden. Dabei darf jedoch nie außer acht gelassen werden, daß solche subjektiven Schätzungen mit erheblichen Fehlern behaftet sein können.

## • Ordnung und Priorisierung der Risiken

Es wird in der Regel nicht möglich sein, alle identifizierten Risiken zu quantifizieren, z. B. als Produkt aus Eintrittswahrscheinlichkeit pro Jahr und Schadenspotential in DM.

Eine Ordnung und Priorisierung der Risiken ist daher keine einfache Aufgabe, eine verbale Beschreibung möglicher gefährdender Ereignisse nebst ihren Eintrittswahrscheinlichkeiten und potentiellen Konsequenzen sollte jedoch gelingen. Dabei können die einzelnen Risiken z. B. in Kategorien wie 'tragbar und mit geringer Priorität zu bekämpfen', 'gefährlich und zu bekämpfen' und 'untragbar und mit hoher Dringlichkeit zu bekämpfen' eingeteilt werden. Eine solche Kategorisierung hilft, die große Fülle der Risiken überschaubar zu machen und sie hat den Vorteil, daß die gravierenden von den weniger bedeutenden Risiken unterschieden werden.

Ferner hilft sie den Verantwortlichen zu entscheiden, welche Risiken reduziert bzw. eliminiert, welche akzeptiert und welche überwälzt werden sollen. Mit Risikoreduzierung bzw. -eliminierung werden die Eintrittswahrscheinlichkeiten oder die Schadenspotentiale gefährdender Ereignisse durch Maßnahmen gesenkt. Risikoakzeptanz bezeichnet das Tragen von Risiken ohne Maßnahmen. Bei Risikoüberwälzung werden die finanziellen Konsequenzen von Ereignissen auf externe Risikoträger - in der Regel Versicherungen - verlagert.

- ## Beschreibung und Bewertung möglicher Sicherungsmaßnahmen

Für die Risiken, die bekämpft werden sollen, sind Sicherungsmaßnahmen auszuwählen. In der Regel ergeben sich dabei verschiedene Optionen; so kann z. B. der Zugriff auf Dateien eines 'stand-alone' Rechners durch eine verschließbare Tür des betreffenden Raums oder durch ein Zugangsschutzsystem auf dem Rechner selbst geregelt werden. Die Maßnahmen können nach der Art ihrer Wirkung unterschieden werden in solche zur Begrenzung der Eintrittswahrscheinlichkeit gefährdender Ereignisse, ihrer Entdeckung, der Begrenzung ihrer Schadenspotentiale und ihrer Schadensbehebung.

Welche Sicherungsmaßnahmen prinzipiell angemessen sind, hängt vom konkreten Einzelfall ab und muß situationsspezifisch begründet werden.

Die möglichen Maßnahmen sind zudem im Hinblick auf ihren Nutzen und ihre Kosten zu beurteilen. Der Nutzen läßt sich mit Hilfe des Zielbeitrags, d. h. mit dem Risikoreduzierungspotential ausdrücken. Die Kosten sind nicht nur im Hinblick auf finanzielle Aspekte (Entwicklungs-, Beschaffungs-, Betriebs- und Wartungskosten), sondern auch im Hinblick auf andere Nachteile (z. B. Reduzierung der Benutzerfreundlichkeit oder der Performance) zu beurteilen. Deshalb ist für jede Sicherungsmaßnahme zu prüfen, ob der durch die Reduzierung der Risiken entstehende Nutzen die Kosten zumindest kompensiert.

Im Sicherheitskonzept sollten wesentliche Sicherungsoptionen mit ihren Vor- und Nachteilen beschrieben und dann für jede(s) Maßnahme(nbündel) eine Empfehlung formuliert werden.

- ## Rechtfertigung bereits realisierter Maßnahmen

Bereits realisierte Sicherungsmaßnahmen müssen prinzipiell der gleichen Beurteilung unterzogen werden. Ist ein Nachweis über ein positives Kosten-Nutzen-Verhältnis nicht zu führen, ist die Maßnahme durch andere zu ersetzen oder zu streichen.

- ## Richtlinien für die Implementation, Kontrolle und Notfälle

Die ausgewählten Sicherungsmaßnahmen müssen angemessen implementiert werden. Dazu sind Verantwortungsbereiche und Zuständigkeiten für Einführung, Betrieb, Überwachung und Kontrolle der Maßnahmen festzulegen. Gegebenenfalls müssen die Betroffenen über den Sinn der Maßnahmen aufgeklärt und entsprechend geschult werden. Ferner sind Richtlinien für Notfälle zu erlassen, den betreffenden Mitarbeitern bekannt zu machen und zu üben.

## ANFORDERUNGEN AN EIN VERFAHREN ZUR ERSTELLUNG VON SICHERHEITSKONZEPTEN

Methodisch hinreichend fundierte und empirisch erprobte Verfahren und Instrumente zur Erstellung und Umsetzung von Strategien und umfassenden Sicherheitskonzepten sind Mangelware, ebenso wie Lösungen zur sachlich-instrumentellen Integration mit Aktivitäten auf strategischer und operativer Ebene. Zur Erarbeitung eines Sicherheitskonzepts und zur Unterstützung der Management-Prozesse sind im Laufe der letzten Jahre zwar Vorgehensmodelle veröffentlicht worden, ohne daß sich jedoch eines in der Praxis etablieren konnte. Dies liegt insbesondere an mangelnder Praxisnähe, oft fehlender Anpassungsflexibilität und konzeptionellen Ungereimtheiten. Im folgenden soll diskutiert werden, inwieweit das IT-Sicherheitshandbuch die Anforderungen der Praxis an ein Verfahren zu Erstellung von Sicherheitskonzepten erfüllt.

- **Unterstützung konsistenter, redundanzarmer und widerspruchsfreier Arbeit**

- **durchgängige Nutzbarkeit für den gesamten Prozeß der Konzepterstellung und -realisierung**

- **leichte Anpassungsmöglichkeit an organisations-spezifische Bedürfnisse (z. B. nach Größe und Zweck der Institution)**

- **benutzerfreundliche und möglichst einfache Formulierung und Darbietung**

- **Verknüpfbarkeit verschiedener Teilkonzepte (Schnittstellen-Management), mit strategiebildenden und -überprüfenden Aktivitäten sowie mit Projektbündeln, (operativen) Projekten und Maßnahmen**

- **möglichst weitgehende Rechnerunterstützung**

**2    DAS IT-SICHERHEITSHANDBUCH**

---

## DAS IT-SICHERHEITSHANDBUCH DES BSI
### - VORBEMERKUNGEN -

---

- Handbuch für die sichere Anwendung der Informationstechnik

- im März 1992 vom Bundesamt für Sicherheit in der Informationstechnik (BSI) herausgegeben

- soll den Verantwortlichen helfen, Sicherheitskonzepte zu erstellen

- richtet sich in erster Linie an Behörden, findet aber auch in Unternehmen Beachtung

- Kernstück = 'Verfahren zur Gewährleistung der IT-Sicherheit'

**2 1   Überblick und Schritte des Verfahrens**

---

## DAS IT-SICHERHEITSHANDBUCH DES BSI
### - ÜBERBLICK ÜBER DAS VERFAHREN -

---

- **Stufenkonzept mit Rückkopplung**
  - 4 Stufen
  - je Stufe mehrere Schritte
  - je Schritt mehrere Aktionen

- **Gliederung der Verfahrensbeschreibung in**
  - **Erläuterung / Beschreibung**
    Überschrift, erläuternde Frage, Voraussetzungen, Aktionen, Hinweise auf Hilfsmittel, Beteiligung, Ergebnis, Begründung, nächster Schritt
  - **Anhang 1 bis 12**
    Hinweise zur Durchführung, Hilfsmittel (Formulare, Listen, Tabellen)
  - **Anhang 13: Beispiel für die Anwendung**

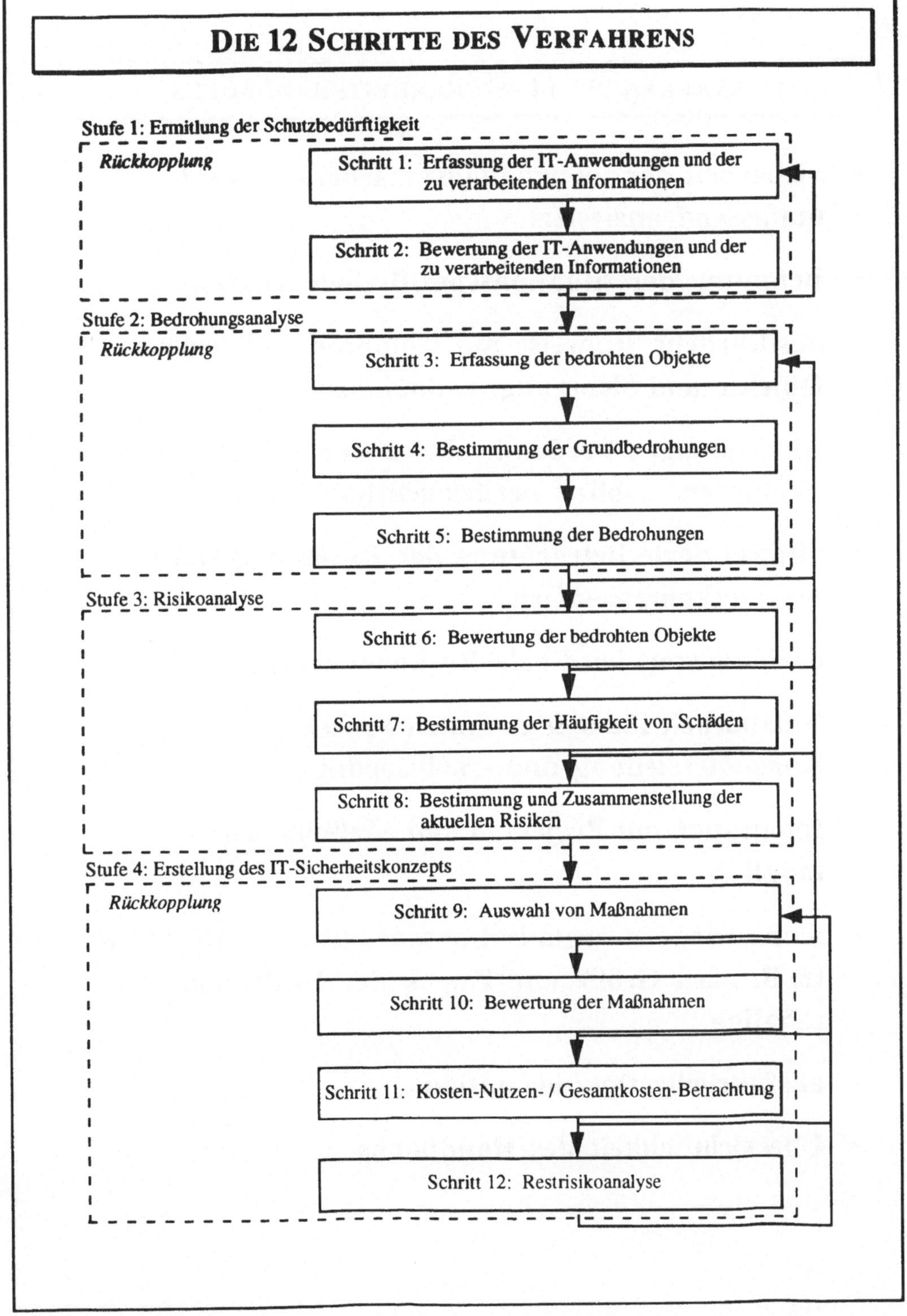

## DIE 12 SCHRITTE DES VERFAHRENS

**Stufe 1: Ermitlung der Schutzbedürftigkeit**

*Rückkopplung*

**Schritt 1:** Erfassung der IT-Anwendungen und der zu verarbeitenden Informationen

**Schritt 2:** Bewertung der IT-Anwendungen und der zu verarbeitenden Informationen

**Stufe 2: Bedrohungsanalyse**

*Rückkopplung*

**Schritt 3:** Erfassung der bedrohten Objekte

**Schritt 4:** Bestimmung der Grundbedrohungen

**Schritt 5:** Bestimmung der Bedrohungen

**Stufe 3: Risikoanalyse**

**Schritt 6:** Bewertung der bedrohten Objekte

**Schritt 7:** Bestimmung der Häufigkeit von Schäden

**Schritt 8:** Bestimmung und Zusammenstellung der aktuellen Risiken

**Stufe 4: Erstellung des IT-Sicherheitskonzepts**

*Rückkopplung*

**Schritt 9:** Auswahl von Maßnahmen

**Schritt 10:** Bewertung der Maßnahmen

**Schritt 11:** Kosten-Nutzen- / Gesamtkosten-Betrachtung

**Schritt 12:** Restrisikoanalyse

**2 2   Stärken**

## STÄRKEN DES IT-SICHERHEITSHANDBUCHS

- **Sicherheit der Informationsverarbeitung wird umfassend analysiert**

- **Betonung der situationsspezifischen Analyse**

- **ausführliche Hinweise auf Gefahren, gefährdete Objekte und Sicherungsmaßnahmen**

- **Anwendungen werden in den ersten Schritten des Verfahrens explizit berücksichtigt**

- **differenzierte Betrachtung der Bedeutung von IV-System(komponent)en**

- **ordinale statt kardinale Risikobewertung**

- **Nutzbarkeit für den gesamten Prozeß der Konzepterstellung und -realisierung**

- **Integration mit Projekten und Maßnahmen möglich**

- **Anpassung an organisationsspezifische Bedürfnisse (z. B. nach Größe und Zweck der Institution) möglich**

- **ausführliche Dokumentation**

- **Übersichtlichkeit des Handbuchs**

**23 Verbesserungsvorschläge**

## VERBESSERUNGSVORSCHLÄGE ZUM IT-SICHERHEITSHANDBUCH (1)

- **Berücksichtigung des Grundschutz-Konzepts im Verfahren!**

- **Verwendung eines konzeptionellen Modells!**

- **Exemplarischen Charakter der Gefahren- und Maßnahmenlisten hervorheben!**

- **Inhaltliche Berücksichtigung von IV-Anwendungen auch in den späten Schritten des Verfahrens!**

- **'Grundbedrohungen' sparsamer verwenden!**

- **Sicherheitsrelevante Objekte und deren Beziehungen detaillierter beschreiben!**

- **Folgeschäden explizit im Verfahren berücksichtigen!**

## VERBESSERUNGSVORSCHLÄGE ZUM IT-SICHERHEITSHANDBUCH (2)

- **Risiken im Gesamtzusammenhang betrachten!**

- **Ergebnisse der Risikoanalyse besser darstellen!**

- **Inhaltliche Auseinandersetzung stärker fördern!**

- **Bewertung erst nach Erkennung der Risiken!**

- **Verfahren straffen und von lästigen Doppelarbeiten befreien!**

- **Software-Unterstützung zur Erleichterung der operativen Arbeit!**

- **Zweiteilung des Handbuchs!**

- **Neugestaltung des Anwendungsbeispiels!**

- **Handbuch inhaltlich und stilistisch auf ein einheitliches Niveau bringen!**

**3 ERGÄNZENDE EMPFEHLUNGEN ZUR ERARBEITUNG EINES SICHERHEITSKONZEPTES**

## EMPFEHLUNGEN (1)

## Einigen Sie sich - zumindest intern - auf einheitliche Begriffe!

Sonst drohen Verständnis- und Verständigungsschwierigkeiten und in der Folge möglicherweise inkonsistente Sicherheitskonzepte

## Wählen Sie geeignete Hilfsmittel zur Erstellung von Sicherheitskonzepten!

Die nötige Qualität der Ergebnisse ist nur durch ein Methodenmix, z. B. durch

- Studium bestehender Unterlagen,

- Gespräche und Zusammenarbeit zahlreicher Personen,

- Ortsbegehungen,

- Überprüfung bestehender Konfigurationen

zu erreichen.

## Verwenden Sie ein rechnergestütztes Werkzeug!

- **Erleichterung der Dokumentations- und Analyseaufgaben**

- **Entlastung der Analysten von Schreibarbeiten**

- **Verringerung der Fehlerquote**

- **Erleichterung der 'Wiederverwendung' der Sicherheitskonzepte**

Es gibt mehr als 30 derartiger Hilfsmittel, von denen die meisten in Nordamerika entwickelt wurden und dort auch vorwiegend zum Einsatz kommen [s. Stelzer 1993]. Das Spektrum reicht von einfachen automatisierten Checklisten bis zu sehr aufwendigen Instrumenten zur Modellierung von Sicherheitsaspekten und zur Simulation von Schadensverläufen. Aber auch in Europa gibt es hilfreiche Produkte; beispielhaft seien CRAMM und MARION genannt.

## EMPFEHLUNGEN (2)

# Versichern Sie sich in der Anfangsphase der Unterstützung erfahrener Berater!

Nur in wenigen Unternehmen und Behörden gibt es bisher genügend qualifizierte Mitarbeiter, die über ausreichende Kenntnisse, Erfahrungen und Kapazität für Sicherheitskonzepte und andere ISi-Aufgaben (Strategieentwicklung, Risiko- und Chancenmanagement, Erarbeitung organisatorischer Regelungen, Aus- und Weiterbildung) verfügen. Demnach kann es nicht verwundern, daß speziell und umfassend für Informationssicherheit zuständige umd kompetente Instanzen ebenfalls selten anzutreffen sind. In einer Übergangszeit ist es daher oft unumgänglich, sich der Hilfe externer Berater zu bedienen, jedoch muß Know-how und eigene Kapazität aufgebaut werden, um die komplexen ISi-Aufgaben möglichst bald und weitgehend aus eigener Kraft zu bewältigen.

# Bilden Sie eigene Mitarbeiter zu ISi-Experten aus!

Abschließend sei noch einmal mit Nachdruck darauf verwiesen, daß Informationssicherheit ein sehr komplexer und bedeutsamer Aufgabenbereich mit hohen Anforderungen ist, der nur durch die Verzahnung strategischer, konzeptioneller und dispositiv-operativer Aktivitäten professioneller ISi-Aufgabenträger angemessen erfüllt werden kann. Strategie und Konzepte der Informationssicherheit zeigen dabei die Merkmale eines endlosen Zyklus.

# Steigern Sie das Sicherheitsbewußtsein aller Mitarbeiter!

Dies gilt insbesondere für die Unternehmens- und Behördenleitung und die Systembenutzer.

## EMPFEHLUNGEN (3)
## - ANPASSUNG DES SICHERHEITSKONZEPTS -

**Das Sicherheitskonzept muß fortgeschrieben werden!**

**Grundlagen:**

- **Kontrolle der Akzeptanz und Einhaltung von Maßnahmen**

  auf Angemessenheit und Wirksamkeit

- **sicherheitsrelevantes Berichtswesen**

  Schäden, Verstöße, erkannte Schwachstellen, Stand der Maßnahmen-

  umsetzung, Protokolldateien usw.

**Auslöser für eine Überprüfung / Anpassung:**

- **Ablauf eines Zeitraums**

- **Änderungen relevanter Parameter:**
  - Umfeld der Institution (Ziele, Aufgaben, Vorgaben)
  - Gesetze und Verordnungen
  - Objekte (IV-Systeme, Anwendungen, Informationen)
  - Gefahren
  - Maßnahmen

**Eine regelmäßige Versorgung mit Informationen über**
  - aktuelle Gefahren
  - potentielle Gefahrenbereiche durch neue IT, Anwendungen, IV-Systeme
  - neue Sicherungsmaßnahmen
  - gesetzliche und quasi-gesetzliche Vorgaben
  - Probleme und Lösungsmöglichkeiten

**ist unabdingbar.**

**Prof. Dr. Alfred Büllesbach**

# Rechtsfragen zur europäischen Telekommunikation

# Gliederung

**Telekommunikationsmarktregulierung - Wettbewerbsrecht -**

- Endgeräterichtlinien

- Telekommunikationsdiensterichtlinien

- ONP-Rahmenrichtlinie

- ONP-Einzelrichtlinien und -Empfehlungen

- Netzsicherheit und Datenschutz im Regulierungsrecht

- Netzsicherheit und Datenschutz durch Verfahren

# Gliederung

**Telekommunikationsdatenschutz  - Schutznormen -**

- Europäische Datenschutzkonvention
- Entschließungen des Europarates
- Datenschutzgesetze in Europa
- EG-Richtlinienentwurf zum Datenschutz
- EG-Richtlinienentwurf zum Telekommunikationsdatenschutz
- Geltungsbereich

# Gliederung

**Maßnahmen und Programme zur Informations- und Rechtssicherheit - Selbstregulierungsrecht -**

- **Maßnahmen und Programme zur Informationssicherheit**
- **Rechtliche Relevanz**
- **Electronic Data Interchange**
- **Maßnahmen zu rechtlichen Aspekten von EDI**
- **Maßnahmen zur Sicherheit der EDI-Nachrichten**

# Endgeräterichtlinien

- Richtlinie über den Wettbewerb auf dem Markt der Telekommunikationsendgeräte v. 16.5.1988

- Richtlinie zur Angleichung der Rechtsvorschriften der Mitgliedstaaten über Telekommunikationsendgeräte einschließlich der gegenseitigen Anerkennung ihrer Konformität v. 29.4.1991

  - Benutzersicherheit

  - Sicherheit des Personals öffentlicher Netzbetreiber

  - Schutz des Telekommunikationsnetzes vor Schaden

  - Anforderungen an die elektromagnetische Verträglichkeit

  - Kommunikationsfähigkeit der Endgeräte mit der Netzausrüstung

  - Kommunikationsfähigkeit der Endgeräte

  - effiziente Nutzung des Funkfrequenzspektrums

# Telekommunikationsdiensterichtlinien

Richtlinie über den Wettbewerb auf dem Markt für Telekommunikationsdienste v. 28.7.1990

**Grundlegende Anforderungen:**

- Aufrechterhaltung der Netzintegrität

- Sicherheit des Netzbetriebes

- in bestimmten Fällen die Interoperabilität der Dienste

- Schutz von Daten

Vorschlag der EG-Kommission v. 15.7.1992 für eine Richtlinie des Rates über die gegenseitige Anerkennung von Lizenzen und anderen einzelstaatlichen Genehmigungen zur Erbringung von Telekommunikationsdienstleistungen, einschließlich der Einrichtung einer einheitlichen Gemeinschaftstelekommunikationslizenz und der Einsetzung eines Gemeinschaftstelekommunikationsausschusses (CTC)

# ONP-Rahmenrichtlinie

Richtlinie zur Verwirklichung des Binnenmarktes für Telekommunikationsdienste durch Einführung eines offenen Netzzugangs
(Open Network Provision - ONP) v. 28.6.1990

**Grundlegende Anforderungen:**

- Sicherheit des Netzbetriebes

- Aufrechterhaltung der Netzintegrität

- Interoperabilität der Dienste, wo dies begründet ist

- Schutz von Daten, wo dies angebracht ist

- die im allgemeinen für den Netzabschluß von Endgeräten
geltenden Bedingungen

ONP-Einzelrichtlinien und -Empfehlungen

Richtlinie zur Einführung des offenen Netzzugangs bei Mietleitungen v. 5.6.1992

Empfehlung zur Einführung harmonisierter ISDN-Zugangsregelungen und eines ISDN-Mindestangebots nach ONP-Grundsätzen v. 5.6.1992

Empfehlung zur harmonisierten Bereitstellung eines Mindestangebots an paketvermittelten Datendiensten nach ONP-Grundsätzen v. 18.7.1992

Vorschlag für eine Richtlinie zur Einführung des offenen Netzzugangs (ONP) beim Sprachtelefondienst v. 12.10.1992.

## Netzsicherheit und Datenschutz im Regulierungsrecht

- Anforderungen an die Netzintegrität und den Datenschutz werden grundsätzlich als zulässige Dienstleistungsanforderungen behandelt

- Im Bereich der technischen Gestaltung, der Normung des offenen Netzzuganges und der Zulassung von Telekommunikationsdiensten setzt das Gemeinschaftsrecht begrüßenswerte Eckpunkte, indem es Netzintegrität und Datenschutz als "grundlegende Anforderungen" des technischen Sicherheitsrechts ausdrücklich anerkennt

- Datenschutz als grundlegende Anforderung fehlt allerdings in der Endgeräterichtlinie

## Netzsicherheit und Datenschutz durch Verfahren

- Die Berücksichtigung der Netzsicherheit und des Datenschutzes ist bereits in der Phase der technischen Gestaltung rechtlich gefordert

- Die Richtlinien enthalten unbestimmte materielle Kriterien, die sich erst in den vorgesehenen Verfahren in justitiabler Weise - häufig in Form technischer Normen - konkretisieren

- Diese Konkretisierung wird nicht von der Exekutive selbst vorgenommen, sondern von privatrechtlich verfaßten Zweckverbänden wie den Normungsvereinigungen

- Inwieweit die grundlegenden Anforderungen tatsächlich in die Verfahren technischer Gestaltung implementiert werden, hängt wesentlich von der Verfahrensgestaltung in den Mitgliedstaaten ab

- Der Verfahrensansatz zur Öffnung der Beteiligten an der Normung der Telekommunikationssysteme, den die EG-Kommission im Grünbuch zur Entwicklung der europäischen Normung als zentrales Element ihrer Normungspolitik darstellt, ist in den Telekommunikationsrichtlinien noch kaum umgesetzt

# Europäische Datenschutzkonvention

**Europäische Datenschutzkonvention des Europarates von 1981**

- völkerrechtlich verbindliche Datenschutzregelung

- nach Unterzeichnung durch die Bundesregierung 1985 in Kraft getreten

- ratifiziert von Dänemark, Deutschland, Frankreich, Luxemburg, Irland, Island, Norwegen, Schweden, Spanien, Großbritannien und Österreich

- allgemeine generalklauselartige Regelungen verpflichten die Ratifikationsstaaten zur Umsetzung

- verpflichtet die Unterzeichner, die Grundsätze dieses Abkommens im im öffentlichen und privaten Bereich umzusetzen

**Alle Ratifikationsstaaten haben dieses Abkommen mittlerweile durch eine entsprechende Datenschutzgesetzgebung umgesetzt**

- Ausnahme Spanien

# Entschließungen des Europarates

**soft law**

- Schutz der Privatsphäre natürlicher Personen gegenüber Datenbanken nichtöffentlichen Charakters v. 26.9.1973

- Schutz der Privatsphäre natürlicher Personen gegenüber elektronischen Datenbanken im öffentlichen Bereich v. 20.9.1974

- Empfehlungen des Ministerkomitees über Vorschriften für automatisierte medizinische Datenbanken Nr. R (81) 1 v. 23.1. 1981

- Empfehlung des Ministerkomitees zum Schutz personenbezogener Daten bei Verwendung für Zwecke der Direktwerbung v. 25.10.1985

- Empfehlung des Ministerkomitees über den Datenschutz im Bereich sozialer Sicherheit vom 23.1.1986

- Empfehlung der parlamentarischen Versammlung des Europarates Nr. 1037 (1986) vom 3.7.1986 über Datenschutz und Informationsfreiheit

## Entschließungen des Europarates

Datenschutzgesetze in Europa
Datenschutzmodelle
Administrativ
Frankreich
Schweden
Norwegen
Dänemark
Luxemburg
Österreich
Selbstregulierung
Großbritannien
Niederlande
Abstrakt generelle Gesetze
Deutschland

# EG-Richtlinienentwurf zum Datenschutz

**Geänderter Vorschlag für eine Richtlinie des Rates v. 15.10.1992  zum Schutz natürlicher Personen bei der Verarbeitung personenbezogener Daten**

- Die Mitgliedstaaten müssen die Richtlinie durch Gesetze und Verwaltungsvorschriften umsetzen

- Der Entwurf geht über das deutsche Datenschutzrecht hinaus:

  - Umfang der Unterrichtungspflichten
  - Registrierpflicht
  - Beschränkung der automatisierten Verarbeitung besonders sensibler Daten (rassische und ethnische Herkunft, politische Meinung, religiöse oder philosophische Überzeugungen, Gewerkschaftszugehörigkeit sowie von Informationen über Gesundheit u.Sexualleben)
  - höhere Anforderungen an Online-Übermittlungen
  - stärkere Kontrolle der Übermittlung an Drittländer
  - mehr Kompetenzen der Datenschutzkontrollbehörde

## EG-Richtlinienentwurf zum Telekommunikationsdatenschutz

geänderter Vorschlag für eine Richtlinie des Rates zum Schutz personenbezogener Daten und der Privatsphäre in digitalen Telekommunikationsnetzen, insbesondere im dienstintegrierenden digitalen Telekommunikationsnetz (ISDN) und in digitalen Mobilfunknetzen

- Der Entwurf geht über das deutsche Datenschutzrecht hinaus:

  - beim EGN muß jeder Mitgliedstaat den Datenschutz beider Teilnehmer sicherstellen

  - fallweise Unterdrückung der Rufnummernanzeige

  - Zustimmungserfordernis bei Lauthören und Mitschneiden

  - Mitteilung ankommender Verbindungen i. V. m. einem entsprechenden Ermittlungsverfahren

  - Verpflichtung zum Angebot von Verschlüsselungstechnik, wenn besondere Risiken in der Netzsicherheit bestehen

## Geltungsbereich

Änderungsvorschläge des Ausschusses für Recht und Bürgerrechte des Europäischen Parlaments v. 11.3.1992:

- "Richtlinie des Rates zum Schutz personenbezogener Daten in öffentlichen und privaten digitalen Telekommunikationsnetzen, insbesondere im digitalen Telekommunikationsnetz ISDN und in öffentlichen digitalen und privaten Mobilfunknetzen und bei öffentlichen und privaten Mehrwertdiensten"

- Art. 16 entfällt aufgrund des Änderungsantrages Nr. 106, der in den geänderten Vorschlag übernommen wurde

- Art. 20, der die EG-Kommission ermächtigte, die Bestimmungen der Richtlinie auch auf andere Anbieter von Telekommunikationsdiensten im Wettbewerb zu erstrecken, soweit es die Verwirklichung der Ziele der Richtlinie erfordert, entfällt in Übernahme des Änderungsantrages Nr. 108

- Der Änderungsantrag Nr. 107, der diese Richtlinie weitgehend für andere öffentliche digitale Telekommunikationsdienste und sonstige Dienste-anbieter für anwendbar erklärt, wurde von der Kommission in den geänderten Entwurf nicht übernommen.

Maßnahmen und Programme zur Informationssicherheit

Beschluß des Rates v. 31.3.1992
auf dem Gebiet der Informationssicherheit

ITSEC (Vers. 1.2)

INFOSEC

ITSEM (Vers. 0.2)

## Rechtliche Relevanz

Definition, Harmonisierung und Etablierung von Qualitätsstandards vorwiegend im Bereich technischer aber auch organisatorischer Maßnahmen auf dem Gebiet der IV-Sicherheit

Rechtlich relevant wird ihre Inkorporierung in:

- das öffentliche Beschaffungswesen
- öffentliche Zulassungen und Lizenzen
- das Vertragsrecht als zugesicherte Eigenschaften

# Electronic Data Interchange

Auf der Grundlage von Kooperationsabkommen der Industrieverbände hat sich der Mehrwertdienst "genormter elektronischer Datenverkehr" (EDI) entwickelt.

Die EG unterstützt die europaweite Anwendung von EDI-Diensten durch das Programm TEDIS

- Beschluß des Rates v. 5.10.1987 zur Einführung eines Gemeinschaftsprogramms betreffend den elektronischen Datentransfer für kommerzielle Zwecke über Kommunikationsnetze (TEDIS) geändert durch Beschluß des Rates v. 5.4.1989

- Beschluß des Rates v. 22.7.91 zur Durchführung der zweiten Phase des Programms TEDIS (Trade Electronic Data Interchange Systems

Datenschutz und IV-Sicherheit müssen in die Verträge zwischen den Anwendern inkorporiert werden

## Maßnahmen zu rechtlichen Aspekten von EDI

- europäischen Modellabkommens für EDI

- Untersuchung der Restriktionen und Anforderungen rechtlicher Art in Einzelbereichen

- Harmonisierung der europäischen Rechtsvorschriften zur Übernahme der EDI-Nutzungsvorschriften in die internationalen Rechtssysteme

- Sicherstellung der Rechtskraft und vertraglichen Gültigkeit von EDI-Nachrichtenfunktionen

- Ermittlung des spezifischen Bedarfs für den Schutz persönlicher und vertraulicher Daten, der in der Folge der EDI- Weiterentwicklung entstehen könnte

- EDI-rechtliche Koordinierung zwischen den Mitgliedstaaten und internationale Koordinierung

## Maßnahmen zur Sicherheit der EDI-Nachrichten

- Aufklärung der EDI-Benutzer sowie sonstiger geeigneter Adressatengruppen über Sicherheitsaspekte bei EDI-Nachrichten

- Förderungen der Entwicklung von EDI-Sicherheitsverfahren, -methoden, -dienstleistungen und -normen

- Analyse der Risiken insbesondere im Bereich der Benutzerumgebung, und nach Möglichkeit Ausarbeitung eines geeigneten Modells zur Gewährleistung der EDI-Sicherheit

- Untersuchung der Sicherheitsanforderungen für neue EDI-Funktionen

- Bewertung der Dienstleistungen und Produkte, die für die Sicherheit der EDI-Nachrichten zur Verfügung stehen, und erforderlichenfalls Prüfung der Frage der Zertifizierung

- Sicherheitstechnische Analyse offener Mehrzweckumgebungen

# Sektion A

# Strategie, Organisation und Personalaspekte der Informationssicherheit

Leitung:
Prof. Dr. Paul Schmitz

Dr. Dirk Stelzer

# Ansätze zur Entwicklung von Sicherheitskonzepten: Risikoanalysen oder Baseline Security Measures?

**Zusammenfassung**

Ein Sicherheitskonzept ist ein Entwurf zur Verbesserung der Sicherheit der Informationsverarbeitung in einer Organisation. Es gibt zwei grundsätzlich verschiedene Ansätze zur Erstellung solcher Konzepte.

Im Rahmen einer Risikoanalyse wird zunächst das aktuelle Sicherheitsniveau bestimmt, indem bereits realisierte Sicherungsmaßnahmen und noch bestehende Risiken untersucht werden. Besondere Beachtung wird dann den Ursachen und Konsequenzen möglicher gefährdender Ereignisse geschenkt, um Aussagen über Eintrittswahrscheinlichkeiten und Schadenspotentiale abzuleiten. In Abhängigkeit von den Ergebnissen werden Sicherungsmaßnahmen bestimmt. Die Durchführung von Risikoanalysen führt zu maßgeschneiderten Sicherungslösungen, ist aber aufwendig.

Ein alternativer Ansatz zur Erstellung von Sicherheitskonzepten ist die Verwendung sogenannter 'baseline security measures'. Dabei werden bestimmte Sicherungsmaßnahmen ausgewählt und für eine Vielzahl von Systemen realisiert, ohne zu prüfen, ob diese Sicherungsmaßnahmen in jedem Einzelfall notwendig, angemessen oder sinnvoll sind. Diese Vorgehensweise ist weniger aufwendig als die Risikoanalyse. Allerdings bleibt meist unklar, ob die ausgewählten Maßnahmen angemessen sind.

Die Anwendung von Risikoanalysen in allen Bereichen der Organisation ist in der Regel zu aufwendig. Die ausschließliche Realisierung von 'baselines' kann zu unangemessenen Sicherheitskonzepten führen. In der Praxis sollte deshalb eine Kombination aus beiden Ansätzen verfolgt werden.

**Gliederung**

1   Sicherheitskonzepte

2   Baseline Security Measures

3   Risikoanalysen

4   Schlußfolgerungen

5   Literaturhinweise

# 1 SICHERHEITSKONZEPTE

- **Ein Sicherheitskonzept ist ein Entwurf zur Verbesserung der Sicherheit der Informationsverarbeitung in einer Organisation.**

- **Es gibt zwei grundsätzlich verschiedene Ansätze zur Erstellung von Sicherheitskonzepten:**
  - **'Baseline'-Ansatz**
  - **Risikoanalyse**

- **Das Ziel beider Ansätze besteht darin, die Sicherheit der Informationsverarbeitung zu erhöhen.**

- **Die Ansätze unterscheiden sich in dem Weg, auf dem dieses Ziel erreicht werden soll.**

## 2 Baseline Security Measures

- **'Baseline Security Measures' oder 'baseline controls'**

  (Donn B. Parker, SRI International, Menlo Park, CA)

- **Übersetzung ist schwierig:**
  - Übliche Sicherungsmaßnahmen (?)
  - Standard-Sicherungsmaßnahmen (?)
  - Grundschutz (?)

- **Baseline Security Measures:**
  - Für einen bestimmten Bereich allgemein anerkannte Sicherungsmaßnahmen,
  - Begründung nicht durch Analyse der bestehenden Risiken und der Risikoreduzierungspotentiale der Maßnahmen,
  - sondern durch die 'übliche Praxis' in vergleichbaren Institutionen.

- **Donn B. Parker:**

  Baseline method ... adopting generally accepted controls and practices used by other well-run business organizations under similar circumstances to meet the insurance, legal, business and practical standards of due care.

- **Der in der Praxis am weitesten verbreitete Ansatz.**

## GRUNDGEDANKEN DES 'BASELINE'-ANSATZES

- **In bestimmten Bereichen sind (fast) alle Organisationen den gleichen Gefährdungen ausgesetzt.**

- **Die Mehrheit der erfahrenen Anwender verwendet in diesen Bereichen jeweils ähnliche Sicherungsmaßnahmen.**

- **Mit Hilfe dieser Sicherungsmaßnahmen (= 'baselines') kann *ausreichende* Sicherheit erzielt werden.**

- **Diese Grundgedanken liegen auch folgenden Ansätzen zugrunde:**
  - **IT-Sicherheitskriterien (Grundfunktionen sicherer Systeme)**
  - **8. und 11. Kapitel des IT-Sicherheitshandbuchs ('12 Regeln für APC-Benutzer am Arbeitsplatz' und 'Grundschutz')**
  - **BDSG (Anlage zu § 9: Technische und organisatorische Maßnahmen)**
  - **Grundsätze ordnungsmäßiger Datenverarbeitung / Grundsätze ordnungsmäßiger Speicherbuchführung**

## UMSETZUNG DES 'BASELINE'-ANSATZES (1)

- **Bestimmung / Auswahl der Sicherungsmaßnahmen**
  - Alle denkbaren Sicherungsmaßnahmen?     -> unrealistisch!
  - Ausgewählte Sicherungsmaßnahmen?     -> Auswahlmechanismus?

- **Auswahlmechanismus:**
  - Welche Sicherungsmaßnahmen gibt es für den betreffenden Bereich?
  - Für welche der Sicherungsmaßnahmen haben wir ein passendes Problem?
  - Welche dieser Maßnahmen sind bei uns realisierbar?

- **Anregungen zur Auswahl von 'baselines':**
  - Check-Listen
  - Fachliteratur
  - Gängige Praxis in vergleichbaren Unternehmen bzw. Behörden

# UMSETZUNG DES 'BASELINE'-ANSATZES (2)

- **Einige Beispiele:**
  - Regelmäßige Datensicherung
  - USV für wichtige Rechner
  - Notfallplanung für wichtige Systeme / Anwendungen
  - Feuermelder
  - Zutrittsschutz zu Rechnerräumen
  - Paßworte für alle Anwender und Anwendungen
  - Dokumentation der Anwendungsentwicklung
  - ...

- **'Baselines' können vage oder detailliert formuliert werden:**
  - Auf allen Rechner ist ein Zugriffsschutz zu realisieren!
  - Auf allen Großrechnern ist Produkt 'uvw' zu installieren!

- **Dementsprechend sind die 'baselines' entweder strikte Vorgaben oder Rahmenrichtlinien mit Spielräumen für die konkrete Ausgestaltung.**

## DISKUSSION DES 'BASELINE'-ANSATZES (1)

- In vielen Bereichen gibt es noch keine 'üblichen' Sicherungsmaßnahmen.

- Nur sinnvoll in Bereichen, für die es 'gut gesicherte Vorbilder' gibt.

- Preiswerter Auswahlmechanismus.

- Schnelle Erstellung eines Sicherheitskonzepts.

- Einheitliche Vorgehensweise nur schwer zu gewährleisten.

- Es gibt keine methodisch fundierte Vorgehensweise.
  - Welche Vorbilder sollen herangezogen werden?
  - Welche Check-Listen geben *gute* Hinweise?

- I. d. R. keine Dokumentation der Entscheidungsgründe.

## DISKUSSION DES 'BASELINE'-ANSATZES (2)

- Kann zu 'Übersicherung' in einigen Bereichen und zur 'Untersicherung' in anderen Bereichen führen.

- Gewährleistung eines Grundschutzes, auf dem aufgebaut werden kann.

- Bereits realisierte Maßnahmen werden in der Regel nicht in Frage gestellt.

- Führt eventuell zu Scheinsicherheit.

- Führt zu einheitlichen Sicherungsstrukturen in ähnlichen Bereichen.

- Synergieeffekte bei 'unternehmensweiter' Durchsetzung:
  - Schulungsaufwand gering,
  - Beschaffungs- und Wartungsaufwand gering,
  - leicht zu kontrollieren.

- Akzeptanz durch Mitarbeiter?

- Bei kostenintensiven Maßnahmen nur schwer gegenüber Entscheidungsträgern zu begründen.

## SICHERUNGSBEDARF UND SICHERHEITSNIVEAU

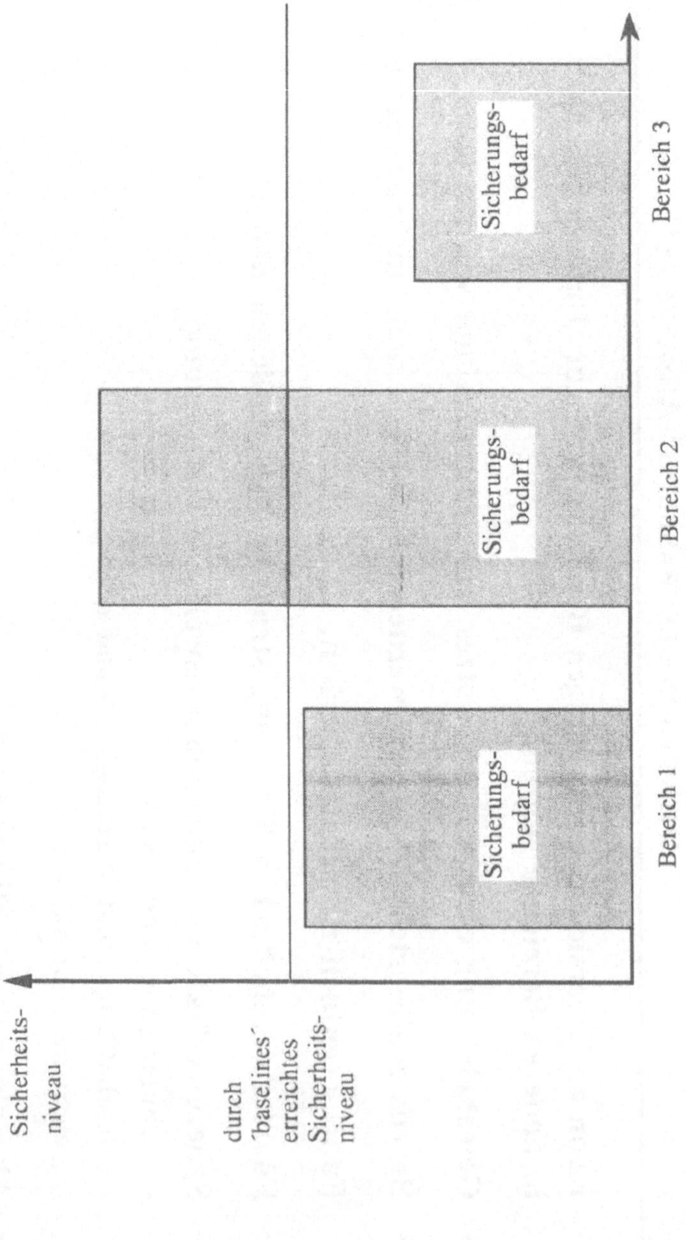

# 3 RISIKOANALYSEN

- **Untersuchung und Bewertung
  von Gefährdungen der Informationsverarbeitung
  sowie ihrer Ursachen und Konsequenzen.**

- **Zentrale Fragen der Risikoanalyse:**
  - **Welche Objekte sind gefährdet?**
  - **Wodurch sind sie gefährdet?**
  - **Welche Schäden können entstehen?**
  - **Welche Bedeutung haben diese Schäden?**

- **Es gibt verschiedene Risikoanalyse-Verfahren
  mit zum Teil sehr unterschiedlichen Schwerpunkten.**

- **In Deutschland (noch) nicht übliche Praxis.**

## GRUNDGEDANKEN DES RISIKOANALYSE-ANSATZES

- Bedarf für Sicherungsmaßnahmen muß durch eine detaillierte Analyse der Risiken ermittelt werden.

- Struktur, Bedeutung und Umfeld der IV sowie die zu schützenden Werte sind in vielen Bereichen verschieden.

- In komplexen Organisationen gibt es sehr unterschiedliche Sicherungsanforderungen.

- Für viele Bereiche gibt es keine angemessenen 'baseline security measures'.

- Ein angemessenes Sicherheitskonzept läßt sich oft nur durch die Analyse der Risiken und die darauf aufbauende Auswahl von Sicherungsmaßnahmen erzielen.

## UMSETZUNG VON RISIKOANALYSEN

- **Abgrenzung und Beschreibung des Analysebereichs**

- **Gefährdungsanalyse / Risikoerkennung**
  - Ermittlung der relevanten Gefahren
  - Zuordnung der Gefahren zu den sicherheitsrelevanten Objekten
  - Ermittlung der Konsequenzen / Schäden

- **Risikoanalyse i. e. S. / Risikobewertung**
  - Ermittlung der Eintrittswahrscheinlichkeiten / -häufigkeiten
  - Bewertung der Schadenspotentiale
  - Ermittlung von Risikokenngrößen
    (Verknüpfung von Eintrittswahrscheinlichkeiten und Schadenspotentialen)

- **Aufbereitung und Darstellung der Ergebnisse**

- **Ableitung von Anforderungen an Sicherungsmöglichkeiten**

- **Analyse und Auswahl von Sicherungsmaßnahmen für die 'untragbaren' Risiken**

## DISKUSSION DES RISIKOANALYSE-ANSATZES (1)

- **Bei komplexen oder neuen Anwendungen / Systemen häufig der einzige Weg, angemessene Maßnahmen zu ermitteln.**

- **Dient auch anderen Zielen, z. B.**
  - **Verbesserung des Verständnisses der sicherheitsrelevanten Zusammenhänge,**
  - **Verbesserung des Sicherheitsbewußtseins,**
  - **Analyse und Dokumentation der IV-Systeme, der Anwendungen etc.**

- **In einigen Fällen gegenüber 'baseline'-Ansatz kein zusätzlicher Nutzen.**

- **Rechner-Unterstützung nötig.**

- **Sehr aufwendig.**

- **Komplette Risikoanalyse in allen Bereichen einer Organisation ist oft zu teuer.**

- **Langer Zeitraum bis zur Erstellung eines Sicherheitskonzepts.**

- **Einheitliche Vorgehensweise.**

- **Ausführliche Dokumentation der Entscheidungsgründe.**

## DISKUSSION DES RISIKOANALYSE-ANSATZES (2)

- **Angemessenheit der Sicherungsmaßnahmen leichter zu gewährleisten.**

- **Bereits realisierte Maßnahmen werden auch überprüft.**

- **Wiegt die Verantwortlichen nicht in einer trügerischen Sicherheit.**

- **Erlaubt einzelnen Bereichen, Sicherungsmaßnahmen gemäß ihrer Risikopräferenz auszuwählen.**

- **Evtl. werden in ähnlichen Bereichen trotz objektiv gleicher Risikostruktur unterschiedliche Sicherungsmaßnahmen realisiert:**
  - **hoher Schulungsaufwand,**
  - **hoher Beschaffungs- und Wartungsaufwand,**
  - **schwer zu kontrollieren.**

- **Liefert automatisch Argumente, der Unternehmensleitung und den Mitarbeitern die Notwendigkeit der Sicherungsmaßnahmen zu begründen.**

## ZUSAMMENFASSUNG

- Es gibt zwei grundsätzlich verschiedene Ansätze, Sicherheitskonzepte zu erstellen und Sicherungsmaßnahmen auszuwählen.

- Der 'Baseline'-Ansatz
  - ist schnell zu realisieren,
  - erfordert nur wenige Vorkenntnisse,
  - ist geeignet, *einige* Risiken zu bekämpfen,
  - liefert keine Begründung für Sicherungsmaßnahmen,
  - kann zu unangemessenen Sicherungsmaßnahmen führen.

- Der Risikoanalyse-Ansatz
  - ist sehr aufwendig,
  - erfordert erhebliche Vorkenntnisse,
  - ist geeignet *(fast) alle* Risiken zu erkennen,
  - liefert Begründung sowohl für realisierte als auch für nicht realisierte Sicherungsmaßnahmen,
  - führt tendenziell zu angemesseneren Sicherungsmaßnahmen.

## 4 SCHLUSSFOLGERUNGEN

- **Kriterien für die Erstellung von Sicherheitskonzepten mit Hilfe von Risikoanalysen:**

  - Die zu untersuchenden Anwendungen oder IV-Systeme sind komplex und
    mögliche Konsequenzen gefährdender Ereignisse nur schwer überschaubar.

  - Bei dem zu analysierenden Bereich handelt es sich um neuartige und
    in ihrer Sicherheitsrelevanz noch unbekannte Anwendungen oder Systeme.

  - Die mit den Anwendungen und dem Betrieb der IV-Systeme
    verbundenen potentiellen Schäden sind sehr hoch.

  - Es ist Sachkundigen nicht ohne weitere Analysen möglich,
    angemessene Sicherungsmaßnahmen vorzuschlagen.

- **In allen anderen Fällen sollte der 'baseline-Ansatz' zur Erstellung von Sicherheitskonzepten verwendet werden.**

- **In vielen Fällen ist eine 'pragmatische Kombination' beider Ansätze zu empfehlen:**

  - 'Baselines' als (zwingend) vorgeschriebene Sicherungsmaßnahmen
    zur Erreichung eines 'Grundschutzes' und

  - Risikoanalysen zur Ermittlung der (zusätzlich) notwendigen Sicherungsmaßnahmen
    in 'kritischen Bereichen'.

# 5 LITERATURHINWEISE


BASKERVILLE, Richard: Risk analysis as a source of professional knowledge. In: Computers & Security, Vol. 10 1991, No. 8, S. 749-764.

BSI - BUNDESAMT FÜR SICHERHEIT IN DER INFORMATIONSTECHNIK (Hrsg.): IT-Sicherheitshandbuch: Handbuch für die sichere Anwendung der Informationstechnik; Version 1.0 - März 1992. Bonn 1992.

COOPERS & LYBRAND (Hrsg.): The security of network systems. Report 3: Practical guidelines, London 1988, S. 17 ff.

DIERSTEIN, Rüdiger: Basisfunktionen für sichere Systeme. In: Hans Gliss, Bernd Hentschel, Georg Wronka (Hrsg.): Datenschutz-Management und Datensicherheit - Schwerpunkte der 9. DAFTA. Köln 1987, S. 73-80.

LIPPOLD, Heiko; STELZER, Dirk; KONRAD, Peter: Sicherheitskonzepte und ihre Verknüpfung mit Sicherheitsstrategie und Sicherheitsmanagement. In: Wirtschaftsinformatik, 34. Jg. 1992, Heft 4, S. 367-377.

PARKER, Donn B.: Consequential loss from computer crime. In: André Grissonnanche (Hrsg.): Security and protection in information systems. Proceedings of the Fourth IFIP TC 11 International Conference on Computer Security, IFIP/SEC '86. Amsterdam u. a. 1989, S. 375-379.

SCHWEITZER, James A.: Managing information security: administrative, electronic and legal measures to protect business information. 2. ed., Boston u. a. 1990.

STELZER, Dirk: Sicherheitsstrategien in der Informationsverarbeitung: Ein wissensbasiertes, objektorientiertes Beratungssystem für die Risikoanalyse. Wiesbaden 1993.

WONG, Ken: Effective computer security management. In: Datenschutz und Datensicherung (DuD), Heft 4, 1986, S. 251-253.

WONG, Ken: Providing security in new systems: current and future practice. In: Datenschutz und Datensicherung (DuD), 16. Jg. 1992, Heft 5, S. 244-249.

Dr. Gerhard Klett

# Praxisgerechte Methodik zur Risikoanalyse in vernetzten heterogenen Informatik-Infrastrukturen

Johann Plankl, Gerhard Klett

Das Leistungsmerkmal Sicherheit bei Informationssystemen trat bisher in der Welt der Arbeitsplatzrechner weit hinter den Merkmalen der Funktionalität und Performance zurück. Die Systeme mußten laufen, und das schnell und preiswert. Leistungsfähige billige Komponenten zu einem Rechnernetz zu integrieren, wurde vorwiegend unter dem Aspekt der technischen Machbarkeit betrieben. Ob sie auch im Hinblick auf Informationssicherheit tauglich waren, interessierte in der Vergangenheit nur in den seltensten Fällen. Allerdings ist in der jüngsten Zeit eine Trendwende zu beobachten. Bei neu zu konzipierenden Systeme ist eine Sicherheitsarchitektur wichtiger Bestandteil des Systementwurfs; bestehende Systeme werden nachträglich mit Sicherheitsmechanismen ausgestattet und ergänzt.

In Anbetracht der dabei entstehenden Kosten müssen Sicherheitslösungen gefunden werden, die zum einen den notwendigen und ausreichenden Schutz bieten, die aber zum anderen auch wirtschaftlich vertretbar bleiben. Technisch kann beinahe jede beliebige Sicherheitsanforderung abgedeckt werden, solange der - zum Teil beträchtliche - finanzielle Aufwand keine Rolle spielt. In der Praxis ist deshalb eine Gradwanderung notwendig, die gewährleistet, daß neben einem Maximum an Sicherheit ein Minimum an Ausgaben steht. Das geeignete Instrumentarium für diese Abwägung ist eine praxisgerechte Risikoanalyse.

Methoden zur Risikoanalyse wurden in den 60er Jahren in Zusammenhang mit Fragen zur Entscheidungsfindung bei Investitionen entwickelt. Heute wird sie außer im Versicherungswesen zum Beispiel auch für die Abschätzung der Risiken beim Betreiben von Kernkraftwerken, chemischen Fabriken usw. angewendet. Im Bereich der Informatik werden Risikoanalysen überwiegend für den Betrieb von zentralen Rechenzentren durchgeführt.

Was bisher dagegen fehlte, waren detaillierte Handreichungen für die Analyse von heterogenen Informationsinfrastrukturen - Strukturen, die beispielsweise PCs, Workstations, Netzwerke in Form von Client-Server Architekturen und dezentralen Datenbanken integrieren. Da in jedem größeren Unternehmen Arbeitsplatzrechner weit verbreitet sind, und die Bedeutung und die Dringlichkeit der Durchführung von Risikoanalysen in der Welt der Arbeitsplatzrechner mit zunehmender

Dezentralisierung und fortschreitendem Downsizing in Zukunft noch stärker in den Vordergrund treten werden, soll im folgenden diese Thematik behandelt werden. Bevor wir uns näher mit der speziellen Methodik einer Risikoabschätzung befassen werden, soll zunächst die allgemeine Konzeption einer Risikoanalyse erläutert werden.

### I. Prinzipien der Risikoanalyse

#### 1. Zielsetzung

Generelles Ziel ist, daß für ein gegebenes System und unter Berücksichtigung seines Umfeldes die bestehenden Risiken *identifiziert* und entsprechend *bewertet* werden. Daraus werden Maßnahmen für die Risiko*bewältigung* abgeleitet und man kann eine objektive Einschätzung der Sicherheitssituation des Systems erhalten. Als "Werkzeuge" können dabei Diagramme, Checklisten und Inferenzmethoden, gegebenenfalls unterstützt mit spezieller Software, eingesetzt werden. Die Risikoanalyse im engeren Sinn läßt sich in eine Wert-, Bedrohungs- und Schwachstellenanalyse untergliedern.

#### 2. Die Wertanalyse

Bei der Wertanalyse geht es zunächst einmal darum, die einzelnen zu schützenden Objekte wie etwa Hardware, Software, Daten, Dokumentationen usw. zu identifizieren und ihre Werte festzulegen. Zu beachten ist dabei, daß neben den materiellen Vermögenswerten durchaus im konkreten Fall auch immaterielle Werte wie zum Beispiel Ansehen und Vertrauen von eminenter Bedeutung sein können und von vorne herein in Betracht zu ziehen sind. Den Informationen können wir entsprechend der Schutzklasseneinteilung des bei uns im Unternehmen verbindlich eingeführten Maßnahmenkatalogs zum logischen Informationsschutz die Werte öffentlich, intern, vertraulich und geheim zuordnen.

#### 3. Die Bedrohungsanalyse

Die Bedrohungsanalyse soll die Gefahren und deren Ursprung aufzeigen, die für die zu schützenden Objekte relevant sind. Speziell sollen diejenigen Einflüsse aufgedeckt werden, die die Grundbedrohungen zur Folge haben, denen jedes informationstechnische System unterliegt. Zu nennen sind hier:

- der Verlust der Vertraulichkeit, also unbefugter Informationsgewinn,
- der Verlust der Integrität, also die unbefugte Modifikation von Informationen,
- der Verlust der Verfügbarkeit, d. h. die unbefugte Beeinträchtigung des gesamten Systems.

Gefahren sind zum Beispiel absichtliche Fehlhandlungen von Mitarbeitern und Außenstehenden oder aber auch unbeabsichtigte Fehlbedienungen.

Bei der Erarbeitung dieser Bedrohungsszenarien ist es von Bedeutung, daß mit Vernunft und Augenmaß realistische Gefahren aufgenommen werden. Versucht man ein erschöpfendes Bedrohungsbild aufzustellen, kann es nur zu leicht passieren, daß realitätsferne und überzogene Gefahrenmodelle die Analyse verzerren und zu nicht zu vertretbaren Ergebnissen führen.

Des weiteren soll die Bedrohungsanalyse ein Maß dafür angeben, wie wahrscheinlich oder plausibel es ist, daß eine bestimmte Bedrohung bei einem zu schützenden Objekt auch eintreten kann. Hierin liegt ein weiterer Schwachpunkt dieser Methode, denn es ist äußerst schwierig, Maßzahlen festzulegen, die über die Eintrittshäufigkeit von Bedrohungen etwas aussagen, wenn kaum Erfahrungswerte dafür vorhanden sind. Operationalisierbar ist diese Aufgabe nur dann, wenn - wie im Falle des Versicherungswesens - Statistiken über das Eintreten von Gefahren existieren, die Anwendung von Verfahren aus der Wahrscheinlichkeitsrechnung zulassen. Sieht man von solch günstigen Begleitumständen einmal ab, die insbesondere bei den uns interessierenden Systemen nicht vorliegen, so kommt in der Praxis meistens die sogenannte Delphi-Methode zum Einsatz. Es handelt sich dabei um einen Fragenkatalog, dessen Fragen auf die Abschätzung des Bedrohungspotentials zielen, und der in Anlehnung an das griechische Orakel von Delphi mehreren Experten zur Beantwortung vorgelegt wird. Die *Antworten der Experten* werden dann solange untereinander *abgeglichen*, bis ein einigermaßen einheitliches Bild des Gefahrenszenarios entstanden ist. Den Hauptbeitrag zur Delphi-Methode liefern also die Erfahrungen der Experten. Diese Erfahrungen sind subjektive Größen, es stellt sich die Frage, wie aussagekräftig die solchermaßen ermittelten Risikowerte sind. Wir werden deshalb im zweiten Teil dieser Ausarbeitung unter Einsatz von Fuzzy-Logik ein neues Verfahren zur Einschätzung des Bedrohungspotentials entwickeln, das speziell auf unsere Aufgaben zugeschnitten sein wird und sich sogenannter Plausibilitäten für das Auftreten von Schadensereignissen bedient.

Darüber hinaus soll im Rahmen der Bedrohungsanalyse die potentielle Schadenshöhe (Wertverlust) beim Eintritt einer Bedrohung ermittelt werden. Als Schäden können sowohl finanzieller Verlust, als auch strategische Folgen zum Tragen kommen, deren potentielles Schadensausmaß erfaßt werden muß.

## 4. Die Schwachstellenanalyse

Um ein umfassendes Risikoprofil zu erhalten, müssen neben den äußeren Bedrohungen, denen die schützenswerten Objekte ausgesetzt sein können, auch die dem System inhärenten Schwachstellen aufgedeckt werden. Möglicherweise sind bereits Sicherheitseinrichtungen vorhanden, die einen vermeintlich schützenden Wall um das System bilden. Leider findet man nur zu häufig, daß bereits installierte Schutzmaßnahmen an irgendeiner Stelle durchlässig sind und nur unzureichend die Sicherheitsanforderungen abdecken. Zur Illustration für mögliche Schwachstellen eines Systems seien hier weitere Beispiele genannt: die Art der geschäftlichen Tätigkeit, das ökonomische, physische und organisatorische Umfeld, die Informationsflüsse und eventuelle externe Dienstleistungen.

## 5. Risikobewertung

Die Auswertung der gesammelten Informationen stellt eine der schwierigsten Aufgaben dar, weil hier mit nur vage bekannten Größen hantiert wird. Da keine allgemein gültige Festlegung des Risikobegriffs existiert, wollen wir zunächst klären, was wir unter einem Risiko verstehen.

> *Wir definieren das Risiko als den Erwartungswert eines Schadensereignisses und verstehen darunter das Produkt aus dem Wertverlust und der Plausibilität des Schadeneintritts pro Jahr.*

Die Einführung der Plausibilität im Teil II ermöglicht es uns, die Ungewißheit, die über das Eintreten eines Schadensereignisses besteht, quantitativ in den Griff zu bekommen. Die Plausibilität steht stellvertretend für die wegen fehlender Statistiken nicht durchführbaren Wahrscheinlichkeitsbetrachtungen. Mit den einzelnen Schadensrisiken kann die gesamte Risikosituation eines vorliegenden Informationssystems bewertet werden.

## 6. Risikobewältigung

Nachdem die eigentliche Risikoanalyse mit der Erkennung und Bewertung von Gefährdungspotentialen durchgeführt wurde, leiten sich aus den Resultaten folgerichtig die jeweiligen Sicherheitsanforderungen und damit die zu ergreifenden Maßnahmen ab. Besonderes Augenmerk soll hierbei auf ein abgestuftes Maßnahmenkonzept gelegt werden, um auf der einen Seite dem Kunden genügend Entscheidungsspielraum bei der Auswahl der Sicherheitslösung zu bewahren und auf der anderen Seite soweit wie möglich eine für sein System maßgeschneiderte Lösung anbieten zu können. Diese Vorgehensweise empfiehlt sich auch hinsichtlich der Kosten, da die entsprechenden Maßnahmen gezielt eingesetzt werden können.

Eine schrittweise Reduktion des ursprünglich vorhandenen Risikos beginnt mit einem Verhalten im Umgang mit dem System, das auf Risikovermeidung ausgerichtet ist. Die aus der Risikoanalyse resultierenden Sicherheitsmaßnahmen führen zusammen mit Instrumenten zur Schadensbegrenzung auf ein stets verbleibendes Restrisiko. Das Ausmaß und die Akzeptanz dieses Restrisikos hängt vom ausgewählten Sicherheitskonzept ab. Gegebenenfalls kann das verbleibende Risiko auf eine Versicherung umgewälzt werden.

7. Kosten-Nutzen-Bewertung

Zur Entscheidungsfindung über die Installation von möglichen Sicherheitsmaßnahmen ist schließlich eine Gegenüberstellung der Kosten, die diese Maßnahmen verursachen, und der im Schadensfall auftretenden Verluste äußerst hilfreich. Nur durch diesen Vergleich kann eine Risikoakzeptanz infolge einer Bewertung der Maßnahmen und des verbleibenden Restrisikos gerechtfertigt werden. Diese Kosten-Nutzen-Abwägung gilt hinsichtlich auf ein bestimmtes Zeitintervall, weil auch die Plausibilität des Eintretens einer Bedrohung auf eine gewisse Zeitspanne bezogen ist. Im allgemeinen bezieht man sich dabei auf die Dauer eines Jahres. Bei einer realitätsbezogenen Kosten-Nutzen-Analyse ist dabei die Effektivität der eingesetzten Sicherheitsmaßnahme mitzuberücksichtigen. Es gibt keine Maßnahme, die hundertprozentigen Schutz bieten könnte. Prinzipiell kann jede Sicherheitseinrichtung auf irgend eine Weise umgangen werden, vorausgesetzt es steht genügend Zeit dafür zur Verfügung. Die Effektivität der Sicherheitsmaßnahme stellt wiederum eine ungenaue und abzuschätzende Größe dar. Dennoch bietet eine seriöse Kosten-Nutzen-Analyse einen gangbaren Weg, solange man sich dabei bewußt ist, daß man sich bei der Interpretation auf die Größenordung der Resultate zu beschränken hat und sich weniger auf eine vordergründige Präzision - also auf Mark und Pfennig genau - beziehen darf.

Die Risikoanalyse ist in diesem Sinne als Prognose für das Eintreten von Bedrohungen und damit von auftretenden Schäden zu verstehen. Sie dient als Grundlage für den vorbeugenden Einsatz von angemessenen Sicherheitsmaßnahmen und zur Rechtfertigung der Akzeptanz des Restrisikos.

## II Eine spezielle Methode zur Risikoanalyse

Inhalt des zweiten Teils der Ausarbeitung zur Risikoanalyse ist die Schilderung der in unserem Unternehmen verwendeten Methode. Netzwerkbasierte Informatikinfrastrukturen, so heterogen sie auch sein mögen, lassen sich in die Komponenten

- Host/Abteilungsrechner
- Server
- PC/Workstation
- Netzwerk
- Datenträger

unterteilen.

In den Komponenten befindet sich der Gegenstand unserer Betrachtung, die Information als Wertobjekt. Die in unseren Sicherheitsrichtlinien geforderte Klassifizierung der Information in die Klassen *öffentlich*, *intern*, *vertraulich* und *geheim*, kann als Werteinstufung angesehen werden. Interne Informationen sind sicher weniger wertvoll für das Unternehmen als geheime. Ziel einer Risikoanalyse ist es, für die von Verlust bedrohten Informationen (die "Wertobjekte") die Plausibilität vorgegebener Bedrohungsszenarien in einem realen Umfeld zu ermitteln. Zusammen mit dem Wert der Informationen stellt die Plausibilität ein Auswahlkriterium für die wirtschaftlich sinnvolle technische Realisierung von Sicherheitsmaßnahmen dar.

Wie im Teil I schon erläutert, können wir nicht mit der Definition des Risikos als Erwartungswert eines Verlustes aus der Wahrscheinlichkeitstheorie (speziell Entscheidungstheorie) operieren, da wir in dem von uns betrachteten Anwendungsfeld Eintrittswahrscheinlichkeiten für Informationskorruption nicht seriös in Form von Verteilungen oder Häufigkeiten aus historischen Daten abschätzen können. Die Auflistung von spezifischen Bedrohungsszenarien für die oben aufgeführten Infrastrukturkomponenten, der Zuordnung von Schäden zu jedem Szenario und die Abschätzung der Plausibilität, mit der die Szenarien in dem untersuchten Umfeld zur Realität werden können ist eine Methode, die im Ansatz bei vielen Assekuranz - Unternehmen verwendet wird. Sie erscheint uns von unserem derzeitigen Wissensstand aus gesehen als einzige für unsere Problematik anwendbar zu sein.

Bei der nun folgenden Beschreibung der Vorgehensweise verwenden wir qualitative Angaben für den Wert einer Information, für den möglichen Schaden bei Eintritt einer Bedrohung usw., da wir von der Annahme ausgehen müssen, daß nur in sehr seltenen Fällen ein exakter quantitativer Wert bekannt ist. Bei der Beschreibung des Verfahrens gehen wir in folgenden Schritten vor:

1. Bedrohungsszenarien
2. Ermittlung der Eintrittsplausibilität von Bedrohungen mit Hilfe von Checklisten
3. "Common Sense" - Regeln zur Risikoermittlung und die Anwendung von Fuzzy-Logik
4. "Common Sense" - Regeln zur Auswahl der Sicherheitsmaßnahmen

## 1. Bedrohungsszenarien

Ein Bedrohungsszenario bezeichnet einen bestimmten Punkt im Risikoraum. Dieses Szenario bezieht sich auf ein spezielles Objekt, dem eine bestimmte Grundbedrohung mit ihrer Ursache zugeordnet ist. In den Checklisten entspricht ein Szenario einer Reihe von Fragen, die untergliedert sind in Risikokategorien mit ihren jeweiligen Ausprägungen und Aspekten. Mit Hilfe von Checklisten wird die Plausibilität für das Eintreten der jeweiligen Bedrohung ermittelt. Der Begriff des Bedrohungsszenarios wird also von uns relativ allgemein für eine typische, in der Praxis immer wieder vorzufindende, Sicherheitslage verwendet. Diese Sichtweise gewährleistet uns die Wiederverwendbarkeit und den flexiblen Einsatz der Checklisten in Situationen mit verschiedenen Informatikinfrasturkturen.

Neben diesen Informationen gehören zu einem Szenario die Klassifizierung des damit verbundenen Schadens in die Klassen *unerheblich*, *spürbar*, *erheblich*, *hoch*, *total*. Wir gehen hier in Analogie zur Einstufung der Information in Vertraulichkeitsklassen vor. Diese Methode empfiehlt sich, da der *mögliche* Schaden beim *voraussichtlichen* Eintreten einer *potentiellen* Bedrohung in seinem Ausmaß in der Praxis in den meisten Fällen nur sehr schwer - wenn überhaupt - zu überblicken und zu beziffern ist.

## 2. Checklisten zur Ermittlung der Eintrittsplausibilität einer Bedrohung

Einzelne Aspekte eines Bedrohungsszenarios können in unterschiedlichem Maße von Bedeutung sein. Deshalb werden in den Checklisten die dazu korrespondierenden JA/NEIN-Fragen im Hinblick auf das Eintreten der Bedrohung in der Regel nicht gleiches Gewicht besitzen. Es wird Fragen geben, deren Antworten sehr stark auf die mögliche Manifestation der jeweiligen Bedrohung hindeuten und andere, die zwar nicht vernachlässigbar sind, die aber nur geringe Indizien für das Eintreten der Bedrohung liefern. Wir haben also die einzelnen Fragen in den Checklisten zu gewichten und die Berücksichtigung dieser Wichtung führt uns auf die Antwort zur Frage, wie plausibel es ist, daß diese Bedrohung auftreten kann. Als Maßzahl für die Plausibilität verwenden wir die normierte Summe der

Gewichte, deren zugehörige Fragen in den Checklisten positiv beantwortet wurden.

3. "Common Sense"-Regeln zur Risikoermittlung und die Anwendung von Fuzzy-Logik

Nachdem wir nun den möglichen Schaden beim Eintreten einer bestimmten Bedrohung klassifiziert und anhand der Antworten aus den Checklisten die Plausibilität dafür bestimmt haben, kann entsprechend unserer Definition in Teil I das Risiko für diese Bedrohung als Erwartungswert des Schadensereignisses ermittelt werden, wobei wir den Schaden (Wertverlust) mit der Plausibilität zu kombinieren haben. Allerdings sind wir nun mit der Schwierigkeit konfrontiert, daß die Schadenshöhe nur qualitativ bekannt ist. Aus diesem Grunde verlagern wir, wie schon erwähnt, die gesamte Betrachtung auf eine qualitative Beschreibungsweise. Wir benennen neben der Schadenshöhe auch die Werte der Plausibilität und des Risikos mit linguistischen Termen. Dieser Zugang empfiehlt sich auch insbesondere in Anbetracht der Tatsache, daß der Risikobegriff und die dazugehörenden Parameter inhärent Ungenauigkeiten und Unbestimmtheiten in sich bergen.

Wir stufen das Risiko in die Klassen *vernachlässigbar, gering, mittel, hoch* oder *sehr hoch* ein. Mit Hilfe der weiter unten beschriebenen Methoden der Fuzzy-Logik können wir auch die Plausibilitätsmaßzahlen in verbale Form überführen. Damit ist das jeweilige Risiko in einfacher Weise abschätzbar. Wir bilden dazu aus den Schäden und Plausibilitäten der einzelnen Bedrohungen eine n x m - Matrix ("Risikomatrix"). Die zugehörigen Matrixelemente repräsentieren die auftretenden Risiken.

Entsprechend einfach sind die Regeln zur Risikofindung: Die Spalten und Zeilen der Risikomatrix bilden die mit der UND-Funktion verknüpften Prämissen und die Matrixelemente repräsentieren die Konklusionen - eben die Risiken.

| Schaden -> Eintritts- plausibiltät | unerheblich | spürbar | erheblich | hoch | total |
|---|---|---|---|---|---|
| gering | vernachlässigbar | vernachlässigbar | gering | mittel | hoch |
| mittel | vernachlässigbar | vernachlässigbar | mittel | mittel | hoch |
| hoch | vernachlässigbar | gering | hoch | hoch | sehr hoch |
| sehr hoch | vernachlässigbar | mittel | hoch | sehr hoch | sehr hoch |

Ist zum Beispiel die Plausibilität dafür, daß eine bestimmte Bedrohung eintritt, hoch, und ist im Fall des Falles der zugehörige Schaden als erheblich eingestuft, so liegt ein hohes Risiko bezüglich dieser Bedrohung vor.

In obiger Matrix beziffern wir die relevanten Größen Schaden, Plausibilität und Risiko nicht numerisch, sondern beschreiben ihre Werte mit verbalen Ausdrücken der Umgangssprache. Durch diesen Übergang von der Numerik zur sprachlichen Bezeichnung der Maßgrößen gelingt es uns, von der scheinbaren Genauigkeit, die exakte Zahlen vorspiegeln würden und die entsprechend der Natur der ganzen Angelegenheit einfach nicht vorliegt, weg zu kommen, hin zu qualitativen Aussagen. Letzlich ist es unerheblich, ob ein gegebenes Risiko mit 85 % oder mit 87 % beziffert wird, entscheidend ist dagegen die Aussage, daß es sich um ein hohes Risiko handelt. Der Mensch kann die Qualität des Risikos intuitiv einfacher und schneller erfassen als dessen quantitativen Wert. Außerdem gelingt es mit Hilfe der verbalen Beschreibung und ihrer "unscharfen" Logik, deren formale Grundlagen in der von Lotfi A. Zadeh entwickelten Fuzzy-Logik begründet sind, Einzelrisiken zu einem Gesamtrisiko sinnvoll zu kombinieren. Fuzzy-Logik erlaubt das Hantieren mit nicht-exakten Parametern, in dem man deren Werte mit Hilfe der Semantik einer linguistischen Methode ausdrückt.

Die Grundkonzepte der Fuzzy-Logik sind linguistische Variable und Zugehörigkeitsfunktionen. Im folgenden sollen sie am Beispiel der Plausibilität prinzipiell verdeutlicht werden. Anhand der Checklisten haben wir die Plausibilität für eine bestimmte Bedrohung numerisch abgeschätzt. Diese Maßzahlen müssen nun in die in der Risikomatrix angegebenen linguistischen Werte der Plausibilität (*gering, mittel, hoch* und *sehr hoch*) umgesetzt werden. Die Plausibilität wird als linguistische Variable bezeichnet. Jeder verbale Wert, der zu einer linguistischen Variablen gehört, wird durch eine (normierte) Zugehörigkeitsfunktion $\mu(x)$ repräsentiert. Alle diese Zugehörigkeitsfunktionen einer linguistischen Variablen bilden zusammen die sogenannte Fuzzy-Menge. Die Zugehörigkeit einer Maß*zahl* der Variablen zu den einzelnen linguistischen Werten erfolgt durch deren Funktionsverlauf (Bild 4). Es gibt aber weder theoretische noch empirische Methoden, die den Verlauf der Zugehörigkeitsfunktion festlegen. So könnte man zum Beispiel einfachheitshalber an eine Zuordnung durch charakteristische Funktionen ($\mu(x) = 1$, falls x zu einem speziellen verbalen Wert gehört, sonst $\mu(x) = 0$) denken. Bei Verwendung dieser Sprungfunktionen würden allerdings Inkonsistenzen dadurch auftreten, daß beispielsweise ein numerischer Wert von 0.3 noch zum linguistischen Wert *gering* gehört, während 0.31 bereits als *mittel* plausibel bezeichnet würde. Aus diesem Grund wird in der Fuzzy-Logik auf Methoden der *kontinuierlichen* Gewichtung der linguistischen Variablen zurückgegriffen.

4. "Common Sense"-Regeln zur Auswahl der Sicherheitsmaßnahmen

Abhängig von dem konkret vorliegenden Risiko sind die vorzuschlagenden Sicherheitsmaßnahmen hinsichtlich ihrer Effektivität und der Kosten mit unterschiedlichen Methoden und Technologien zu realisierten. Das entspricht im übrigen auch der Forderung nach einer abgestuften Sicherheitskonzeption. Die Auswahl der einzelnen Maßnahmen und Technologien (MT) erfolgt wieder mit Hilfe von "Common Sense"-Regeln (Wenn-Dann-Aussagen), die wir in Form der folgenden Matrix zusammenfassen können:

| Informationswert -> Risiko | intern | öffentlich | vertraulich | geheim |
|---|---|---|---|---|
| vernachlässigbar | ———————— | ———————— | MT_1 | MT_2 |
| gering | ———————— | ———————— | MT_1 | MT_3 |
| mittel | ———————— | MT_1 | MT_2 | MT_4 |
| hoch | MT_1 | MT_1 | MT_2 | MT_5 |
| sehr hoch | MT_1 | MT_2 | MT_3 | MT_6 |

Das Regelwerk kann, wie in nachfolgendem Beispiel beschrieben, interpretiert werden: Wenn für eine vertrauliche Information das Risiko dafür, daß eine bestimmte Bedrohung eintreten kann, mittel ist, dann werden als Sicherheitsmaßnahmen Methoden und Technologien der Kategorie 2 (MT_2) empfohlen.

### III. Literatur


[Fiksel90]    J. Fiksel
Risk Analysis in the 1990,
Risk Analysis, Vol. 10, Nr. 2, 1990, S.195-196

[Haimes91]    Y.Y. Haimes
Total Risk Management,
Risk Analysis, Vol. 11, Nr. 2, 1991, S.169-171

[BeuGund90]    A. Beutelsbacher, M. Gundlach
Algorithmen, Mechanismen und Dienste,
it 32, 1990, S.24-32

[Unwin86]    S.D. Unwin
A Fuzzy Set Theoretic Foundation for Vagueness in Unvertainty Analysis,
Risk Analysis, Vol. 6, Nr. 1, 1986, S.27-34

[Buck83]    J.J. Buckley
Decision Making Under Risk: A Comparison of Bayesian and Fuzzy Set Methods,
Risk Analysis, Vol. 3, Nr. 3, 1983, S.157-168

# Risikoabschätzung in heterogenen Informatikinfrastrukturen

- **Situation Informatikinfrastrukturen**

- **Begriffsbestimmung Risiko**

- **Prinzipien der Risikoanalyse**
  - Zielsetzung
  - Wertanalyse
  - Bedrohungsanalyse
  - Schwachstellenanalyse
  - Risikobewertung
  - Risikobewältigung
  - Kosten-Nutzen-Bewertung

- **Methode zur Risikoabschätzung in heterogenen Informatikinfrastrukturen**
  - Bedrohungsraum
  - Bedrohungsszenarien
  - Checklisten zur Ermittlung der Eintrittsplausibilität einer Bedrohung
  - 'Common Sense'-Regeln zur Risikobewertung
  - 'Common Sense'-Regeln zur Auswahl von technischen Realisierungen für Sicherheitsmaßnahmen
  - Schema der Risikoanalyse

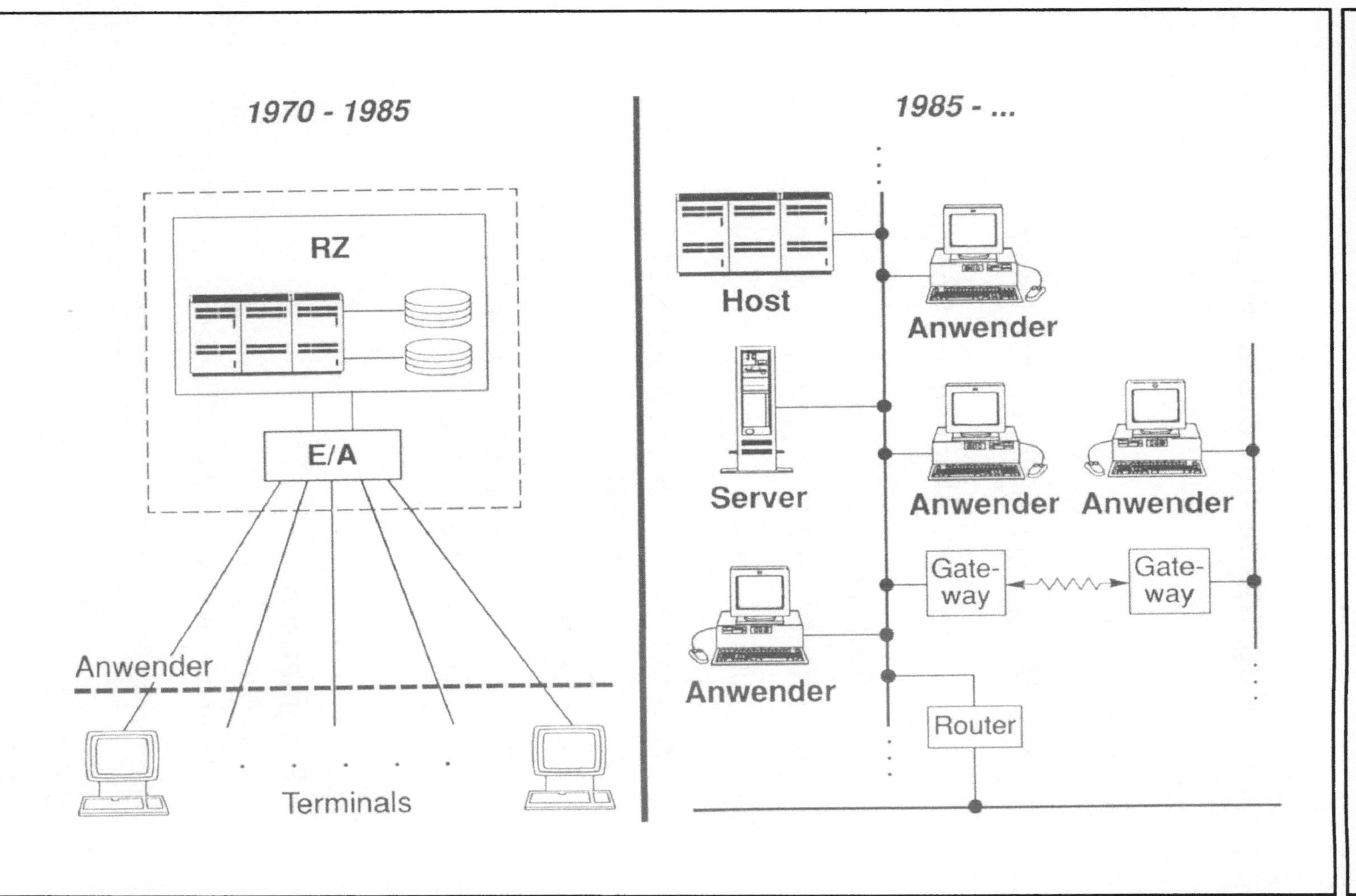
1970 - 1985
RZ
E/A
Anwender
Terminals
1985 - ...
Host
Anwender
Server
Anwender
Anwender
Gate-way
Gate-way
Anwender
Router

# Begriffsbestimmung Risiko

- **Mathematisch**

  - N :  Menge aller Aktionen der 'Natur'

  - S :  Menge aller Aktionen des Speichers

  - Verlustfunktion $\upsilon$ :

    $\upsilon :\quad N \times S \;\longrightarrow\; IR$

    $\upsilon(\gamma, \delta) \;\longrightarrow\; x$

  - W-Verteilung der Aktionen aus $N : P_N$

    $P_N :\; N \qquad \longrightarrow\; [0.1]$

    $\quad P_N(N) \;\longrightarrow\; z$

  - Risiko = Erwartungswert des Verlustes

    $$r(\delta) \;=\; \int_{\gamma} \upsilon(\gamma, \delta)\, dP_N$$

- **Pragmatisch**

  - Risiko = Wertverlust x Schadensplausibilität

# Prinzipien der Risikoanalyse

- **Zielsetzung**

  - Identifikation, Bewertung und Bewältigung
    bestehender Risiken

- **Wertanalyse**

  - Identifikation bedrohter Objekte, Abschätzen ihres
    Wertes

- **Bedrohungsanalyse**

  - Aufzeigen von Gefahren und deren Ursprung, die
    für die zu schützenden Objekte relevant sind

  - Schutzobjekt Information
    - → Gefahren zum Verlust der Vertraulichkeit
    - → Gefahren zum Verlust der Integrität
    - → Gefahren zum Verlust der Veränderbarkeit

- **Beschreibung von Bedrohungen in Szenarien**

- **Abschätzen von Eintrittsplausibilitäten für
  Bedrohungsszenarien**

# Abschätzen der Schadenshöhe bei Eintritt eines Bedrohungsszenarios

- **Schwachstellen**

  - Aufzeigen von systeminhärenten Schwachstellen aufgrund ökonomischer, physischer und organisatorischer Einflüsse

- **Risikobewertung**

  - Produkt aus Werteverlust und Plausibilität eines Schadenseintritts pro Jahr

- **Risikobewältigung**

  - Ableiten von Sicherheitsanforderungen und zu ergreifende Maßnahmen aus den Resultaten der Risikobewertung

- **Kosten-Nutzen-Bewertung**

  - Gegenüberstellung der Kosten für Sicherheitsmaßnahmen und der Kosten für die entsprechende Schadensbehebung, bezogen auf ein Zeitintervall

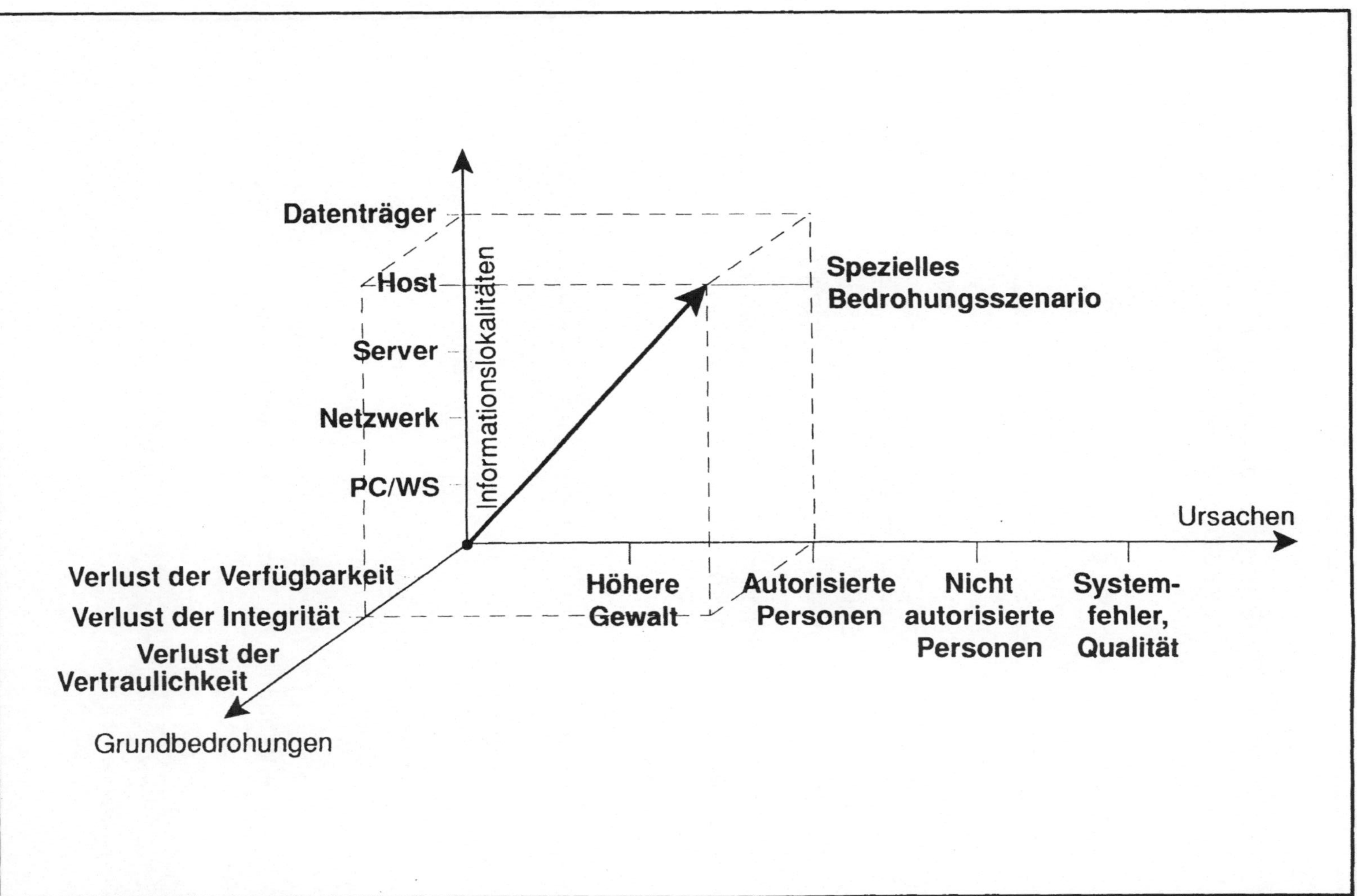


Datenträger
Host
Server
Netzwerk
PC/WS
Informationslokalitäten
Spezielles Bedrohungsszenario
Ursachen
Höhere Gewalt
Autorisierte Personen
Nicht autorisierte Personen
System-fehler, Qualität
Verlust der Verfügbarkeit
Verlust der Integrität
Verlust der Vertraulichkeit
Grundbedrohungen

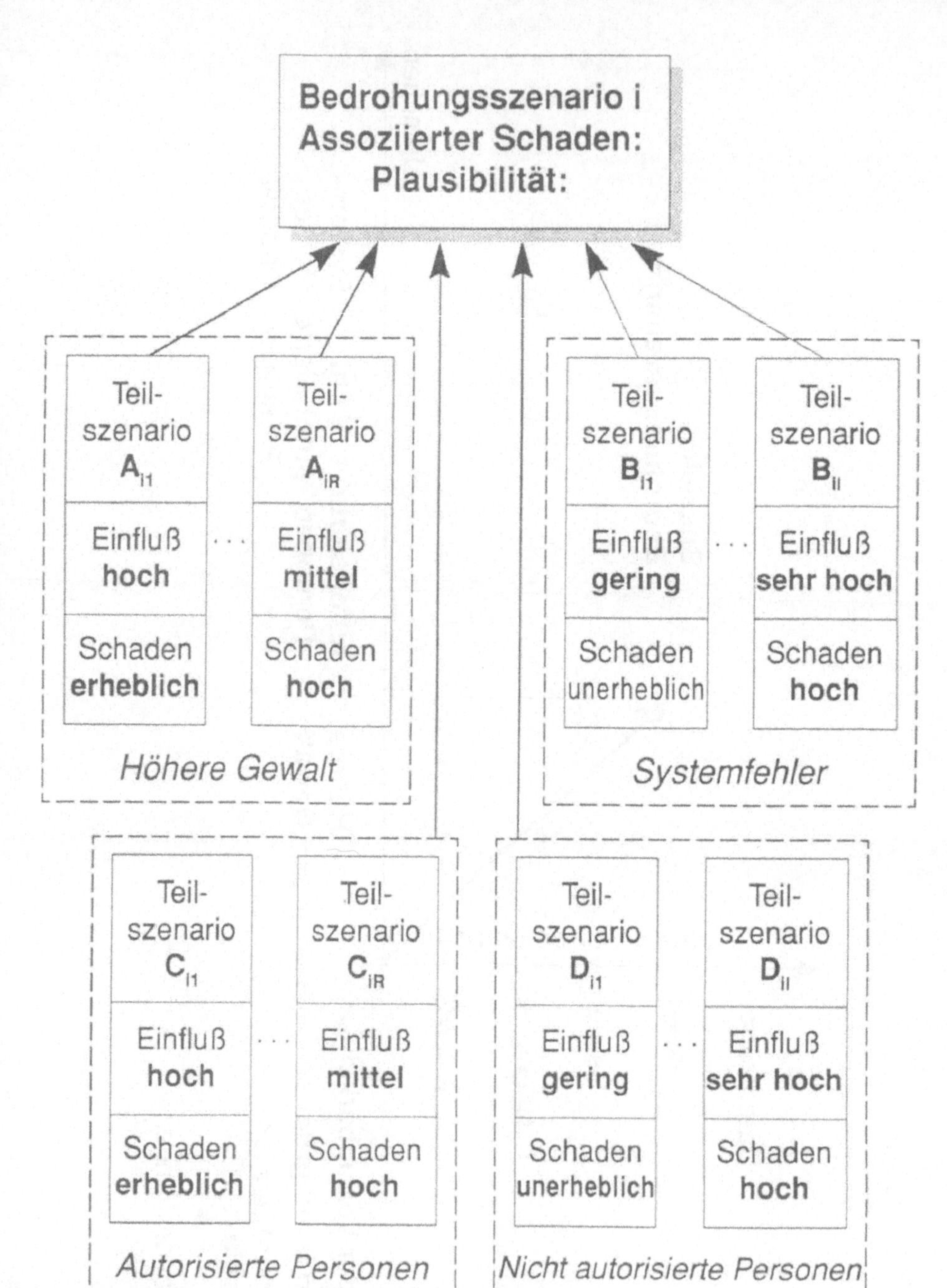
Bedrohungsszenario i
Assoziierter Schaden:
Plausibilität:
Teil-szenario A_{i1}
Einfluß hoch
Schaden erheblich
Teil-szenario A_{iR}
Einfluß mittel
Schaden hoch
Höhere Gewalt
Teil-szenario B_{i1}
Einfluß gering
Schaden unerheblich
Teil-szenario B_{iI}
Einfluß sehr hoch
Schaden hoch
Systemfehler
Teil-szenario C_{i1}
Einfluß hoch
Schaden erheblich
Teil-szenario C_{iR}
Einfluß mittel
Schaden hoch
Autorisierte Personen
Teil-szenario D_{i1}
Einfluß gering
Schaden unerheblich
Teil-szenario D_{iI}
Einfluß sehr hoch
Schaden hoch
Nicht autorisierte Personen

Checkliste Nr.:   1
Szenario:         i

|          |   | ja  | nein | $g_i$ |
|----------|---|-----|------|-------|
| Frage:   | 1 | x   |      | 0.3   |
| Frage:   | 2 |     | x    | 0.7   |
| Frage:   | 3 | x   |      | 0.5   |
| .        |   |     |      |       |
| .        |   |     |      |       |
| .        |   |     |      |       |
| Frage:   | n |     | x    | 0.1   |

$g_i \in [0.1]$

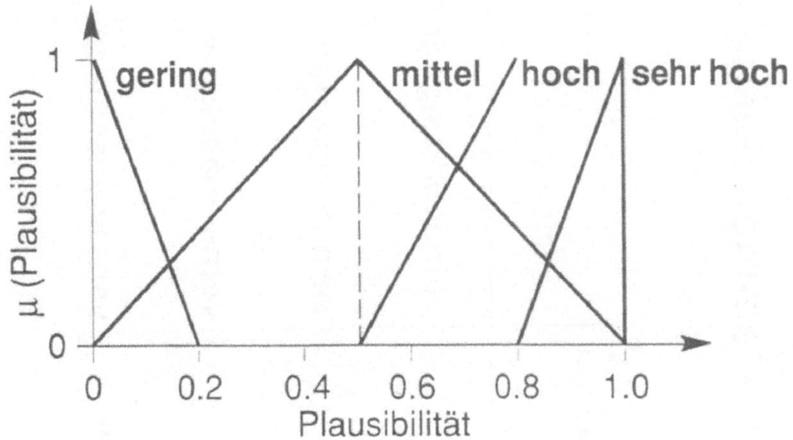

# 'Common Sense' - Regeln zur Risikobewertung

| Eintritts-Plausibilität \ Schaden | unerheblich | spürbar | erheblich | hoch | total |
|---|---|---|---|---|---|
| gering | vernachlässigbar | vernachlässigbar | gering | mittel | hoch |
| mittel | vernachlässigbar | vernachlässigbar | mittel | mittel | hoch |
| hoch | vernachlässigbar | gering | hoch | hoch | sehr hoch |
| sehr hoch | vernachlässigbar | mittel | hoch | sehr hoch | sehr hoch |

## 'Common Sense' - Regeln zur Auswahl technischer Realisierungen für Sicherheitsmaßnahmen

| Informationswert<br>Risiken | intern | öffentlich | vertraulich | geheim |
|---|---|---|---|---|
| vernachlässigbar | - | - | MT 1 | MT 2 |
| gering | - | - | MT 1 | MT 3 |
| mittel | - | MT 1 | MT 2 | MT 4 |
| hoch | MT 1 | MT 1 | MT 2 | MT 5 |
| sehr hoch | MT 1 | MT 2 | MT 3 | MT 6 |

*MT: Methoden und Technologien zum Informationsschutz*

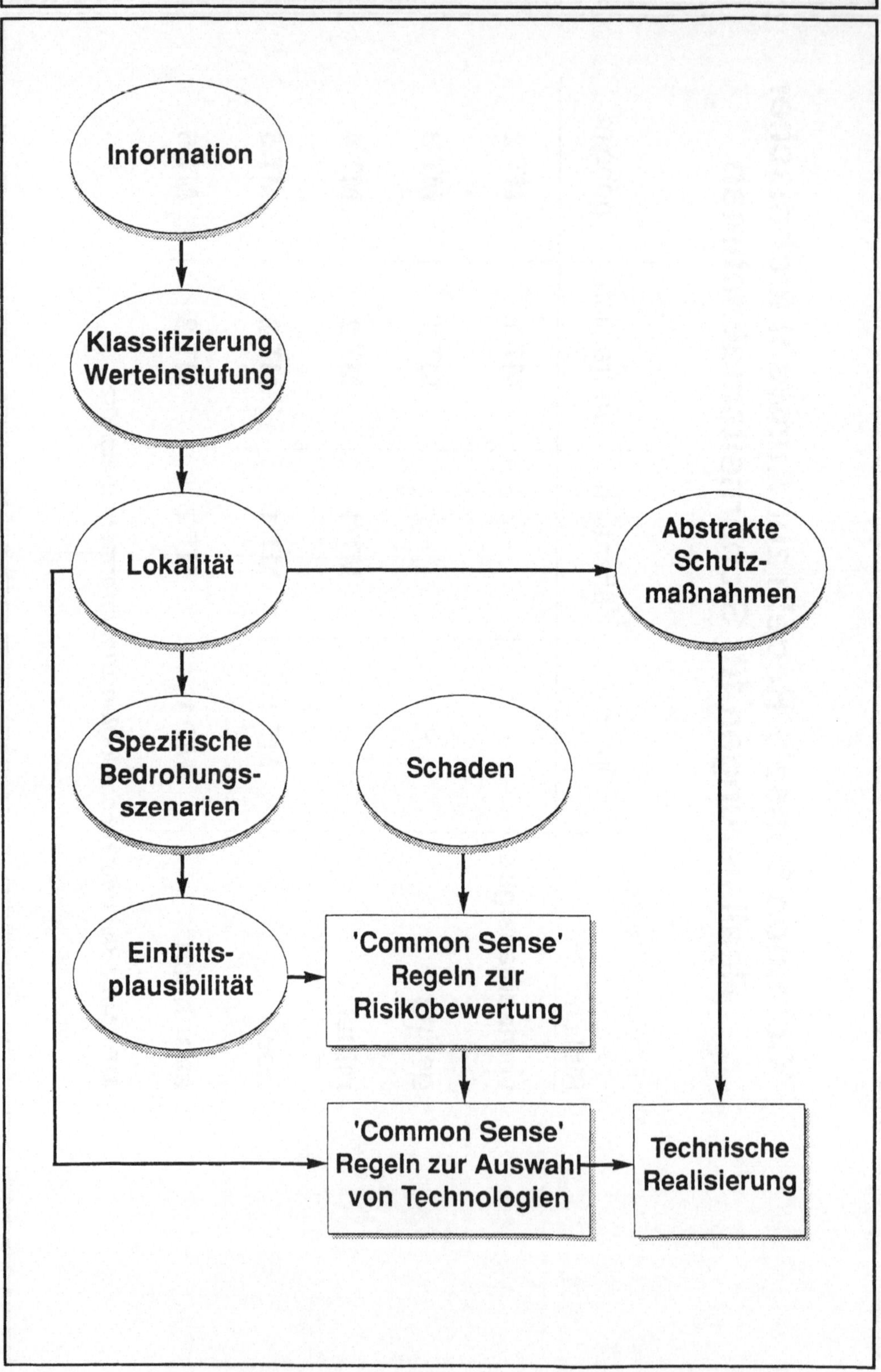
Information
Klassifizierung
Werteinstufung
Lokalität
Abstrakte
Schutz-
maßnahmen
Spezifische
Bedrohungs-
szenarien
Schaden
Eintritts-
plausibilität
'Common Sense'
Regeln zur
Risikobewertung
'Common Sense'
Regeln zur Auswahl
von Technologien
Technische
Realisierung

Hennig  Wilke

# Zugriffsschutz in heterogenen Netzen - Schwierigkeiten, Lösungen und Erfahrungen aus Anwendungsprojekten

## Zusammenfassung

Der Vortrag behandelt die Probleme des Zugriffsschutzes unter Berücksichtigung der besonderen Anforderungen, die offene Systeme an ein Zugriffsschutzsystem stellen. Hierbei handelt es sich generell um die Gewährleistung der Vertraulichkeit, der Verfügbarkeit und der Integrität von Informationen. Offene Systeme erfordern zusätzlich noch die Möglichkeit weitere Ergänzungen des Systems, welche äußerst unterschiedlich sein können, zu integrieren. Dies kann nur durch ein flexibles, systemweites Zugriffsschutzsystem auf der Softwareebene erreicht werden. Im Anschluß an diese theoretischen Anforderungen wird ein Modell vorgestellt, welches diese Anforderungen befriedigt. Grundgedanke ist hierbei die Orientierung an den in der Realität existierenden Situationen in Organisationen. Es wird aufgezeigt, wie Identifikation, Authentifikation und Autorisation realisiert werden können und ein effektiver Zugriffsschutz entsteht. Den Abschluß bildet die Vorstellung eines Produktes, welches das dargestellte Modell realisiert und eine Beschreibung der dazugehörigen Erfahrungen aus Anwenderprojekten.

## 1. Einleitung

Zunächst sollte geklärt werden, daß dieses Thema zwei Problemkreise beinhaltet. Einerseits werden im folgenden die einzelnen Aspekte des Zugriffsschutzes in bezug auf die Informationssicherheit erläutert werden. Andererseits geht es um die Eigenschaften, Vorteile und Besonderheiten von offenen Systemen. Dabei muß auf die Notwendigkeit des Zugriffsschutzes und die Möglichkeiten einer sinnvollen Realisierung eingegangen werden.

## 2. Zugriffsschutz

Um die Problematik des Zugriffsschutzes zu verstehen und zu lösen, sollte man sich zuerst die Frage stellen, warum dieses Schlagwort eigentlich erst heutzutage so wichtig geworden ist. Eine Beantwortung dieser Frage fällt leicht, wenn man die technischen Veränderungen in bezug auf die Datenverarbeitung der letzten Jahre und Jahrzehnte betrachtet. Durch die stetige Weiterentwicklung der technischen Möglichkeiten bei der Datenverarbeitung sind Rechner mit höheren Kapazitäten und Arbeitsgeschwindigkeiten entstanden. Dadurch und durch die Tatsache, daß die EDV inzwischen in zahllosen Bereichen Einzug gehalten hat, entstehen innerhalb von Systemen riesige Datenbestände. Einen nicht geringen Beitrag hierzu hat auch die Vernetzung von PC's innerhalb von Systemen, aber auch von Systemen selbst geleistet. Der Aspekt der Vernetzung ist aber nicht nur in Hinblick auf die Größe der verfügbaren Informationsbestände von Bedeutung. Gerade für den Zugriffsschutz entstehen erhebliche Probleme durch die Vielzahl der Anwender, die zu einem Netz Zugang haben.

Der Zugriffsschutz soll hier in bezug auf die Informationssicherheit erläutert werden. Drei Aspekte sind in diesem Zusammenhang von Bedeutung.

### 2.1 Vertraulichkeit von Daten

Zum einen soll mit Hilfe das Zugriffsschutzes verhindert werden, daß unberechtigte Personen Kenntniss von sensiblen Angaben erhalten. Es ist z.B. verständlich, daß es nicht im Sinne eines Unternehmens sein kann, wenn jeder auf dessen interne Daten zugreifen kann. Neben dieser wirtschaftlichen Bedeutung des Zugriffschutzes existieren aber auch noch gesetzlichen Bestimmungen, die sich auf den Datenschutz beziehen. Mit Hilfe des Datenschutzes soll gewährleistet werden, daß keine unberechtigten Personen in den Besitz von Informationen gelangen können, die für den Betroffenen schützenswert sind. Durch die Kenntnis solcher Daten können dem Betroffenen unter Umständen Schäden entstehen, die dann durchaus einklagbar sind. Zur Kenntnis von sensiblen Informationen sind andere Personen nur dann berechtigt, wenn der Betroffene hierfür seine Einwilligung erteilt hat. Eine Ausnahme existiert nur, wenn eine gesetzliche Bestimmung anderen Personen explizit die Kenntnis erlaubt. Sensible Daten sind vertraulich zu behandeln. Auch für diese Gewährleistung der Vertraulichkeit zum Schutze von Betroffenen dient der Zugriffsschutz.

## 2.2 Verfügbarkeit von Daten

Der zweite Aspekt der Informationssicherheit betrifft die Verfügbarkeit von Informationen. Es muß gewährleistet werden, daß jeder Benutzer zu jedem Zeitpunkt, auf die von ihm zur Erfüllung seiner Aufgaben innerhalb einer Organisation benötigten Daten, zugreifen kann. Je mehr Daten von einem System verwaltet werden, desto größer ist die Gefahr des Verlustes der Verfügbarkeit. Es kann also in keinem Fall sinnvoll sein, jedem sämtliche Informationen zugänglich zu machen, da dies in einem absoluten Chaos enden würde. Aber auch das Gegenteil, die totale Abschottung der Informationsbestände, so daß jeder nur auf seine eigenen Datenbestände zugreifen kann, wäre unbrauchbar. Heutzutage benötigt meist nicht nur eine Person bestimmte Informationen, sondern mehrere Personen müssen auf dieselben Daten zugreifen. Dies ist eine weitere Entwicklung innerhalb der EDV und auch der Arbeitswelt. In der Arbeitswelt treffen wir inzwischen vermehrt auf Teamarbeit, für die es unumgänglich ist, daß mehrere Personen auf dieselben Informationsbestände zugreifen können.

## 2.3 Integrität von Daten

Der letzte Aspekt der Informationssicherheit ist die Integrität von Informationen. Der Verlust der Integrität würde bedeuten, daß Informationen von unberechtigten Personen modifiziert werden können. In diesem Fall wäre der Wert der Informationen gleich null.

Sinnvolle Nutzung von Informationen ist nur möglich, wenn alle drei Aspekte der Informationssicherheit - die Gewährleistung der Verfügbarkeit, der Vertraulichkeit und der Integrität von Informationen, sichergestellt sind.

## 3. Offene Systeme

Da nun klar geworden ist, welche Anforderung an ein effektives System des Zugriffsschutzes gestellt werden, folgt im weiteren eine Darstellung der Eigenschaften von offenen Systemen. Dabei erfährt selbstverständlich der Aspekt des Zugriffsschutzes besondere Aufmerksamkeit.

Offene Systeme zeichnen sich durch Herstellerunabhängigkeit aus. Der Grund für die wachsende Beliebtheit von offenen Systemen in den letzten Jahren ist neben größeren Produktauswahlmöglichkeiten vor allem auch die Investitionssicherheit, da keine kompletten Neuanschaffungen notwendig sind, wenn ein weiterer Baustein das System bereichern soll.

### 3.1 Zugriffsschutz bei offene Systemen

Bei proprietären Systemen werden meist keine gravierenden Veränderungen des Systems im nachhinein vorgenommen. Dies ermöglicht die Verwendung eines relativ starren Zugriffschutzsystems. Anders ist es bei offenen Systemen. Im Gegenteil ist ja gerade der Sinn von offenen Systemen, daß sie ausbaufähig sind und vor allem, daß die Strukturen der neu zu integrierenden Soft- und Hardware unter Umständen auch unterschiedlich sein können. In der Praxis kann dadurch eine Vielzahl verschiedener Hardware- und Softwareprodukte in einem gemeinsamen System existieren. Beispielsweise können auf Seiten der Hardware Großrechner neben PC's und Workstations vorhanden sein, und die Softwarebestückung aus Textverarbeitungsprogrammen, Grafikprogrammen und diversen anderen Applikationen bestehen.

Somit muß der Zugriffsschutz nicht nur, wie oben dargestellt, interne Strukturen und deren Veränderungen berücksichtigen, sondern auch auf ein sich veränderndes System eingerichtet sein. Dies erfordert eine hohe Flexibilität. Ein Zugriffsschutzsystem kann schließlich nur dann wirksam sein, wenn auch alle Applikationen einbezogen werden.

## 4. Anforderungen an ein Zugriffsschutzsystem für offene Systeme

### 4.1 Berücksichtigung der Strukturen innerhalb von Organisationen

Will man effektiven Zugriffsschutz für offene Systeme erreichen, müssen aber nicht nur die verschiedenen Aspekte der Informationssicherheit gewährleistet sein. Eine weitere Stütze von Organisationen ist nämlich neben den Informationen auch die interne Struktur und Hierarchie. Das Zugriffsschutzssystem muß notwendigerweise auf diese gewachsenen Umstände Rücksicht nehmen, und ihnen Priorität einräumen. Somit sind sie der Orientierungspunkt bei der Erstellung eines Sicherheitssystems.

Deshalb besteht der erste Schritt, bei der Planung eines Zugriffsschutzsystems in der Analyse der in der Realität existierenden Organisationsstruktur. Dies beinhaltet die Zahl der Anwender und ihre Funktionen. Jede Person nimmt innerhalb einer Organisation eine Rolle ein. In dieser Rolle führt sie bestimmte Aufgaben aus. In der Realität ist es aber oft so, daß Überschneidungen der Aufgabengebiete existieren. Je kleiner die Organisation ist desto einfacher kann diese Analyse durchgeführt werden. Bei großen Organisationen muß beachtet werden, daß der offizielle Dienstweg, der zwar vorgeschrieben ist, aber oft ein schnelles Arbeiten verhindert, vielfach abgekürzt wird. Dies ist der Unterschied zwischen der theoretischen Konzeption einer Organisation und den sich in der Praxis bewährenden Verfahren. Da sich ein Zugriffsschutzsystem an der Realität orientieren soll, kann bei der Erstellung eines solchen Systems nicht das Studieren der vorgeschriebenen Dienstwege ausreichen. Statt dessen muß eine regelrechte Erforschung der Dienstwege erfolgen.

Um ein systemweites Zugriffsschutzsystem zu erstellen, sollte für jedes einzelne Objekt explizit festgelegt werden, wer darauf zugreifen darf. Dieser Umstand erfordert ein sehr differenzierbares Zugriffsschutzsystem.

## 4.2 Indirekte Autorisation

In dem vorangegangenen Abschnitt war anstelle von Personen immer von Rollen und Stellen die Rede. Der Ausdruck "Person" ist in Zusammenhang mit obigen Organisationen falsch, da für Organisationen die Funktion der Person wichtig ist und nicht, ob es sich dabei um Frau Müller oder Herrn Meier handelt. Wichtig ist, was diese Personen in der Organisation für Aufgaben erfüllen. Ist Frau Müller Abteilungsleiterin innerhalb einer Behörde, oder Herr Meier Kassenwart des Vereins? Es wäre auch deshalb nicht sinnvoll, ein Sicherheitssystem an Personen festzumachen, da diese austauschbar sind. Frau Müller könnte aus dem Berufsleben ausscheiden oder eine andere Abteilung übernehmen. Wenn der Zugriffsschutz mit Stellen arbeitet, braucht nur festgehalten werden, daß es eine namentliche Änderung bei der Besetzung der Stelle gegeben hat. Dadurch wird ein hoher Grad an Flexibilität des Sicherheitssystems in bezug auf Stellenbesetzungen erreicht.

In der Realität treten neben besagten Stellenumbesetzungen auch häufig Situationen auf, in denen Stellvertreter die Aufgaben eines anderen übernehmen. Dies ist beispielsweise immer dann der Fall, wenn eine Person im Urlaub oder krank ist. Um ein effektives Weiterarbeiten einer Organisation zu ermöglichen, ist es deshalb erforderlich, daß die Stellvertreterpläne dem System bekannt sind. Automatisch können dann die Zugriffsberechtigungen eines Stelleninhabers für einen bestimmten Zeitraum auf dessen Stellvertreter übertragen werden. Mit Hilfe der indirekten Autorisation ist es möglich, im nachhinein festzustellen, ob der Inhaber der Kompetenz auf bestimmte Informationen zugegriffen hat, oder ob es sein Stellvertreter war. Zwar besaß der Stellvertreter in dieser Situation die Kompetenz des Inhabers, aber behielt bei der Erfüllung seiner Stellvertreterpflichten trotzdem seine eigene Identität bei. Dies ist ein weiterer Vorteil der indirekten Autorisation.

## 4.3 Sicherheitssystem in Form von Software

Die bisher auf Betriebssystemebene bekannten Sicherheitssysteme können diesen Ansprüchen nicht gerecht werden, da sie nur Objekte des Betriebssystems schützen. Dies sind insbesondere Dateien. Wichtig unter dem Aspekt des Zugriffsschutzes sind jedoch Objekte, die von den Anwendungssystemen erzeugt werden. Somit kann nur mit Hilfe von Software ein weiterreichendes Sicherheitsmanagement erreicht werden. Diese Software muß zum einen gewährleisten, daß die Identität des Benutzers, sobald er sich korrekt mit seinem Paßwort eingeloggt hat, systemweit bekannt ist. Hierbei muß verhindert werden, daß Kontrollmechanismen dieser Identifikation ausgeschaltet oder umgangen werden können. Mit Hilfe der Authentifikation wird vom System bestätigt, daß der Anwender tatsächlich derjenige ist, für den er sich ausgibt. Desweiteren muß für jeden Benutzer mit Hilfe der indirekten Autorisation festgelegt werden, welche Rechte er hat. Bei der Verwendung offener

Systeme kommt noch eine weitere Anforderung hinzu. Das Sicherheitssystem muß so flexibel gestaltet sein, daß mögliche weitere Ergänzungen des Systems auf Hardware- oder Softwareseite mit einfachen Mitteln in das Sicherheitssystem integrierbar sind.

### 4.3.1 Kompetenzen

Zunächst soll auf die Festlegung der Rechte von Benutzern eingegangen werden. Zum einen erfüllt ein Benutzer innerhalb einer Organisation bestimmte Funktionen. Je nach Position innerhalb der Hierarchie dieser Organisation soll er auf bestimmte Objekte zugreifen können. Außerdem steht ihm auch zu, Informationsbestände anzulegen, auf die nur er Zugriff hat. Im Sinne der Teamarbeit sollten auch mehrere hierarchisch gleichgestellte Personen auf Objekte zugreifen können. Die Art des Zugriffs sollte ebenfalls differenzierbar sein. Jemand der zwar Kenntnis bestimmter Informationen haben soll, muß nicht unbedingt gleichzeitig auch die Berechtigung haben, diese zu verändern. Die verschiedenen Rechte beziehen sich jeweils auf bestimmte Objekte. Diese Objekte sollten auch solch abstrakter Natur sein können wie z.B. Schreibtische, Eingangskörbe oder auch Organisationseinheiten.

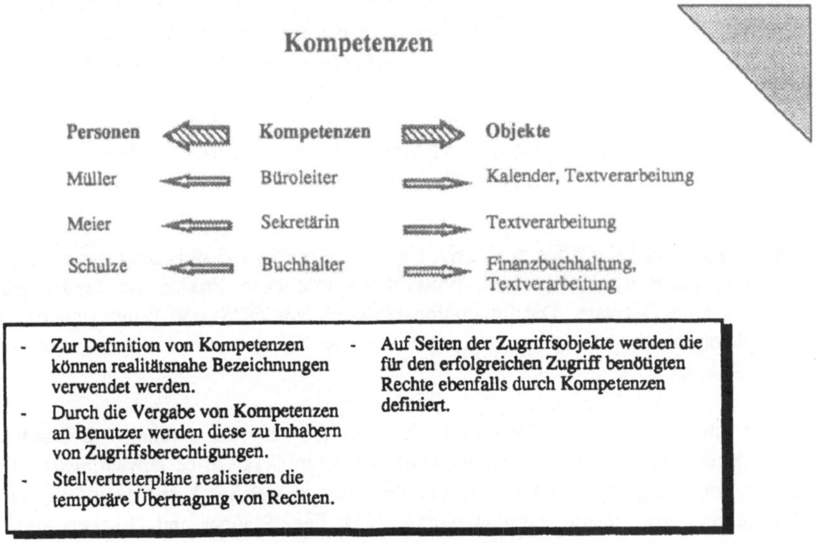

*Bild 1: Zuordnung der Rechte von Personen zu den Objekten mittels Kompetenzen*

### 4.3.2 Identifikation und Authentifikation

Nun stellt sich desweiteren das Problem der Zugangskontrolle in Hinblick auf die Identifikation und Authentifikation. Wie soll sich ein Benutzer identifizieren und wie kann diese Identifikation von dem System überprüft werden?

Weit verbreitet ist das System der Paßwortvergabe. Dies stellt jedoch insofern ein Problem dar, als mit der menschlichen Vergeßlichkeit zu rechnen ist, und die Benutzer sich ihre Paßworte aufschreiben. Oft werden auch Paßworte verwendet, die sich aus dem privaten Bereich ergeben und leicht zu erraten sind. Ebenfalls ist es wenig sinnvoll für jedes Programm ein neues Paßwort anwenden zu müssen. Die daraus resultierende Paßwortvielzahl kann nicht als benutzerfreundlich bezeichnet werden.

Es wäre also wünschenswert, wenn jeder Anwender sich nur einmal zentral anmelden müßte. Mit Hilfe des Tokenprinzips ist dieses machbar. Sobald ein Anwender sich mit seinem Namen und seinem Paßwort beim System anmeldet, wird ihm von diesem ein zufällig generiertes Token zugewiesen. Die Verbindung zwischen dem Benutzer und dem Token ist nur dem System bekannt. Will der Anwender ein anderes Programm, oder einen anderen Bestandteil des Systems benutzen, so ist keine weitere Identifikation mehr notwendig. Es wird nur innerhalb des Systems überprüft, ob der Inhaber des Tokens die entsprechenden Kompetenzen für die von ihm gewünschten Aktionen besitzt.

## 5. Praktische Umsetzung der Anforderungen an ein effektives Zugriffsschutzsystem für offene Systeme

Das Produkt UniDesk/Office der Firma UniWare Computer GmbH setzt die oben genannten Anforderungen in die Realität um. Entworfen wurde dieses Produkt für das Betriebssystem Unix und seine Derivate. Die Integrationsfähigkeit von DOS- und Windows-Arbeitsplätzen sowie deren lokaler Anwendungen macht UniDesk/Office zu einem Zugriffsschutzsystem für offene Systeme.

Gerade die besondere Flexibilität in bezug auf die weitere Einbindung von unterschiedlichsten Systembausteinen wird durch UniDesk/Office gewährleistet. Für jedes Objekt kann festgelegt werden, welcher Benutzer in welcher Form darauf zugreifen darf. Objekte sind sowohl alle Peripheriegeräte (z.B. Fax, Scanner und Drucker) als auch alle Anwendungen. Desweiteren zählen zu den Objekten auch alle logischen Bestandteile des Systems (z.B. Schreibtisch, Ablage, Eingangskorb, Wiedervorlage, Dokumente und Mappen). Bei der Neuanlage eines Dokuments legt der Benutzer selbst fest, welche Zugriffsarten mit welchen Kompetenzen auszuführen sind. Nur derjenige, der dieses Dokument angelegt hat, ist autorisiert im nachhinein noch Veränderungen bezüglich der Zugriffsmöglichkeiten anderer Personen festzulegen. Die Orientierung von UniDesk/Office an den Bedürfnissen der Praxis spiegelt sich schließlich auch in der Verfügbarkeit von Stellvertreterplänen wieder.

## 6. Erfahrungen aus Anwenderprojekten

An dieser Stelle wird noch einmal generell auf das Hauptproblem bei der Einrichtung eines Sicherheitssystems eingegangen. Dies ist auf Seiten der Anwender das Akzeptanzproblem bezüglich der notwendigen Organisationsanalyse. Aus den vorangegangenen Abschnitten ist deutlich geworden, daß die Analyse der Strukturen und Arbeitsabläufe innerhalb einer Organisation unerläßlich ist. Ohne selbige Analyse ist es unmöglich ein Zugriffsschutzsystem optimal auf eine Organisation zuzuschneiden. Auf den ersten Blick erscheint diese Analyse für den Anwender jedoch sehr zeitaufwendig, und außerdem nicht in einem direkten Zusammenhang mit dem Zugriffsschutzsystem zu stehen. Bei näherer Betrachtungen wird aber der zusätzliche Nutzen der Ergebnisse einer solchen Analyse für die Organisation sichtbar. Dieser besteht in einer sinnvoll strukturierten Organisation, in der Arbeitsabläufe zeitsparend gestaltet werden.

## 7. Fazit

Durch die wachsende Beliebtheit offener Systeme aufgrund ihrer Flexibilität, ihrer Herstellerunabhängigkeit und ihrer Investitionssicherheit, entsteht auch ein wachsender Bedarf an Sicherheitsprodukten, die die besondere Problematik der unterschiedlichsten Systembausteine berücksichtigt. Wenn bisher das Fehlen solcher effektiver Sicherheitsprodukte teilweise abschreckend auf potentielle Anwender gewirkt hat, so kann man nun davon ausgehen, daß sich offene Systeme noch stärker durchsetzen werden.

Dr. Ivo Geis

# Aktuelle personalrechtliche Fragen der Informationssicherheit

# I n h a l t s v e r z e i c h n i s :


1.0       Rechtliche Regelungen der Informationssicherheit

1.1       Gesetzliche Regelung der Informationssicherheit durch das Datenschutzrecht

1.2       Betriebsvereinbarungen

1.3       Arbeitsanweisungen und Organisationsanweisungen:

2.0       Personalrechtliche Konsequenzen der Informationssicherheit

2.1       Allgemeine Mitwirkungsrechte des Betriebsrats im Rahmen der Datenverarbeitung

2.1.1     Das Überwachungsrecht gem.§ 80 Abs.1 Nr.1 BetrVG

2.1.2     Leistungs- und Verhaltenskontrolle des Betriebsrats gem.§ 87 Abs.1 Nr.6 BetrVG

2.2       Betriebsrat und Datenschutzbeauftragter

2.2.1     Mitwirkung bei der Bestellung des Datenschutzbeauftragten

2.2.2     Abberufung

2.2.3     Mitbestimmung bei Schulungsmaßnahmen

2.2.4     Mitbestimmung bei der Erstellung von Auswahlrichtlinien

2.3       Überwachung des Betriebsrats durch den Datenschutzbeauftragten

2.4       Verpflichtung des Betriebsrats auf das Datengeheimnis

2.5       Zusammenarbeit zwischen Betriebsrat und Datenschutzbeauftragtem

3.0       Fazit

1.0  Rechtliche Regelungen der Informationssicherheit


Informationssicherheit ist ein entscheidendes Kriterium für
die Akzeptanz dezentralisierter und vernetzter Datenverarbeitung. Gesetzlich ist Informationssicherheit durch das
Bundesdatenschutzgesetz (BDSG) geregelt (1.1). Vertraglich
wird Informationssicherheit in Unternehmen durch Betriebsvereinbarungen bestimmt (1.2).


1.1  Gesetzliche Regelung der Informationssicherheit
     durch das BDSG


§ 9 BDSG verlangt in pauschaler Form technische und organisatorische Maßnahmen, um die Ausführungen der Vorschriften
des Gesetzes zu gewährleisten. Konkretisiert wird diese
Anforderung durch den Hinweis auf die Anlage zu § 9 BDSG,
ein allgemein formulierter 10-Punkte-Kodex zur Informati-
ons- und Datensicherheit. Dieser umfaßt folgende Kontroll-
funktionen:


- Zugangskontrolle:
  Verhinderung des Zugangs Unbefugter zu den
  Datenverarbeitungsanlagen (Nr.1).


- Datenträgerkontrolle:
  Verhinderung des unbefugten Lesens, Kopierens, Veränderns
  oder Entfernens von Datenträgern (Nr.2).


- Speicherkontrolle:
  Sicherung der gespeicherten Daten vor unbefugten
  Eingriffen (Nr.3).


- Benutzerkontrolle:
  Sicherung vor unbefugter Nutzung der Datenverarbeitungs-
  Systeme (Nr.4).

- Zugriffskontrolle:
  Beschränkung der Zugriffsberechtigung auf die
  Berechtigten (Nr.5).

- Übermittlungskontrolle:
  Die Möglichkeit festzustellen, an welchen Stellen
  personenbezogene Daten übermittelt werden können (Nr.6).

- Eingabekontrolle:
  Die Möglichkeit nachträglich zu überprüfen von wem und
  zu welcher Zeit Daten in Datenverarbeitungssysteme
  eingegeben worden sind (Nr.7).

- Auftragskontrolle:
  Die Verarbeitung von Daten entsprechend den Weisungen
  des Auftraggebers (Nr.8).

- Transportkontrolle:
  Verhinderung, daß beim Datentransport die Daten unbefugt
  benutzt werden (Nr.9).

- Organisationskontrolle:
  Gestaltung der innerbetrieblichen Organisation, daß sie
  den besonderen Anforderungen des Datenschutzes gerecht
  wird (Nr.10).

Der Dekalog des Datenschutzrechtes ist nicht mehr als eine
Sammlung von Stichworten, die für jeden einzelnen Betrieb
zu konkretisieren sind. Dies wird auch in Ziff.10 Organisationskontrolle angesprochen, wonach die jeweilige innerbetriebliche Organisation den Anforderungen des Datenschutzes
gerecht werden muß. Damit werden innerbetriebliche Regelungen zur Realisierung des Datenschutzes und der Informationssicherheit gefordert. Dieses innerbetriebliche Recht wird
durch Betriebsvereinbarungen gesetzt, soweit es sich um

personenbezogene Daten der Arbeitnehmer handelt (1.2). Die Sicherheit aller übrigen Daten, d.h. personenbezogener Kundendaten und nicht-personenbezogener Daten, ist durch Arbeitsanweisungen und Organisationsanweisungen zu regeln (1.3).

## 1.2 Betriebsvereinbarungen

Entscheidender Bestandteil einer Betriebsvereinbarung über die Informationssicherheit ist die Zugriffsberechtigung zu den Personaldaten und die Prokollierung der Datenverarbeitung.

Eine Auswertung veröffentlichter Betriebsvereinbarungen ergibt, daß die Zugriffsberechtigung abgestuft vergeben wird und möglichst eng gefaßt wird. Die Definition der Zugriffsberechtigung enthält folgende Angaben:

1.   Name des Zugriffsberechtigten
2.   Umfang des Zugriffsrechts (Datenfelder, Personen)
3.   Art des Zugriffsrechts (Lesen, Auswerten, Ändern)

Alle maschinellen Auswertungsläufe, Datenweiterleitungen und Datenübermittlungen sind lückenlos zu protokollieren.

Diese Anforderungen werden üblicherweise in Anlagen zu Betriebsvereinbarungen konkretisiert.

## 1.3 Arbeitsanweisungen und Organisationsanweisungen

Die Sicherheit personenbezogener Kundendaten und nicht-personenbezogener Daten ist innerbetrieblich durch Arbeitsanweisungen und Organisationsanweisungen zu regeln. Arbeitsrechtlich sind Arbeits- und Organisationsanweisungen dem Arbeitgeber im Rahmen seines Direktionsrechtes möglich. Mit

dem Arbeitsvertrag wird im allgemeinen nur die Arbeitsver-
pflichtung des Arbeitnehmers festgelegt. Die Einzelheiten
der zu erbringenden Arbeitsleistung bleiben dagegen ungere-
gelt. Dem Arbeitgeber steht damit die sogenannte Leitungs-
oder Weisungsbefugnis bei der Ausführung der Arbeit zu. Er
hat die Arbeitsleistung nach Ort, Zeit und Art zu bestimmen.
Dieses Direktionsrecht umfaßt auch Arbeits- und Organisationsanweisungen zur Informationssicherheit. Die personal-
rechtlichen Grenzen ergeben sich aus den Rechten des Betriebsrats bei der Einführung und Anwendung von DV-Systemen
(1).

## 2.0  Personalrechtliche Konsequenzen der Informationssicherheit

## 2.1  Allgemeine Mitwirkungsrechte des Betriebsrats im Rahmen der Datenverarbeitung

Der Betriebsrat hat bei Einführung und Anwendung von DV-Systemen ein Überwachungsrecht (§ 80 Abs.1 Nr.1 BetrVG) und
das Recht zur Leistungs- und Verhaltenskontrolle (§ 87
Abs.1 Nr.6 BetrVG).

## 2.1.1 Das Überwachungsrecht gem.§ 80 Abs.1 Nr.1 BetrVG

Der Betriebsrat hat gem.§ 80 Abs.1 Nr.1 BetrVG die Durchführung der zu Gunsten der Arbeitnehmer geltendenden Gesetze,
Verordnungen, Unfallverhütungsvorschriften, Tarifverträge
und Betriebsvereinbarungen zu überwachen. Zu den Gesetzen
im Sinne des § 80 Abs.1 Nr.1 BetrVG gehört auch das BDSG
(2).

Hieraus folgt, daß das Überwachungsrecht auch hinsichtlich
der durch das Bundesdatenschutzgesetz angeordneten Maßnahmen der Informationssicherheit besteht und gegenüber den in

Betriebsvereinbarungen vereinbarten Regelungen zur Informationssicherheit.

Eine Konsequenz hiervon ist, daß der Betriebsrat rechtzeitig und umfaßend unter Vorlage der erforderlichen Unterlagen informiert werden muß (§ 80 Abs.2 BetrVG und § 90 Abs.1 BetrVG). Das Informationsrecht des Betriebsrates wird extensiv ausgelegt. Es reicht von Übersichten über eingesetzte Datenverarbeitungsanlage bis zu den zugriffsberechtigten Personengruppen (3). Aufgrund dieser extensiven Auslegung sind damit zu den Informationsrechten des Betriebsrats gem.§ 80 Abs.1 Nr.1 BetrVG auch Maßnahmen der Informationssicherheit zu rechnen. Den Mitgliedern des Betriebsrates steht auch das Recht zu durch Schulungen, sich das notwendige Fachwissen anzueignen, um die vorgelegten Unterlagen auswerten zu können. Hierzu werden auch Schulungen zu Datenverarbeitungssystemen, der Computertechnik und zu Fragen des Datenschutzes im Betrieb gerechnen (4). Dieses Recht auf Schulungsmaßnahmen umfaßt damit auch Themen der Informationssicherheit.

2.1.2 Leistungs- und Verhaltenskontrolle des Betriebsrats
       gem.§ 87 Abs.1 Nr.6 BetrVG

Das Mitbestimmungsrecht des § 87 Abs.1 Nr.6 BetrVG bezieht sich auf die Einführung und Anwendung von technischen Einrichtungen, die dazu bestimmt sind, das Verhalten oder die Leistung der Arbeitnehmer zu überwachen. Ausreichend ist hierfür, daß die Anlage objektiv zur Überwachung geeignet ist. Nicht erforderlich ist, daß der Arbeitgeber auch dieses Ziel verfolgt. Eine Auswertung verhaltens- oder leistungsrelevanter Daten der Arbeitnehmer durch eine DV-Anlage liegt vor, wenn derartige Daten mit anderen Daten, programmgemäß gesichtet, sortiert zusammengestellt oder miteinander in Beziehung gesetzt und damit zu Aussagen über Verhalten oder Leistungen der Arbeitnehmer verarbeitet werden können (5). Ein Beispiel hierfür sind nicht nur die klassischen Personalinformationssysteme, sondern auch die zur Zeit aktuellen ISDN-Anlagen. Der Betriebsrat wird in Ausübung seines Mitbestimmungsrechts den Umfang der gespeicherten personenbezogenen Daten und deren Verknüpfung regeln. Auch Maßnahmen der Informationssicherheit sollen und werden üblicherweise in eine solche Betriebsvereinbarung aufgenommen: Zugriffsberechtigungen und Protokollierung aller Formen der Datenverarbeitung. Dies wurde unter 1.0 bereits aufgezeigt.

## 2.2  Betriebsrat und Datenschutzbeauftragter

Informationssicherheit ist dem Betriebsrat durch das Überwachungsrecht gem.§ 80 Abs.1 Nr.1 BetrVG und die Leistungs- und Verhaltenskontrolle gem.§ 87 Abs.1 Nr.6 BetrVG anvertraut. Hierzu zählen wie aufgezeigt auch Maßnahmen des Datenschutzgesetzes. Der Betriebsrat konkurriert damit mit dem betrieblichen Datenschutzbeauftragten, der im Betrieb die Ausführungen des Bundesdatenschutzgesetzes sowie anderer Vorschriften über den Datenschutz sicherzustellen hat, § 37 Abs.1, Satz 1 BDSG. Diese rechtliche Konkurrenz hat zahlreiche Aspekte.

### 2.2.1 Mitwirkung bei der Bestellung des Datenschutzbeauftragten

Der Betriebsrat ist gem.§ 105 BetrVG lediglich zu informieren, wenn ein leitender Angestellter als Datenschutzbeauftragter bestellt wird.

Anders ist die Rechtslage, wenn ein Arbeitnehmer als Datenschutzbeauftragter eingestellt wird oder einem bereits im Unternehmen beschäftigten Arbeitnehmer die Aufgabe des

Datenschutzbeauftragten übertragen wird. In diesem Falle hat der Betriebsrat ein Zustimmungsverweigerungsrecht. Der Betriebsrat hat zunächst zu prüfen, ob die nach § 93 BetrVG erforderliche Ausschreibung erfolgt ist (§ 99 Abs.1 Nr.5 BetrVG). Die Gründe, aus denen der Betriebsrat die Zustimmung verweigern kann, sind in § 99 Abs.2 BetrVG abschließend aufgeführt. Der entscheidende Grund ist in § 99 Abs.2 Nr.1 BetrVG genannt: Zustimmungsverweigerung, wenn die personelle Maßnahme gegen ein Gesetz verstößt. Gesetz ist in diesem Sinne § 36 Abs.2 BDSG mit der Anforderung der Fachkunde und Zuverlässigkeit. Sieht der Betriebsrat dies nicht als gegeben an, so kann er die Zustimmung zur Bestellung verweigern (6).

2.2.2 Abberufung

Die Kündigung eines Datenschutzbeauftragten und der Entzug der Aufgaben kann nur auf Verlangen der Aufsichtsbehörde oder in entsprechender Anwendung von § 626 BGB, d.h. unter der Voraussetzung der fristlosen Kündigung erfolgen, § 36 Abs.3 BDSG. Wird ein leitender Angestellter als Datenschutzbeauftragter gekündigt, so genügt die rechtzeitige Information durch den Arbeitgeber (§ 105 BetrVG). Bei der Kündigung eines Arbeitnehmers muß der Arbeitgeber den Betriebsrat hören (§ 102 BetrVG).

Wird dem Datenschutzbeauftragten die Aufgabe entzogen, so hat der Betriebsrat ein Zustimmungsverweigerungsrecht gem. § 99 BetrVG.

2.2.3 Mitbestimmung bei Schulungsmaßnahmen

Bei den gem.§ 37 Abs.1 Nr.2 BDSG vorgesehenen Schulungsmaßnahmen handelt es sich regelmäßig um Bildungsveranstaltungen im Sinne von § 96 ff BetrVG, da Informationen über

Datenschutz zu den notwendigen Bestandteilen der Aus- und
Fortbildung gehören (7).

Die hieraus zu ziehende Konsequenz ist umstritten. Wohlgemuth (S.144) will dem Betriebsrat die Möglichkeit zuerken-
nen, auf die Inhalte der Maßnahmen einzuwirken. Gola-Wronka
sehen dieses Einwirkungsrecht wegen der Weisungsfreiheit
des Datenschutzbeauftragten nicht als gegeben an (8).

2.2.4 Mitbestimmung bei der Erstellung von
      Auswahlrichtlinien

Der Datenschutzbeauftragte hat bei der Auswahl der bei der
Verarbeitung personenbezogener Daten tätigen Personen bera-
tend mitzuwirken, § 37 Abs.1 Nr.3 BDSG. Erstellt er für die
Auswahl des DV-Personals Auswahlrichtlinien, so unterliegen
diese gem.§ 95 Abs.1 BetrVG der Mitbestimmung des Betriebsrats. Damit muß der Betriebsrat im Rahmen seines Mitbestimmungsrechts beteiligt werden und reicht es nicht aus, wenn
der Datenschutzbeauftragte die Richtlinien mit dem Arbeitgeber abspricht (9).

2.3  Überwachung des Betriebsrats durch den
     Datenschutzbeauftragten

Die Kontrolle des Betriebsrats durch den Datenschutzbeauftragten ist ein umstrittenes und rechtlich bisher nicht
geklärtes Thema. Es bestehen zwei gegensätzliche Auffassun-
gen.

Die Kontrollbefugnis des Datenschutzbeauftragten gegenüber
dem Betriebsrat wird daraus abgeleitet, daß der Datenschutzbeauftragte nicht nur die Ausführungen des BDSG sicherzustellen hat, sondern auch die Ausführungen anderer
Vorschriften über den Datenschutz (10). Nach dieser Meinung

ist auch nicht zu befürchten, daß über den Datenschutzbeauftragten an den Arbeitgeber Informationen zur Betriebsratsarbeit gelangen. Denn der Datenschutzbeauftragte darf
wegen seiner Unabhängigkeit und Schweigepflicht gegenüber
dem Arbeitgeber keine Angaben machen, die die Arbeit des
Betriebsrats beeinträchtigen (11).

Die Gegenmeinung stellt auf die betriebsverfassungsrechtliche Unabhängigkeit des Betriebsrates ab. Diese schließt
eine Aufsicht durch den Datenschutzbeauftragten aus (12).

2.4    Verpflichtung des Betriebsrats auf das
       Datengeheimnis

Der Streit setzt sich bei der Frage fort, ob der Betriebsrat auf das Datengeheimnis gem.§ 5 BDSG zu verpflichten
ist. Die Meinungen trennen sich an der Interpretation der
Institution Betriebsrat.

Wird der Betriebsrat als Teil der speichernden Stelle interpretiert, so sind die Betriebsratsmitglieder wie alle anderen Beschäftigten des Unternehmens auch auf das Datengeheimnis zu verpflichten (13).

Wird der Betriebsrat dagegen als ein vom Arbeitgeber unabhängiges Organ verstanden, so muß auch der Anschein vermieden werden, daß der Arbeitgeber den Betriebsrat überwacht.
Die Mitglieder des Betriebsrats sind folglich nicht auf das
Datengeheimnis zu verpflichten (14).

2.5  Zusammenarbeit zwischen Betriebsrat und
     Datenschutzbeauftragtem

Im Interesse der Informationssicherheit innerhalb eines
Betriebes sollten rechtliche Regelungen gefunden werden,

die eine Zusammenarbeit zwischen Betriebsrat und Datenschutzbeauftragten ermöglichen. Hierfür bieten sich Betriebsvereinbarungen an. Eine solche Betriebsvereinbarung
sollte sich nicht auf den unverbindlichen Passus "Betriebsrat und Datenschutzbeauftragter arbeiten vertrauensvoll
zusammen" beschränken (15). Es sollten vielmehr konkrete
Regelungen angestrebt werden. So könnte eine Pflicht zur
Zusammenarbeit vereinbart werden, wonach der Datenschutzbeauftragte regelmäßig den Betriebsrat zu informieren hat.
Vor allem müßte in einer solchen Betriebsvereinbarung die
gesetzlich so ungeklärte Frage der Verpflichtung des Betriebsrats auf das Datengeheimnis und die wechselseitige
Kontrolle zwischen Betriebsrat und Datenschutzbeauftragtem
aufgenommen werden.

3.0  Fazit

1.)  Informationssicherheit ist gesetzlich durch das Bundes-
     datenschutzgesetz geregelt. Innerbetriebliches Recht
     entsteht durch Betriebsvereinbarungen und Arbeitsanwei-
     sungen.

2.)  Personalrechtliche Konsequenz der Informationssicher-
     heit ist das Überwachungsrecht des Betriebsrats gem.
     § 80 Abs.1 Nr.1 BetrVG und das Mitwirkungsrecht gem.
     § 87 Abs.1 Nr.6 BetrVG.

3.)  Bei Realisierung der Informationssicherheit durch den
     Datenschutzbeauftragten stehen dem Betriebsrat Mitwir-
     kungsrechte zu. Diese bestehen bei der Bestellung des
     Datenschutzbeauftragten, dessen Abberufung, bei daten-
     schutzrechtlichen Schulungsmaßnahmen und bei der Er-
     stellung von Auswahlrichtlinien für DV-Mitarbeiter.

4.)    Informationssicherheit erfordert eine Kontrolle durch
       den Datenschutzbeauftragten. Es ist streitig und unge-
       klärt, ob in diesem Rahmen der Datenschutzbeauftragte
       gegenüber dem Betriebsrat ein Überwachungsrecht hat und
       der Betriebsrat auf das Datengeheimnis zu verpflichten
       ist.

5.)    Weder das Betriebsverfassungsgesetz noch das Bundesda-
       tenschutzgesetz lösen die für die Informationssicher-
       heit so wichtige Frage der Zusammenarbeit zwischen den
       zuständigen Organen, dem Betriebsrat und dem Daten-
       schutzbeauftragten. Eine Lösung sollte damit für den
       einzelnen Betrieb durch eine Betriebsvereinbarung
       herbeigeführt werden.

F u ß n o t e n :


1.) vgl.hierzu Schaub, Arbeitsrechts-Handbuch, 6.Aufl.,
    1987, S.122 f. und Fitting, Kommentar zum Betriebsver-
    fassungsgesetz, 16.Aufl., 1990, § 87 Rn 16)

2.) vgl.BAG-Beschluß vom 17.3.1987, CR 1988, 224 ff.

3.) vgl.hierzu Schierbaum/Kiesche, Arbeitnehmerdatenschutz,
    Computer und Recht 1993, S.151 ff (154-155)

4.) vgl.Fitting § 37 Rn 86

5.) vgl.Fitting § 87 Rn 75 b

6.) vgl.hierzu Wohlgemuth, Datenschutz für Arbeitnehmer,
    2.Aufl. 1988, S.242 f.

7.) vgl.Wohlgemuth, S.144

8.) Gola-Wronka, Handbuch für Arbeitnehmer Datenschutz,
    Köln 1989, S.336

9.) Simitis, Kommentar zumDatenschutzgesetz, 1991,
    § 29 Rn 52;
    Wohlgemuth, S.243 f.

10.) Simitis, Kommentar zum Bundesdatenschutzgesetz,
     § 29 Rn 13

11.) Simitis, § 29 Rn 17 f.

12.) vgl.hierzu Schierbaum-Kiescher, Arbeitnehmerdatenschutz
     CR 1993 (157) und die Literaturnachweise in Fußnote 55.

13.) Müller/Wächter, Der Datenschutzbeauftragte, 2.Aufl.,
     1991, S.96.

14.) Wohlgemuth S.255 f.

15.) Schierbaum-Kiesche, S.158

## KONTROLLE DES BETRIEBSRATS DURCH DEN DATENSCHUTZBEAUFTRAGTEN

Kontrollrecht:

Betrieblicher Datenschutzbeauftragter hat auch die Ausführungen anderer Vorschriften über den Datenschutz - BetrVG - sicherzustellen.

Kein Kontrollrecht:

Betriebsrat ist betriebsverfassungsrechtlich unabhängig.

Verpflichtung des Betriebsrats auf das Datengeheimnis, § 5 BDSG ?

Betriebsrat als Teil der speichernden Stelle: ja

Betriebsrat als eine vom Arbeitgeber unabhängige Institution: nein

# RECHTE DES BETRIEBSRATS
## GEGENÜBER
## DEM DATENSCHUTZBEAUFTRAGTEN

Bestellung des Datenschutzbeauftragten

Recht, die Zustimmung zu verweigern, wenn Fachkunde und Zuverlässigkeit nicht gegeben sind.


Abberufung des Datenschutzbeauftragten

Anhörungspflicht, § 102 BetrVG


Schulungsmaßnahmen

Einwirkungsrecht des Betriebsrats wegen der Weisungsfreiheit des Datenschutzbeauftragten nicht gegeben ?


Auswahlrichtlinien

Mitbestimmungsrecht des Betriebsrats, § 95 Abs.1 BetrVG

## ZUSAMMENARBEIT ZWISCHEN BETRIEBSRAT UND DATENSCHUTZBEAUFTRAGTEM

Durch Betriebsvereinbarungen über

- Pflicht zur Zusammenarbeit

- Verpflichtung des Betriebs- rats auf das Datengeheimnis

- wechselseitige Kontrollrechte

# MITWIRKUNGSRECHT
# DES
# BETRIEBSRATS

- Überwachungsrecht,
  § 80 Abs.1 Nr.1 BetrVG:

  Informationsrecht über Maßnahmen
  der Informationssicherheit


- Leistungskontrolle,
  § 87 Abs.1 Nr.6 BetrVG:

  Mitwirkungsrecht zu Maßnahmen
  der Informationssicherheit,
  soweit diese technische Einrichtungen betreffen, die dazu
  bestimmt sind, das Verhalten
  oder die Leistung der Arbeitnehmer zu überwachen.

# RECHTLICHE REGELUNGEN
# DER INFORMATIONSSICHERUNG

BDSG

Anlage zu § 9

Betriebsvereinbarung über

- Name des Zugriffsberechtigten
- Umfang des Zugriffsrechts
- Art des Zugriffsrechts

Arbeitsanweisung

- als Bestandteil des
  Direktionsrechts

**Sektion B**


# Methoden und Werkzeuge der Informationssicherheit


Leitung:
Dr. Heinrich Kersten

Dipl.-Ing. Harald Hauff

# Wege zu qualitativ hochwertiger Informationstechnik:
# VSE (Verification Support Environment), ein Werkzeugkasten für die Entwicklung und Herstellung vertrauenswürdiger zuverlässiger Software

## Zusammenfassung:

Ein entscheidendes Kriterium für qualitativ hochwertige Software ist die Qualität des Herstellungsprozesses. Hierbei ist eine definierte Vorgehensweise ein bestimmender Faktor bei der Durchführung von Projekten . Ein nicht unwesentlicher Anteil der Qualität muß durch eine entsprechende *Software-Entwicklungsumgebung* sichergestellt werden.

VSE ist ein erster umfassender Versuch, auf Basis eines kommerziell verfügbaren CASE-Werkzeuges - EPOS2000 - einen Werkzeugkasten zu schaffen, der alle Abläufe einer Entwicklung von der Spezifikation über die Programmgenerierung bis zur Programmverifikation und Dokumentation abdeckt. Außerdem werden die verschiedenen Rollen der an einer Entwicklung beteiligten Institutionen und Personen durch VSE berücksichtigt. Durch VSE werden sowohl viele bekannte *semiformale Methoden* (SADT, Hood, ...), wie auch *formale Methoden* (SL) für den Entwurfsprozeß bereitgestellt, wobei der Übergang von der formalen Darstellung auf eine semiformale Darstellung automatisch erfolgen kann. VSE berücksichtigt viele neue Aspekte des Software-Engineerings und ist für neue Methoden und für Anschlüsse anderer Werkzeuge offen.

## Abstract:

The correctness and trustworthyness of software products strongly depends on the quality of the software development precess. For this reason in most projects dealing with critical applications a structured development procedure supported by powerful development and validation tools is used. In this paper we introduce the integrated software development toolkit VSE (*Verification Support Environment*). We present the concept of VSE, and briefly describe the system structure with respect to software specification, correctness aspects and embedded verification purposes. In this paper we focus on VSE as an approach to a comprehensive development toolkit which accompanies and supports software specification and code generation as well as program verification and dokumentation. Based on the commercial CASE tool EPOS2000, VSE supports many well-known semi-formal methods as well as formal methods. Additionally, VSE takes into consideration the personnel and organizational environment and distinguishes different roles for developers and engineers with respect to the traceability of trustworthyness. At least, VSE significantly simplifies all parts of the development process.

# *Gliederung*

– *Instanzen der Qualitätssicherung*

– *Vorgehensmodelle und Methoden*

– *Notwendigkeit des Werkzeugeinsatzes*

– *Verification Support Environment - VSE*

– *aktuelle Arbeiten und Ausblick*

# Die Stufen der Qualitätssicherung über den gesamten Lebenszyklus eines IT-Produktes und über die Instanzen

☞ **Hersteller**

planbasierte methodische Vorgehensweisen, eigene Vorschriften u. Richtlinien

*( Beachtung von Normen u. Kriterien )*


☞ **Prüfstelle**

planbasierte methodische Vorgehensweisen, eigene Prüfschemata

Kontrolle durch Akkreditierung und Prüfbegleitung durch das BSI

*( Beachtung von Normen u. Kriterien )*

## ☞ Zertifizierstelle

planbasierte methodische Vorgehensweisen, eigene Verfahrensweisen u. Richtlinien

Kontrolle durch QS-Beauftragte

*( Beachtung von Normen u. Kriterien )*


## ☞ Anwender

Sicherstellung der Anwendung in zertifizierter Konfiguration

eigene Vorschriften u. Richtlinien

*( Beachtung von Normen u. Kriterien )*

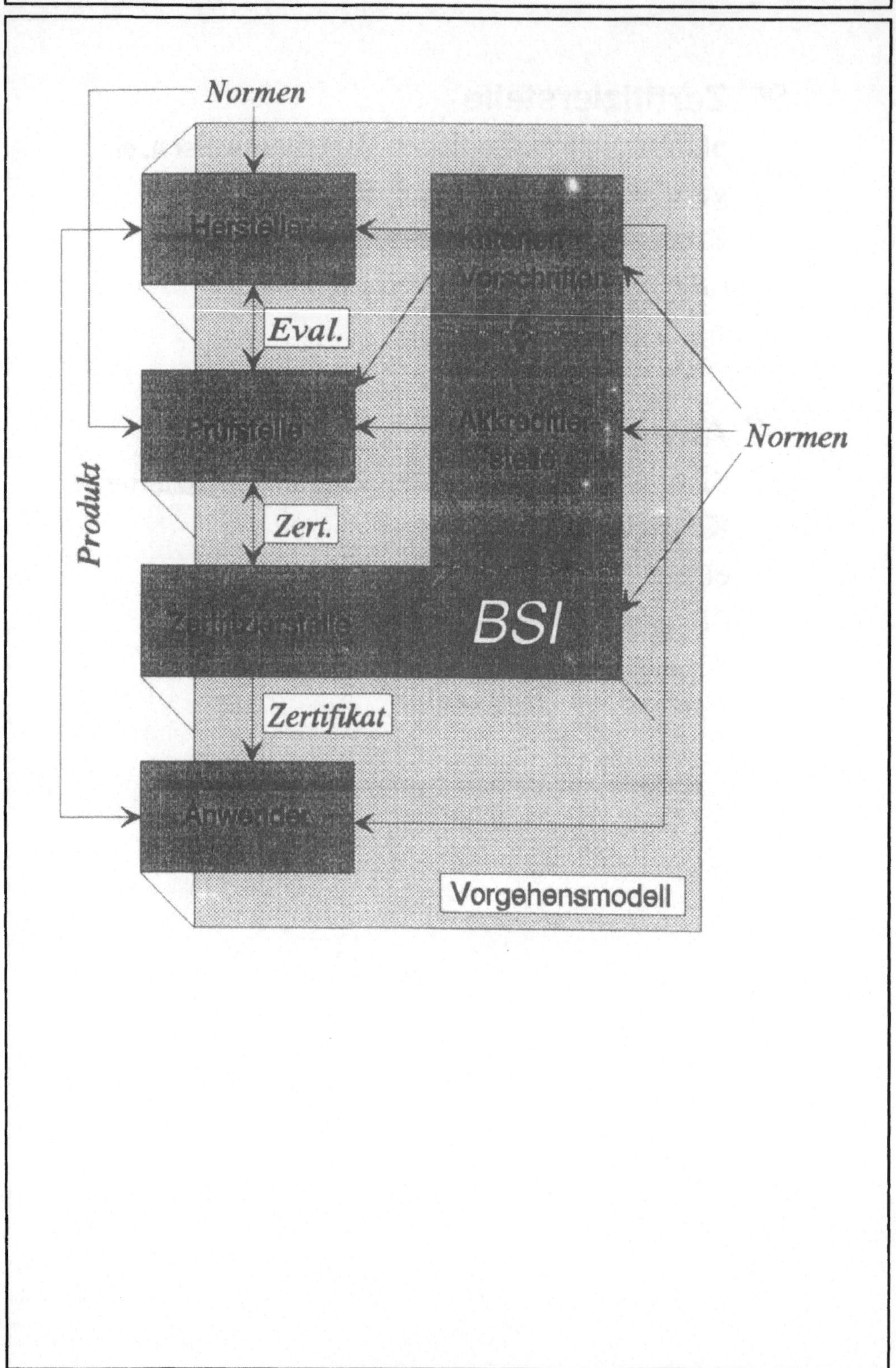
Normen
Hersteller
Eval.
Prüfstelle
Zert.
Zertifizierstelle
BSI
Produkt
Kriterien Vorschriften
Akkreditier Telestalle
Normen
Zertifikat
Anwender
Vorgehensmodell

## *Verbesserung der Software-Qualität durch:*

☞ **Anwendung von Vorgehensmodellen**
- Kalkulierbarkeit von Projekten
- Regelung der Zuständigkeiten und
  Kompetenzen
- Festlegung der Rollen u. Aktivitäten
- Nachvollziehbarkeit der Entwicklung
- Überprüfbarkeit der Entwicklung
- Vergleichbarkeit der Entwicklungen ...

☞ **Anwendung von Methoden**
- Vermeidung einer babylonischen
  Sprachverwirrung
- Eindeutigkeit
- Zerlegbarkeit in kleine Arbeitspakete,
  damit Unterstützung der Teamarbeit
- Beherrschbarkeit

⇨ **Nur mit Werkzeugunterstützung
sinnvoll und durchführbar**

# *Vorgehensmodell und Submodelle*

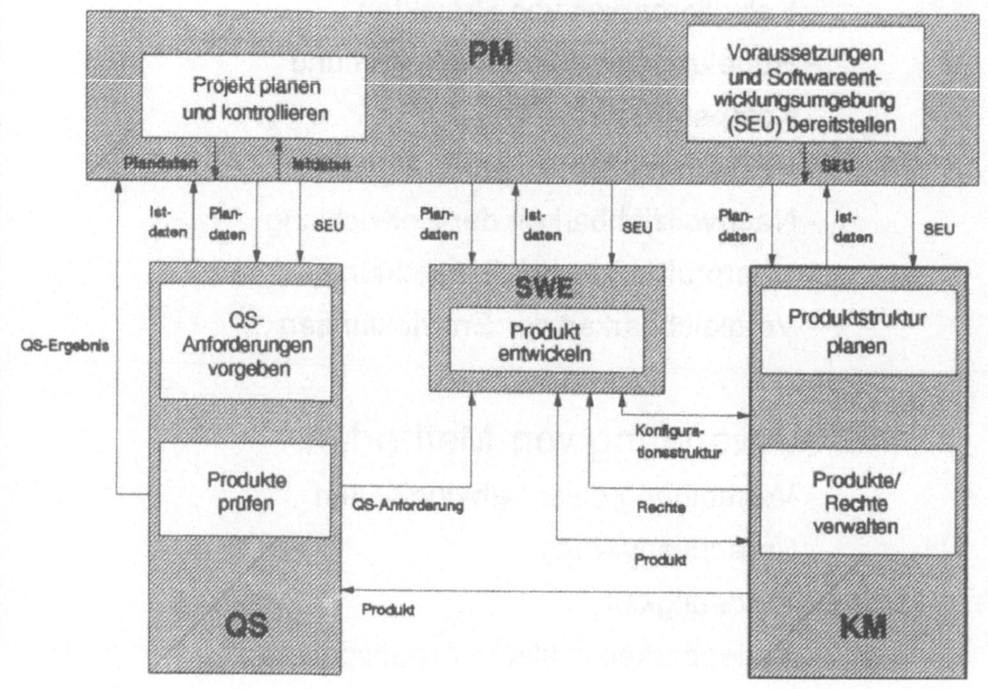

# *Vorgehensmodellunterschiede der Instanzen*

☞ **Bei loser Kopplung der Instanzen**
  - eigenes Tailoring unter Berücksichtigung der
  Belange der nachfolgenden Instanzen

↳ *Eigenständige V-Modelle*


☞ **Bei Verzahnung der Instanzen**
  - das Tailoring schließt die Rollen und Aktivitäten
  der nachfolgenden Instanzen mit ein

↳ *Gemeinsames V-Modell*

# *Relationen zwischen dem V-Modell des Herstellers und dem der Prüfstelle bei einer Evaluierung im Anschluß an die Entwicklung*

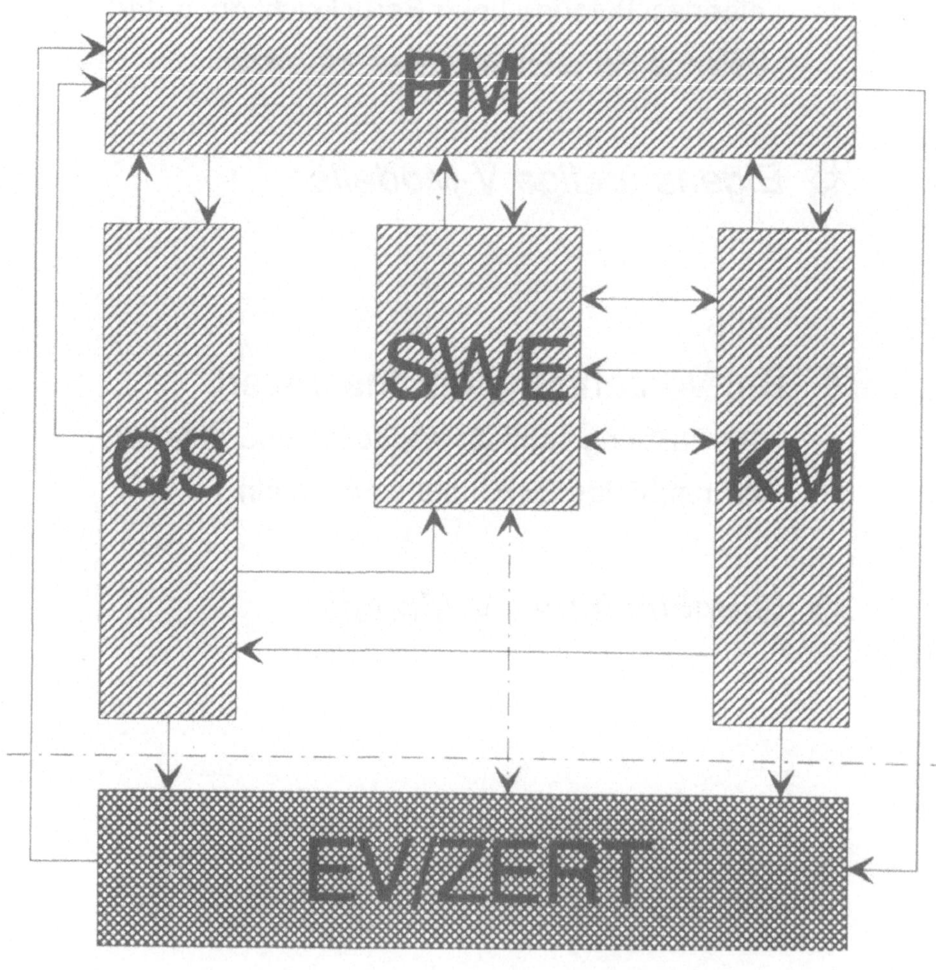

***Bei einer entwicklungsbegleitenden Evaluierung erfolgt die Einbettung der Rollen und Aktivitäten der Evaluierung in das V-Modell des Herstellers***

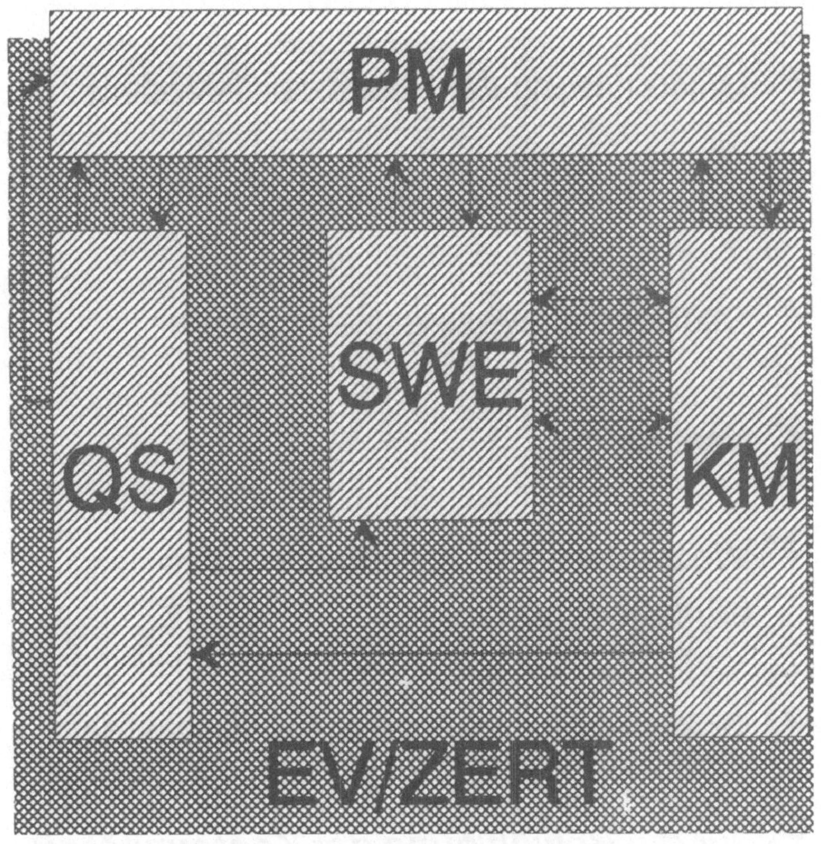


Erweiterung der Aktivitätenschemata und Rollen

# *Notwendigkeit von Werkzeugen*

☞ Unterstützung von Vorgehensmodellen

☞ Unterstützung der Rollen der V-Modelle

☞ Unterstützung von Methoden

☞ Statische u. dynamische Analysen

☞ Verifikation

☞ Weitreichende automatische Transformationen

☞ Dokumentationserstellung u. Verwaltung ...

☟ *für die Bewältigung der Konformität zu
Normen, Kriterien u. Vorschriften*

# *Verification Support Environment*

## <u>*VSE*</u>

☞ Basiswerkzeug → *EPOS 2000*
*Spezifikationssprachen, Datenbank*
*Dokumentationsmittel, ...*

☞ Verifikationskomponente →
*Karlsruhe Interactive Verifier (KIV)*

☞ Beweiserkomponente →
*Theorem Prover (TP)*

# Konzeption/Struktur von VSE

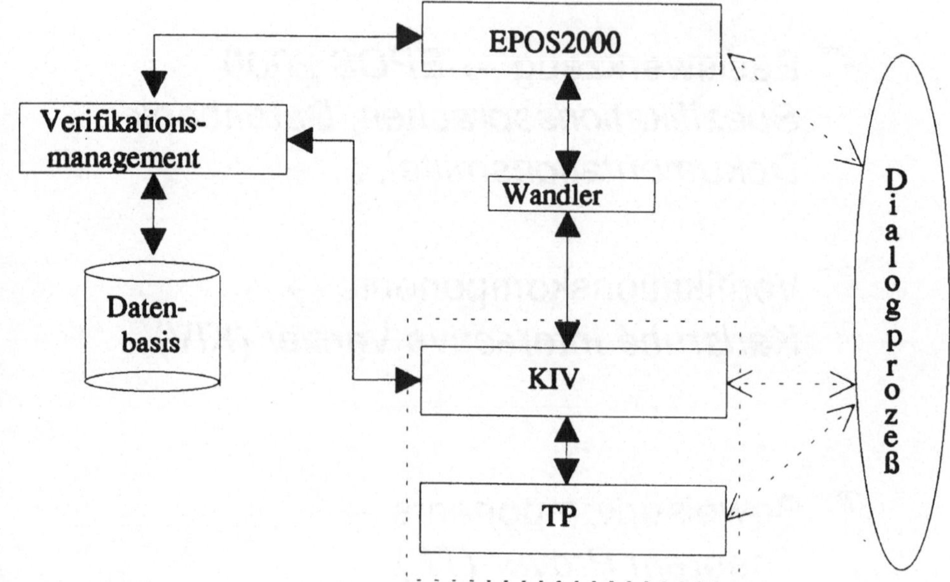

# *Unterstützte Methoden durch VSE*

☞ **Klassische Methoden wie:**
- **SADT** ( Datenfluß-,Prozeßorientierung )
- **HOOD** ( Objektorientierung )
- **ER** ( Entity Relationship )
- Pragmatische Vorgehensweise mit den Sprachmitteln und Teilen von EPOS ( EPOS-R, EPOS-S, EPOS-D, ... )

☞ **Formale Methoden durch VSE-SL**
- **Abstrakte Datentypen**
- **Zustandsübergangssysteme** ( abstrakte Automaten )

⇨ *Kombination der Methoden bei der Entwicklung in einem Projekt möglich*

# *Unterstützung durch VSE bei:*

☞ Projektmanagement

☞ Analysetätigkeiten

☞ Entwurf / Design

☞ Codegenerierung

☞ Dokumentation

☞ Versions-Management

☞ **Verifikation**
( weitgehend automatisiert )

☞ u. a.

## *Besondere Merkmale von VSE*

☞ keine manuellen Transformationen zwischen den Bearbeitungsabschnitten

- Spezifikation
- Verifikation
- Codegenerierung
- Dokumentation

☞ Verifikations- u. Versionsmanagement

⇨ *Erhaltung und Garantierung der Konsistenz*

## *... Merkmale von VSE*

☞ Koexistenz mehrerer Methoden

☞ Offen für neue Methoden

☞ Anschlußmöglichkeiten für andere bzw. ergänzende Werkzeuge

☞ Unterstützung mehrerer Zielsprachen
*( VSE-SL zunächst nur Ada )*

☞ Große Auswahl an Darstellungsmethoden für Visualisierung und Dokumentation

# *Formale Konzepte u. Methoden*

☞ Für sequentielle Programme

☞ Horizontale u. vertikale Strukturierung

☞ Formale Entwicklungsobjekte:
- **THEORY** → abstrakter Datentyp
- **OBJECT** → Zustandsübergangssystem
- **MAPPING** → vertikale Verfeinerung

☞ Formale Implementierungsobjekte
- **MODULE**
- **PROCEDURE**
- **FUNCTION**

# *Arbeiten und Ausblick*

☞ Arbeiten im Bereich *"IT-Modelle"*

☞ Arbeiten im Bereich
*"Sichere IT-Architekturen"*

☞ Arbeiten bezüglich formaler Spezifikation *"Paralleler Prozesse"*

☞ Werkzeug-Prototyp "VSE"
- Ende 1993 → VSE $\beta$ - Release
- Mitte 1994 → VSE verfügbar

Dipl.-Ing. Petra Borowka

# Sicherheit durch Netzwerkmanagement: Anforderungen an ein integriertes Netzwerkmanagement-System

# Inhaltsverzeichnis


0.    Vorbemerkungen

1.    Modularer Aufbau des Netzwerkmanagement-Systems

2.    Unterstützte Management-Protokolle

3.    Funktionale Bereiche eines Netzwerkmanagement-Systems
      3.1    Konfigurations-Management
      3.2    Fehler-Management
      3.3    Leistungs-Manangement
      3.4    Accounting Management
      3.5    Sicherheits-Management

4.    Datenbank

5.    NMS-Einsatz / Systemeigenschaften

6.    Support

7.    Anhang

## 0. Vorbemerkungen

*Netzwerk-Management heterogener Unternehmensnetze hat sich zu einem zunehmend brisanten Thema entwickelt. Viele große und mittlere Unternehmen sind auf der Suche nach einem Management-Tool, das plattformartig möglichst viele bis alle Komponenten des Multivendor-Netzes verwalten kann. Auch unter der Prämisse, daß SNMP der einzige heute verfügbare offene Standard ist, bleiben eine Reihe von Fragen hinsichtlich Funktionalität und Einsetzbarkeit eines Plattform-Systems zum integrierten Netzwerkmanagement offen. Der nachfolgende Beitrag soll Probleme und Möglichkeiten anhand zentraler Anforderungen an NMS und anhand ausgewählter Produktbeispiele für existierende Plattform-Systeme verdeutlichen.*

Netzwerk-Management, unter Berücksichtigung der Produkt- und Komponenten-Vielfalt heute vorherrschender heterogener Netzwerke, hat sich zu einem komplexen bis unübersichtlichen Aufgaben- und Aktions-Bereich entwickelt. Um so verständlicher der Wunsch nach **dem** Management-Tool, das dem geplagten Netzwerk-Operator die Arbeit so weit wie möglich erleichtert. Organisatorische und technische Rahmenbedingungen sind mit funktionalen Aufgaben des Netzwerk-Management sowie mit den jeweiligen Lebensphasen eines Netzwerkes (Planung, Inbetriebnahme, Wartung, Erweiterung, ...) in Einklang zu bringen. Personal-Einsatz, Personal-Planung und Tool-Einsatz sind für ein integriertes Management zu koordinieren. Das beschriebene Umfeld muß für Auswahl und Einsatz eines (ggf. zentralen) Netzwerk-Management Systems (NMS) berücksichtigt werden - idealerweise wird es bei Einsatz eines geeigneten Plattform-Systems zukünftig integriert verwaltet. Leider sind die heute verfügbaren Management-Plattform-Systeme in der Regel weit vom Ideal entfernt, und so bleibt der Alptraum von fünf bis zehn Management-Konsolen am Arbeitsplatz des Netzbetreuers weiterhin lebendig.

Trotzdem oder gerade deshalb ist es notwendig, in der Planungsphase oder auch bei einer nachträglichen Überprüfung der eingesetzten Tools klare Anforderungen an ein integratives NMS zu stellen, die entsprechend der spezifischen Randbedingungen eines konkreten Netzwerkes unterschiedlich zu gewichten sind.

Als eine der wichtigsten Funktionen des NMS ist die Fähigkeit zu nennen, daß das NMS möglichst alle Komponenten und Kommunikationswege des Unternehmens-Netzes verwalten kann. Dies beinhaltet in der Folge sämtliche Funktionen der eingesetzten Netzkomponenten, insbesondere Status-Abfragen, Konfigurierung und Steuerung, sowie eine geeignete Darstellung einer Netz-Komponente und aller Parameter für den Benutzer des NMS.

Nachfolgend werden eine Reihe notwendiger Funktionen eines NMS zusammenfassend beschrieben. Sie sind nach relevanten System- und Funktionsbereichen gegliedert, die jeweils kurz erläutert werden.

## 1. Modularer Aufbau des NMS

Die zugrundeliegende Architektur eines NMS ist entscheidend sowohl für die Einsetzbarkeit der erreichten Management-Funktionalität als auch eine zukunftsorientierte Weiterentwicklung des Systems. Dies betrifft sowohl die Benutzer-Schnittstelle als auch zukünftig notwendige funktionale Weiterentwicklungen hinsichtlich eingesetzter Management-Protokolle (z.B. Migration von SNMP auf CMIP) und Umfang der Komponenten-Verwaltung (Steuerungs-Funktionen und Anzahl der verwalteten Komponenten), d.h. insgesamt eine schnelle Anpassung an einen wachsenden Management-Bedarf. Hierbei setzen sich zunehmend Systeme durch, deren Architektur plattformartig aufgebaut ist. Solche Systeme sind aus unterschiedlichen funktional und operational voneinander getrennten Modulen wie Benutzer-Schnittstelle, Datenablage, Funktions-Module zum Komponenten-Zugang sowie zur Netz- und Komponenten-Darstellung, Programmier-Schnittstellen, Management-Protokolle zum Netzzugang und NMS-Kernanwendung aufgebaut (s.a. Bild 1). Als eine offengelegte Architektur zum verteilten Management sei hier das DME-Modell der OSF genannt.

Je mehr Hersteller von Anwenderseite gefordert werden, ein weitgehend offenes System zu verwirklichen, umso mehr wird es möglich, zusätzliche Weiterentwicklungen über externe System-/Entwicklungs-Häuser einzubringen und somit das System in Richtung Heterogenität zu erweitern. Solche Zusatzentwicklungen können sowohl von unabhängigen Systemhäusern als auch von Herstellern entsprechender Netzkomponenten (Sternkoppler, Brücken, Router, Terminalserver, Steuereinheiten, Gateways etc.) verfügbar gemacht werden. Hierzu ist jedoch die eine einfach bedienbare Programmier-Schnittstelle (API) unerläßliche Voraussetzung.

Im anhaltenden Trend wachsender Netzwerke (hinsichtlich Anzahl und Vielfalt angebundener Endgeräte und genutzter Protokolle) mit fließenden (LAN-WAN-)Übergängen zwischen lokalen und standortübergreifenden Bereichen, kann ein Management von einer einzigen zentralen Stelle aus nicht mehr als ausreichend betrachtet werden. Daher steht mittelfristig die Anforderung ins Haus, ein verteiltes Management mit entsprechender Domänenbildung zu realisieren, wobei die Domänenbildung an die Unternehmens-Struktur angepaßt ist bzw. anpaßbar sein muß. Derzeit wird ein solches verteiltes Management heterogener Netze (mit wahlweise disjunkten oder sich überschneidenden Domänen) noch von keinem der existierenden Produkte unterstützt. Die erste "unüberwindliche" Hürde besteht schon darin, daß unter SNMP - und darauf basieren die meisten Plattform-Systeme und insbesondere Komponenten-Agenten - noch keine NMS-NMS-Kommunikation definiert und spezifiziert ist. SNMP II läßt hier jedoch berechtigte Hoffnungen auf entsprechende Weiterentwicklung zu.

Die wichtigsten resultierenden Anforderungen seien nochmals zusammengefaßt:

- Modularer Aufbau des NMS
- saubere Trennung der Module
- Verfügbarkeit gut dokumentierter und einfach zu benutzender API's
- Applikations-Tools zur Integration eigener Netzkomponenten
- zukünftig Unterstützung eines verteilten Managements
- Unterstützung der NMS-NMS-Kommunikation und Synchronisation
- Unterstützung einer Domänenbildung, die der Unternehmens- und Netzstruktur
  entspricht


## 2. Unterstützte Management-Protokolle

Zum geordneten Datenaustausch zwischen NMS (Manager System) und den zu
verwaltenden Komponenten (Managed Nodes, Management Agents) werden
sogenannte Management-Protokolle verwendet. Dies sind eigens spezifizierte
Protokoll-Stacks bis zur Ebene 7 des ISO-OSI Modells, die in der Regel in den unteren
Schichten offene oder genormte Transportprotokolle wie UDP, TCP, OSI-TP4 oder
auch nur die Datensicherungsschicht (LLC) nutzen. Neben den weiterhin eingesetzten
herstellereigenen Protokollen (NICE von Digital, NMVT von IBM, ...) haben sich im
Bereich des heterogenen Managements zwei Management-Protokolle etabliert, die in
diesem Jahrzehnt dominieren werden: SNMP und CMIP. SNMP entstand aus dem
dringenden Bedarf an übergreifender Netzwerkmanagement-Funktionalität innerhalb
der Internet-Gemeinde, CMIP entstand im Rahmen der Standardisierungs-Arbeiten für
offene Systeme (OSI) innerhalb der ISO.

Während SNMP sich bereits mit einer Vielzahl von Implementierungen sowohl für
Management Systeme als auch für die zu verwaltenden Netzkomponenten (Agenten)
wie Router, Brücken, Hubs u.a. im Markt etabliert hat, führt CMIP derzeit noch ein
Schattendasein, das sich im wesentlichen auf Absichtserklärungen und abgespeckte
Implementierungen des Management-Protokolls in IBM-Produkten wie dem LAN
Netzwerk Manager beschränkt.

Während sie SNMP-Implementierungen aktuell über die Standard MIB (MIB II) hinaus
mit großer Aktivität von IETF Arbeitsgruppen ständig erweitert werden, (RMON MIB
für Ethernet und Token Ring, FDDI MIB, HUB MIB, Bridge MIB, Router MIB etc.), ist
die Entwicklung im OSI-Management noch nicht so weit fortgeschritten. Da noch
nicht einmal alle wichtigen funktionalen Teil-Standards in endgültiger Form
verabschiedet sind, halten sich viele Hersteller, darunter auch die großen (mit den drei
oder zwei Buchstaben) mit Implementierungen / Entwicklungen noch weitgehend
zurück.

Die aktuelle Situation wird zusätzlich unübersichtlich durch Bestrebungen, nicht-OSI
Protokolle als Transport-Protokolle oder einen reduzierten Stack für CMIP zu
verwenden. Als Beispiel seien hier CMOT (CMIP over TCP) und CMOL (CMIP over
LLC) aufgeführt. Natürlich gibt es auch andere Derivate wie SNMP über IPX von
Novell, denen zugunsten eines tatsächlich offenen Managements hier keine weitere

Beachtung eingeräumt werden soll.

Unter Berücksichtigung von Machbarkeit und Optimum heißt die Management-Richtung derzeit SNMP, zukünftig ist jedoch wegen des breiteren Funktions-Umfangs und der größeren Flexibilität OSI-Management anzustreben - es sei denn, die SNMP-Funktionalität würde in zukünftigen Standards dem OSI-Pendant so weitgehend angenähert, daß die kostenintensive Implementierung von OSI obsolet wird. Hierzu müßte SNMP jedoch manche Hürde überwinden, die den Einsatz aktuell noch einschränkt: Die erste Hürde in diesem Zusammenhang ist schon allein die erforderliche IP-Adressierung, die derzeit vielen "TCP-Normal-Anwendern" Kopfzerbrechen bereitet und bei der Einführung eines übergreifenden Management noch deutlicher an ihre Grenzen stößt. Dennoch erscheint mangels Alternative SNMP derzeit als die Wahl des kleinsten Übels.

Hinsichtlich Protokoll-Unterstützung ergeben sich als zentrale Anforderungen

-       Unterstützung von SNMP, d.h. der aktuellen Standard RFC-Versionen für NMS und Komponenten-Agenten
-       Tools zur Integration von Privaten MIB-Erweiterungen der Komponenten-Hersteller
-       Commitment des Herstellers zur zukünftigen Integration von OSI-NM in das NMS

## 3. Funktionale Bereiche eines NMS

Zur näheren Beschreibung der NMS-Funktionsmodule wird die allgemein übliche Gliederung entsprechend der fünf funktionalen Bereiche des OSI-NM gewählt, wobei eine völlige Gleichsetzung nicht immer gegeben sein muß.

### 3.1 Konfigurations-Management

Konfigurations-Management umfaßt die Verwaltung aller Komponenten (Objekte) inklusive Status-Abfragen, Status-Veränderungen und Konfigurations-Veränderung (aktive Konfigurierung). Verbindungen und Relationen zwischen verschiedenen Netzwerk-Objekten müssen für den Netzwerk-Betreuer ebenfalls erkennbar sein. Verwaltete Objekte sind z.B.

| | |
|---|---|
| Netzkomponenten | wie Hubs, Brücken, Router, Terminalserver, Steuereinheiten, (vernetzte) Rechner etc. |
| Softwarekomponenten | wie Netzwerk-Anwendungen, über Netz zugreifbare Dateien/Dateisysteme |
| Benutzer | mit jeweils spezifischen Zugangs-Rechten und Benutzer-Profilen |

Aus Gründen der Übersichtlichkeit und Reaktions-Schnelligkeit ist eine hierarchisch strukturierbare grafische Netzkarte inklusive Zoom-Funktion und farblicher Status-Anzeige als unverzichtbar zu betrachten.

Konfigurations-Management basiert ganz wesentlich auf einer Management-Datenbank mit den entsprechenden Konfigurations-Daten aller aktiven und passiven Netzkomponenten und Benutzer (s.a. Bild 2). Hierzu gehören auch Aufbau und Pflege den Konfigurations- und Benutzer-Datenbank. Konfigurations-Management bildet somit die Grundlage für alle anderen funktionalen Bereiche.

Als zentrale Anforderungen ergeben sich

- Anlegen / Verändern / Strukturieren aller verfügbaren Konfigurations-Daten
- Erweiterbarkeit des NMS bzw. der Konfigurations-DB bei Anwachsen der Komponentenzahl und Konfigurations-Daten
- Unterstützung der erforderlichen Komponenten-Anzahl (gibt es eine Beschränkung?)
- grafische Netzkarte
- Erkennen von IST/SOLL-Abweichungen zwischen aktueller Netzwerk-Konfiguration und NMS-Datenbank
- Speichern und Laden (Download!) von Konfigurationen der Einzelkomponenten
- Zugriff auf remote Komponenten
- Bilden von (mehr als 3)! Netz-Hierarchien entsprechend der Unternehmens- / Netzwerk-Organisation
- Schnittstellen zu anderen ggf. proprietären etablierten NMS (IBM NetView, AT&T Accumaster, DECmcc etc.)


### 3.2 Fehler-Management

Fehler-Management umfaßt alle Aktivitäten, die mit offensichtlichen oder verdeckten (und dieses sind die meist weitaus unangenehmeren) Störungen im Netzwerk bzw. an vernetzten Komponenten zusammenhängen. Dazu gehören einerseits Hilfsmittel ( wie Anwendungen, Funktionen, Routinen etc.) zur Fehler-Feststellung, -Diagnose und -Behandlung/Behebung, andererseits darüber hinausgehend Konzepte zur Fehlerbehandlung, soweit diese nicht in automatisierter Weise von Tools geleistet werden kann.

Netz-Fehler bzw. Störungen meldet ein NMS in der Regel in Form von Alarmen. Ob eine Störung jedoch tatsächlich festgestellt wird - und wenn sie festgestellt wird, wie klar sich die wahrscheinliche Ursache der/em Netzwerk-Manager/in darstellt - ist abhängig von den Möglichkeiten des jeweils verwendeten Management-Systems. Als Beispiel sei hier die farbige Status-Darstellung genannt: allein die Anzahl unterstützter Farbstufen variiert zwischen drei und acht, ganz zu schweigen von zusätzlichen Funktionen wie Logfiles, Trouble Tickets und akustische Alarme.

Zur Alarm-Generierung verwendet OSI-NM ein ereignisgesteuertes Modell (Alarme werden unaufgefordert an das NMS gesendet), während SNMP (mit Ausnahme der

Traps) im wesentlichen mit Polling (intervallgesteuerte aktive Überwachungs-Abfragen) arbeitet. Soll ein Netz mit Tausenden von verwalteten Komponenten nicht völlig unter der erzeugten Polling-Last zusammenbrechen (und nicht jeder Netzbetreiber kann sich ein separates Hochgeschwindigkeits-Netz für Management-Kommunikation leisten), so ist die Polling Rate wohlüberlegt anhand vorher gebildeter Gefahrenklassen für Netzwerk-Komponenten einzustellen.

Nach einer ersten Fehlerfeststellung sollte ein NMS weitergehende Funktionen zur Diagnose bieten (s.a. Bild 3). Ein wesentlicher Aspekt ist dabei die Möglichkeit, vordefinierte Testroutinen aktivieren zu können und darüber hinaus auch eigene Fehlerbehandlungs-Routinen definieren zu können (z.B. als NMS-Bediener). Soweit möglich, ist auch die automatisierte Aktivierung von Ersatz-Komponenten (Backup-Leitungen, Backup-Server etc.) wünschenswert; darüber hinaus ist die Fehlerbeseitigung via NMS-Automatik meistens ein frommer Wunsch - sie erfolgt heute nach wie vor durch "Handauflegen bzw. Hand-Anlegen".

Fehler und Störungen müssen kurz- und langfristig verwaltet, d.h. aufgezeichnet werden. In diesen Bereich fallen Fehlerberichte und Auswertung von Fehler-Logbuch-Daten. Fehlerverfolgung sollte in Form sogenannter <u>Trouble Tickets</u> dokumentiert werden, die Zeitpunkt, Ursache und Diagnose-/Behebungs-Stationen der Fehlerbehandlung festhalten.


Daraus ergeben sich als zentrale Anforderungen

-	frei und abgestuft definierbare Alarm-Schwellwerte
-	frei definierbare Alarmfilter (zum Unterdrücken bekannter / ungewollter Alarme)
-	Steuerung der Alarm-Handhabung (Polling-Intervalle, Alarm-Prioritäten etc.)
-	Erfassen aller Störungen
-	vordefinierte und zusätzlich frei definierbare Tests und Fehlerbehandlungs-Routinen
-	Unterdrückung redundanter Fehlermeldungen bei korrelierenden Fehlern
-	Unterstützung automatisierter Aktivierung von Reserve-Komponenten
-	Fehler-Logbuch
-	Fehlerverfolgung mittels Trouble Tickets


### 3.3 Leistungs-Management

Leistungs-Management beinhaltet die Erfassung, Bearbeitung/Auswertung und aufbereitete Ausgabe/Ablage der Leistungsdaten wie Durchsatz, Verfügbarkeit, Auslastung, Antwortzeiten etc. Dazu ist in vielen Fällen zusätzlich zum Einsatz eines NM-Plattform-Systems die Einbindung von externen Meßgeräten notwendig. Leistungs-Management realisiert nicht nur eine Analyse der aktuellen Leistungssituation des Netzes, sondern auch eine mittel- und langfristige Kapazitätsplanung hinsichtlich Strukturierung/Tuning und Erweiterung des Unternehmens-Netzwerkes.

Der NMS-Benutzer sollte auf die Bearbeitung der Daten Einfluß nehmen können, und zwar durch die Definition von sowohl Schwellwerten als auch Abtast-Intervallen, als auch gängigen Leistungs-Parametern. Der Erhalt ausgesuchter Leistungs-Parameter sollte durch Setzen von Leistungs-Filtern ermöglicht werden. Die Fülle der erhaltenen Leistungs-Daten muß in lesbaren Reports aufbereitet werden. Hierzu ist eine möglichst freie Report-Definition erforderlich.

Als wichtigste Anforderungen ergeben sich

- Online-Überwachung ausgewählter Leistungsdaten
- Speicherung und Auswertung/Aufbereitung der Leistungsdaten
- Statistische Analysen und Trendrechnungen
- Integration externer Systeme wie Probes/Analysatoren
- Unterstützung der Report-Generierung zur Ablage von aufbereiteten Leistungsdaten
- Unterstützung des Leistungsdaten-Exports in gängige Statistik-Tools

### 3.4 Accounting Management

Accounting Management dient einerseits der benutzerbezogenen Kostenabrechnung innerhalb eines Kommunikations-Systems, andererseits der benutzergerechten Ressourcen-Zuteilung. Es beinhaltet im wesentlichen Informationen über Art und Umfang der in Anspruch genommenen Ressourcen bzw. Netzwerk-Dienste/Dienstleistungen sowie entsprechende Regelungen des Ressourcen-Zugangs.

Mit Hilfe der Nutzungs-Informationen kann eine adäquate Kostenrechnung erfolgen. Eine Aufteilung der entstandenen Kosten ist auf vielfältige Weise möglich: Zwischen den Extremen "Bei uns kommt die Kommunikation aus der Datensteckdose" (völlig globale Umlage aller Kosten) und "Bei uns bezahlt jeder Benutzer jede genutzte Netz-CPU-Sekunde und jede Netz-Drucker-Seite (Strategie eines großen deutschen Konzerns) ist eine Myriade denkbarer Accounting-Strategien anzusiedeln. Als weitere Beispiele seien eine Kostenumlage nach verschiedenen Benutzer-Gruppen oder nach Kostenstellen genannt.

Im Sinne der Ressourcen-Zuteilung sollte Accounting Management den Zugriff auf einzelne Ressourcen (Server-Zugriff, Drucker-Nutzung) zeit- und benutzergesteuert erlauben/beschränken. Es sollte insbesondere die Definition von Obergrenzen für Ressourcen-Nutzung unterstützen und somit Nutzungsbeschränkung ermöglichen.

Es resultieren folgende zentralen Anforderungen an ein NMS

- Ermittlung der notwendigen Accounting-Daten
- Abspeichern der Accounting-Daten
- Unterstützung des Exports von Accounting-Daten
- Definition von oberen Nutzungs-Grenzen für Ressourcen
- Definition von zeit- und benutzerbezogenen Zugriffs-Profilen

### 3.5 Sicherheits-Management

Sicherheits-Management realisiert Datensicherheit sowohl im Sinne einer gesicherten Übertragung als auch im Sinne des Zugriffsschutzes. Es bezieht sich auf alle Komponenten, die zur Kommunikation erforderlich / an der Kommunikation beteiligt sind. Als Beispiel für verschiedenste Gefahrenquellen eines Netzwerkes seien an dieser Stelle aufgeführt:

- Abhören von Nachrichten (passiv)
- aktives Verändern von Nachrichten
- aktive Störung einer Verbindung
- passive Störung einer Verbindung (Hardware-Defekte)
- nicht autorisierter Zugriff auf Ressourcen und Daten

Vor den aufgeführten Gefahren können verschiedene Maßnahmen im Rahmen des Sicherheits-Managements schützen. So verhindert z.B. ein Zugangs-Kontrollmechanismus (in der Regel verschlüsselt übertragene Paßwörter) den unerlaubten Zugriff auf einen Server. Verschlüsselung kann Datenübertragung abhörsicher machen. Abgestufte Zugangs-Berechtigungen zur Verwaltung von Netzkomponenten mittels NMS sind erforderlich, um einerseits die Durchführung notwendiger Aktivitäten (Wartung, Routine-Änderungen) verschiedener Personen zu ermöglichen, andererseits jedoch zu verhindern, daß nicht-autorisierte Personen an verwalteten Komponenten oder dem NMS Störungen produzieren können.

NMS und die von hier initiierten Management-Aktivitäten an einzelnen Netzkomponenten sind insbesondere zu schützen, da vom NMS aus Aktionen hinsichtlich der Kommunikationsfähigkeit eines Netzwerkes möglich sind, die den Nerv der Datenkommunikation betreffen (Deaktivierung von Koppelelementen und Servern, Veränderung der Adreßtabellen bei Brücken und Routern, Veränderung von Konfigurations-Dateien und Benutzer-Profilen etc.). Insbesondere bei SNMP sind die Sicherheitsmaßnahmen noch relativ schwach ausgeprägt, was dazu führte, daß eine Reihe von Implementierungen (mit allerdings abnehmender Tendenz) keinen "SET"-Mechanismus zur Verfügung stellen.

Als zentrale Anforderungen an die Sicherheits-Funktionalität eines NMS gelten

- abgestufte Zugriffs-Berechtigungen für NMS und die Komponenten-Verwaltung
- Zugriffs-Logbuch für erlaubte und unerlaubte Komponenten-Zugriffe
- Nach Verabschiedung als Standard: Einsatz von SNMP II

### 4. Datenbank

Eine zentrale Funktion des NMS ist die konsistente Speicherung und Aktualisierung von Daten aller bisher beschriebenen Bereiche. Dazu ist die Verwendung einer Datenbank unverzichtbar (s.a. Bild 4). Sie sollte einen offenen Zugang (auch von außerhalb des NMS) bieten, damit weitergehende Programmsysteme sowie Benutzer, die keine Netzwerk-Betreuer sind, z.B. zur Netzplanung, zu Accounting- oder Controlling-Zwecken darauf zugreifen können. Zu fordern ist die Unterstützung eines von verschiedenen, am Markt relevanten Datenbank-Systemen, die auf de facto Standards basieren. Außerdem sollte die eingesetzte Datenbank entsprechende Tools zum Anlegen, Verwalten und Erweitern der DB zur Verfügung stellen. Hieraus ergeben sich asl zentrale Anforderungen:

-   Verwendung einer Relationalen Datenbank mit SQL-Abfrage
-   Externe Zugriffsmöglichkeit auf die im NMS verwendeten Datenstrukturen (z.B. über API)
-   Unterstützung des Mehrfachzugriffs
-   Einsetzbarkeit von Datenbanken verschiedener Hersteller
-   Tools zum Datenbank-Management (Anlegen, Ändern, Löschen, Auslagern)


## 5. NMS-Einsatz / Systemeigenschaften

Wenn Sie die Landschaft der angebotenen Netzwerkmanagement-Plattformsysteme betrachten, werden Sie feststellen: Viele NMS sind nur für bestimmte Kombinationen von Rechner und Betriebssystem verfügbar/einsetzbar. Im Gegensatz dazu ist jedoch für ein flexibles Netzwerkmanagement ein Angebot von Wahlmöglichkeiten gefordert: Die Einengung auf den Einsatz explizit _einer_ Hardware und _einer_ Software - während ansonsten im Unternehmen völlig andere Systeme eingesetzt werden - ist grundsätzlich nicht mehr akzeptabel. Hat sich als strategische Linie der Einsatz von UNIX auf der Basis von HP oder SUN Workstations durchgesetzt, so ist der zwangsweise Know How Aufbau im Bereich AIX und RS/6000 oder im Bereich OS/2 und PS/2 ausgesprochen ärgerlich, abgesehen von den zusätzlich entstehenden Hard- und Software-Kosten. Ebenso wichtig ist die Erweiterbarkeit (Skalierbarkeit) innerhalb oder sogar außerhalb der anfangs eingesetzten Systemfamilie. Dies deckt sich mit der Forderung nach "Wachstums-Möglichkeiten" des NMS bei wachsendem Netzwerk (siehe auch Anforderungen an "Konfigurations-Management"). Daß zur Netzanbindung die gängigen LAN-Standards Ethernet, Token Ring und FDDI unterstützt werden sollten, bedarf keiner weiteren Vertiefung (s.a. Bild 5).

Die Benutzer-Oberfläche des NMS (neudeutsch GUI) realisiert die Schnittstelle zum Anwender und stellt somit ein existenzielles Wesensmerkmal des NMS dar. Sie muß übersichtlich und leicht (intuitiv) bedienbar sein, sprich: grafisch, fensterorientiert, mausbedienbar. Gängige Standards sind hier X.11, OSF Motif, Presentation Manager (letzterer nur unter OS/2 für Einstiegs-Versionen von NMS). Für die/den eingearbeiteten Netzwerk-Manager/in, die/der häufig mit dem System arbeitet, ein Expertenmodus (Kurzbefehle) erforderlich.

Analog zur angesprochenen Sicherheit der Datenkommunikation ist ebenfalls der Zugang zum NMS besonders abzusichern und sind Zugriffe mittels Logbuch festzuhalten.

Unternehmen mit mehreren Standorten erfordern ggf. einen Zugriff auf das NMS von entfernten Standorten aus erforderlich. Bei Netzausfall ist es wichtig, NMS und Komponenten dennoch managementmäßig ansprechen zu können. Deshalb ist die Unterstützung eines separaten Zugriffs (outband-Management) erforderlich.

Als zentrale Anforderungen für das Management-System und seine Einsetzbarkeit lassen sich zusammenfassen

- Einsetzbarkeit auf verschiedenen Hard- und Software-Plattformen
- möglicher Übergang auf leistungsfähigere Systeme
- Unterstützung der gängigen LAN-Interfaces
- grafische Benutzer-Oberfläche
- Online Hilfefunktion
- Unterstützung eines Expertenmodus
- abgestufte Zugangskontrolle zum NMS
- Logbuch für erlaubte und unerlaubte NMS-Zugriffe
- farbige Netzdarstellung mit grafischen Symbolen (Icons)
- Lieferung und ständiges Update von Standard-Symbolen
- grafischer Editor zum Anlegen eigener Icons
- Unterstützung des remoten Zugriffs auf das NMS (z.B. Telnet, Dialup-Modem etc.)
- Unterstützung von Outband-Management


## 6. Support

Die Möglichkeiten, nach einer Kaufentscheidung Unterstützung von seiten des Herstellers/Anbieters zu erhalten, werden oft nicht ausreichend gewichtet. Ihr Vorhandensein bzw. Nicht-Vorhandensein kann jedoch eine Menge Ärger verhindern oder verursachen. In diesem Zusammenhang muß schon vor dem Kauf ausgelotet werden, inwieweit der Hersteller/Anbieter (leider kann sich der durchschnittliche Benutzer von NM-Systemen in der BRD meist nicht an den Hersteller wenden und ist daher auf den Anbieter angewiesen) Hilfe zur Integration von spezifischen Komponenten des Unternehmens-Netzes leisten kann, die standardmäßig nicht oder nur unzureichend unterstützt werden.

Wenn Sie - in einer Testphase - bei Schwierigkeiten mit dem Management-System oder integrations-unwilligen Komponenten bei der Hotline-Nummer anrufen, die Ihnen der Anbieter gegeben hat, und dort sagt man Ihnen, daß man Ihnen leider nicht sagen könne, wie dieses ganz besonders spezielle Problem zu lösen sei, aber man könne Ihnen unter Umständen sagen, wen Sie als nächstes anrufen können - und der sage Ihnen dann ganz bestimmt, wann er Ihnen sagen kann, ob dies ein lösbares Problem ist oder nicht... dann sollten Sie die anstehende Kaufentscheidung noch einmal überdenken.

Die Verfügbarkeit einer qualifizierten Hotline und ebenso das Angebot einer Fernwartung des NMS und/oder des gesamten Netzes lassen Rückschlüsse über

Kompetenz und Erfahrung des Herstellers/Anbieters zu.


Entsprechend ergeben sich als Anforderungen

Das Angebot hausinterner Schulungen zur Einarbeitung in das angebotene System ist als selbstverständlich vorauszusetzen (aber gleichwohl abzufragen: ein Anbieter, der diese Betreuungs-Kapazität nicht aufweist, kann kaum ernsthaft in Betracht gezogen werden).

-       Hilfe zur Komponenten-Integration und spezifischen System-Anpassung
-       Hotline
-       Angebot über Fernwartung / Trouble Shooting für
        *       NMS
        *       Netzwerk

### 7. Anhang

**Quellenangabe**

Die beschriebenen Anforderungen stützen sich auf die Arbeitsergebnisse der Benutzergruppe Netzwerke (BGNW), c/o Pascalstraße 25, 5100 Aachen, insbesondere auf die Ergebnisse der AG "Anforderungen an NMS", c/o Petra Borowka, Neustraße 2a, 5190 Stolberg

-       Anforderungen an ein NMS; Arbeitspapier der BGNW; 1993
-       Checkliste zur Auswahl eines NMS; Arbeitspapier der BGNW; 1993


**Literatur**

/BGNW/        BGNW Benutzergruppe Netzwerke, c/o ComConsult Kommunikations-
              technik GmbH, Aachen
/BOR-93/      Integriertes Unternehmens-Management - Plattformsysteme: Probleme
              und Möglichkeiten; Computerwoche 5/1993
/BOR-92/      Borowka, Petra: Brücken und Router; Wege zum strukturierten
              Netzwerk; Datacom Verlag, Bergheim 1992
/BOR2-91/     Borowka, P.: Management von Brücken und Routern: Anforderungen,
              Produktrealität, Erfahrungen und Lösungsansätze ;
              Netzwerkmanagement Forum 1991
/BORO89/      Borowka, P.: Netzwerkmanagement im Rahmen eines übergreifenden
              Gesamtkonzepts; Ethernet Impulse 1989
/KAU01/       Kauffels, F. J.: Netzwerk-Management; Probleme, Standards, Strategi-
              en; DATACOM-Verlag 2. Aufl., Bergheim 1992


**Abkürzungen**

API           Application Programming Interface

CMIP          Common Management Information Protocol
CMIS          Common Management Information Services
CMOL          CMIP over LLC
CMOT          CMIP over TCP

DB            Datenbank
DME           Distributed Management Environment

GUI           Graphical User Interface

ISO           International Organization for Standardization

LLC           Logical Link Control

| | |
|---|---|
| MIB | Management Information Base |
| NM | Netzwerk-Management |
| NMS | Netzwerk-Management System |
| OSF | Open Software Foundation |
| OSI | Open Systems Interconnection |
| RMON | Remote MONitoring |
| SNMP | Simple Network Management Protocol |
| SQL | Standard Query Language |
| TCP | Transmission Control Protocol |
| TP | Transport Protocol |
| UDP | User Datagram Protocol |

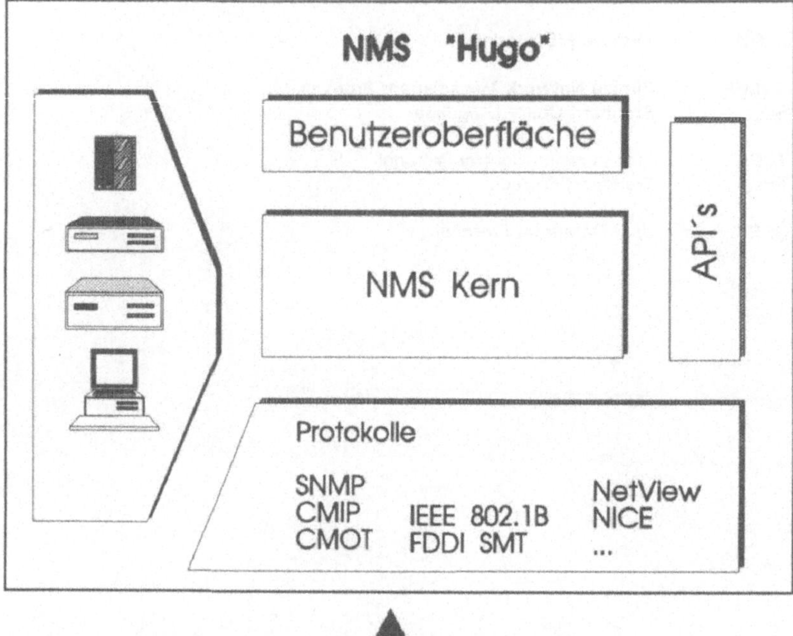

Modulare Architektur
NMS "Hugo"
Benutzeroberfläche
NMS Kern
API's
Protokolle
SNMP
CMIP
CMOT
IEEE 802.1B
FDDI SMT
NetView
NICE
...


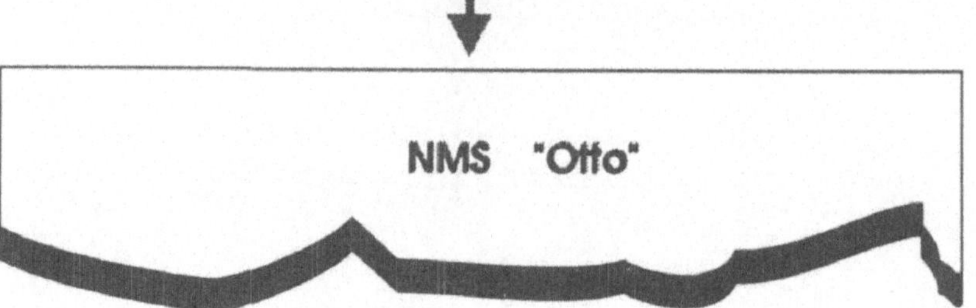

NMS "Otto"

## Anforderungen an ein NMS

▶ **1. NMS-Architehtur**

Modularer Aufbau

Trennung der Module gemäß dem Plattform-Modell

gut dokumentierte, einfach benutzbare API's

Architektur für eine verteilte Verwaltung

Möglichkeit der NMS-NMS-Kommunikation


▶ **2. Unterstützte Management-Protokolle**

SNMP

Tools zur Integration von Privaten MIBs

Commitment zu CMIP

IEEE 802.1B

FDDI SMT

Schnittstellen zu proprietären Protokollen (NetView, NICE, ...)

Anforderungen an ein NMS

▶ **3. Funktionale Kriterien**

Konfigurations-Management

Fehler-Management:   Erkennen und Anzeigen, Behandeln, Test-
                     durchführung

Leistungs-Management

Accounting Management

Sicherheits-Management

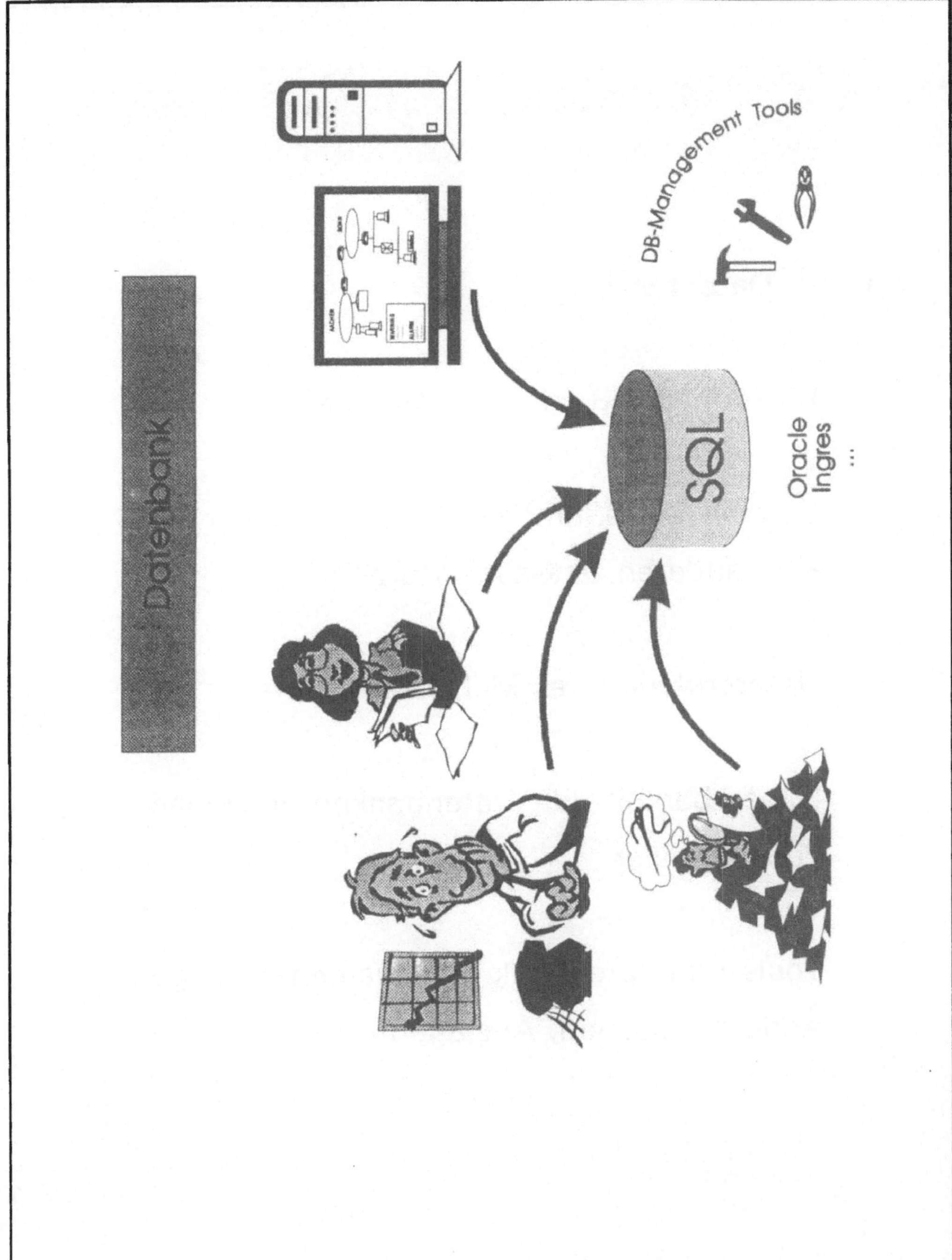

Datenbank
DB-Management Tools
SQL
Oracle
Ingres
...

## Anforderungen an ein NMS

▶ **4. Datenbank**

Relationale DB mit SQL-Abfrage

Externe Zugriffsmöglichkeit auf die im NMS
verwendeten Datenstrukturen

Unterstützung des Mehrfachzugriffs

Einsetzbarkeit von Datenbanken verschiedener Hersteller

Tools zum Datenbank-Management (Anlegen,
Ändern, Löschen, Auslagern)

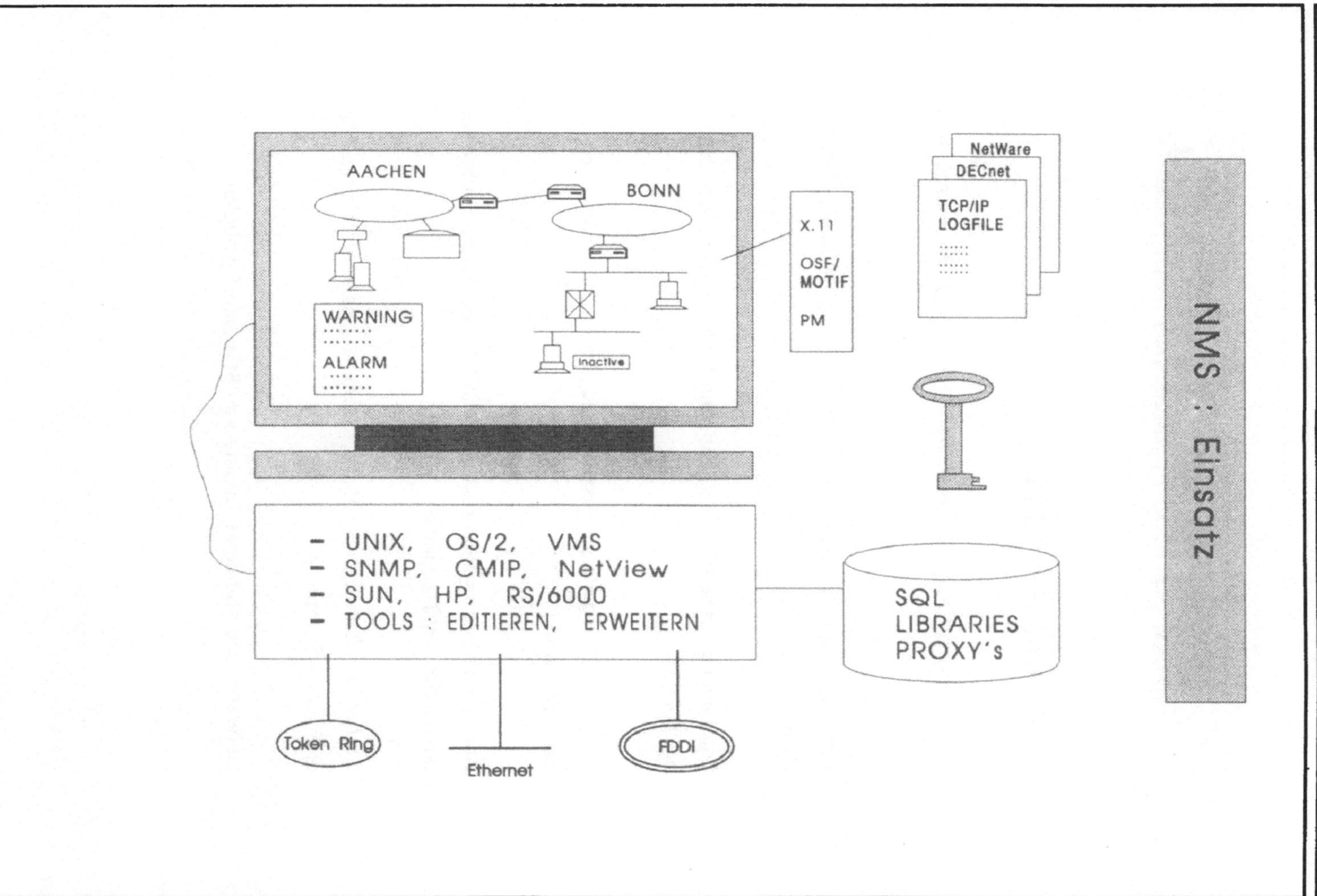
NMS : Einsatz
AACHEN
BONN
WARNING
ALARM
inactive
X.11
OSF/
MOTIF
PM
NetWare
DECnet
TCP/IP
LOGFILE
UNIX, OS/2, VMS
SNMP, CMIP, NetView
SUN, HP, RS/6000
TOOLS : EDITIEREN, ERWEITERN
SQL
LIBRARIES
PROXY's
Token Ring
Ethernet
FDDI

## Anforderungen an ein NMS

▶ **5. Einsatz des NMS**

Einsetzbarkeit auf **verschiedene**n Hard- und Betriebssystem-Plattformen

Unterstützung der gängigen LAN-Interfaces (Ethernet, Token Ring, FDDI)

Empfehlung für NMS-Konfigurationen für Netzwerke verschiedener Größe

Möglicher Übergang auf leistungsfähigere Systeme (Wachsen mit dem Netzwerk)

Abgestufte **Zugangskontrolle** zum NMS, Logbuch für erlaubte und unerlaubte NMS-Zugriffe

Grafische Benutzeroberfläche, farbige Netzdarstellung mit grafischen Symbolen

Lieferung und ständiges Update von **Standard-Symbole**n

## Anforderungen an ein NMS

Grafik-Editor zum Anlegen eigener Icons

Online-Hilfefunktion

Unterstützung eines **Expertenmodus**

## NMS : Support

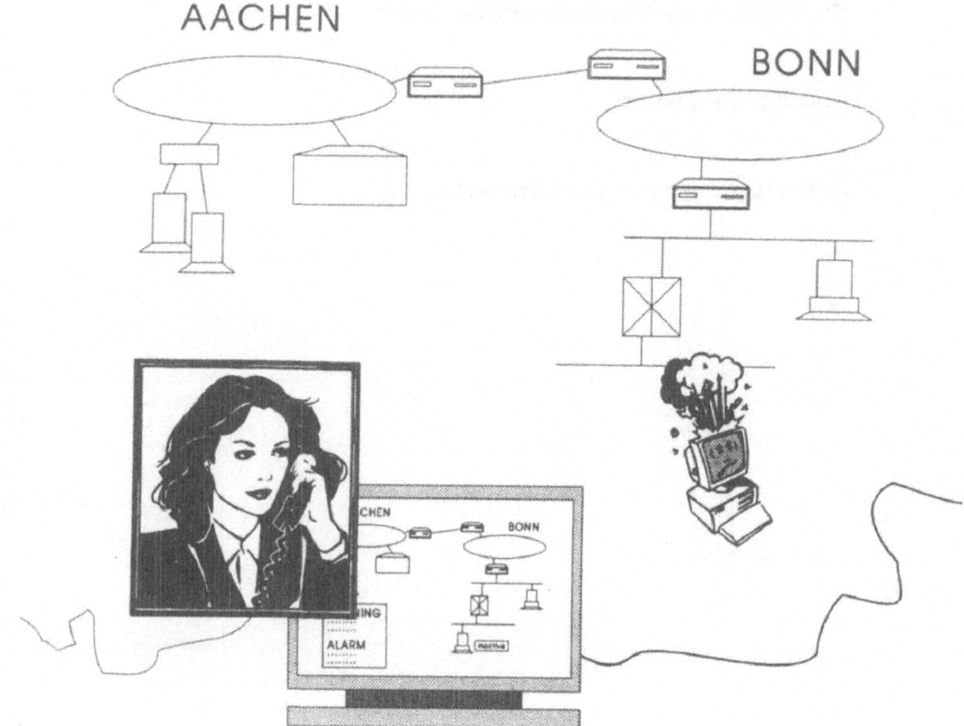

Anforderungen an ein NMS

▸ **6. Support**

Hilfe zur **Integration** von Komponenten

Anpassung des Systems an anwenderspezifische Netzbedingungen

**Hotline**

Fernwartung:  des NMS

des Netzes

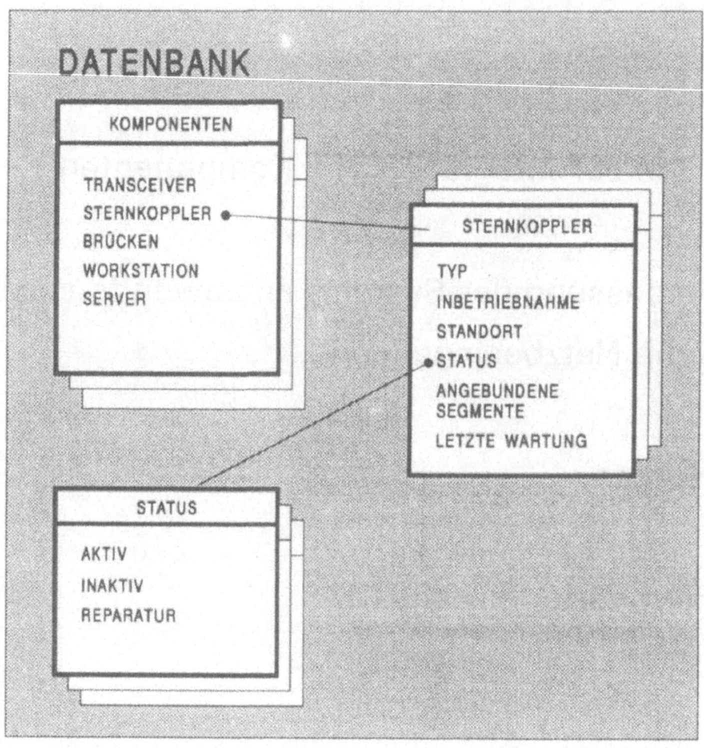


Konfigurations-Management
DATENBANK
KOMPONENTEN
TRANSCEIVER
STERNKOPPLER
BRÜCKEN
WORKSTATION
SERVER
STERNKOPPLER
TYP
INBETRIEBNAHME
STANDORT
STATUS
ANGEBUNDENE
SEGMENTE
LETZTE WARTUNG
STATUS
AKTIV
INAKTIV
REPARATUR
Erweitern
Ändern (Aktualisieren)
Löschen

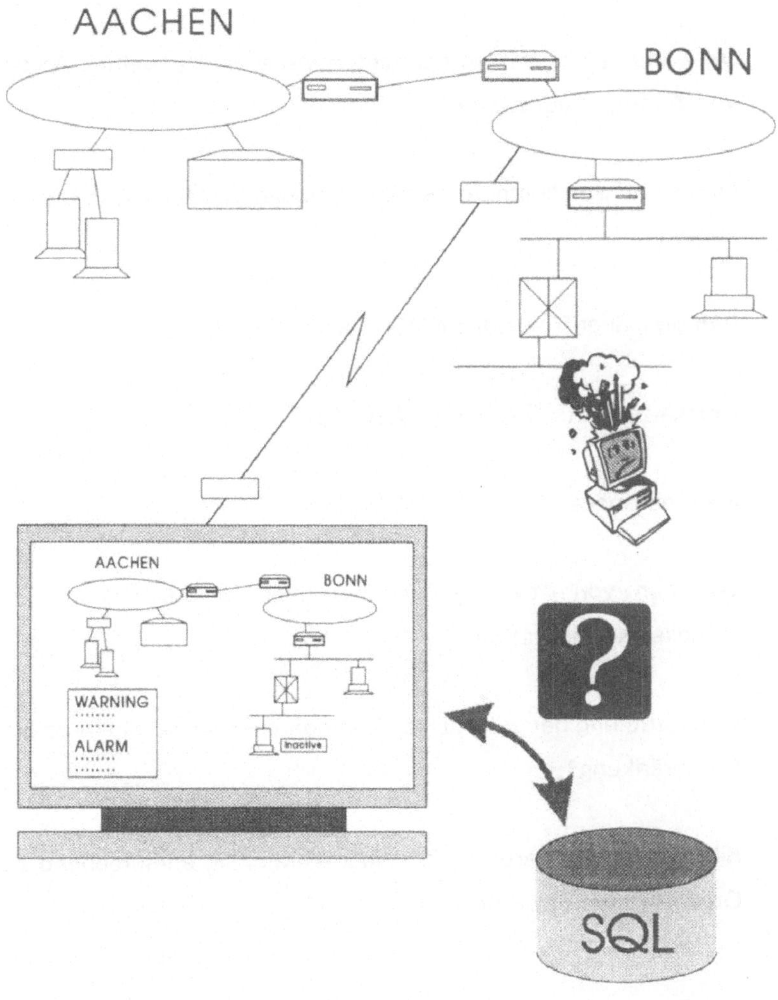
Konfigurations-Management
AACHEN
BONN
AACHEN
BONN
WARNING
ALARM
inactive
?
SQL

## Konfigurations-Management

▶ Verwaltung aller Netzkomponenten: Anlegen, Verwalten, Ändern von Konfigurationsdaten

▶ Laden und Speichern von Konfigurationen verschiensten Komponenten

▶ Remoter Zugriff auf das NMS (Telnet, Dial-Up)

▶ Netzkarte, Auto Discovery, Auto Topology

▶ Erkennen neuer / doppelter Adressen

▶ Erkennen von Abweichungen zwischen NMS-Datenbank und aktueller Konfiguration

▶ Unterstützung der geforderten Komponenten-Anzahl (gibt es eine Beschränkung?)

▶ Bildung von mehreren (>3 !) Netz-Hierarchien entsprechend der Organisations-Struktur

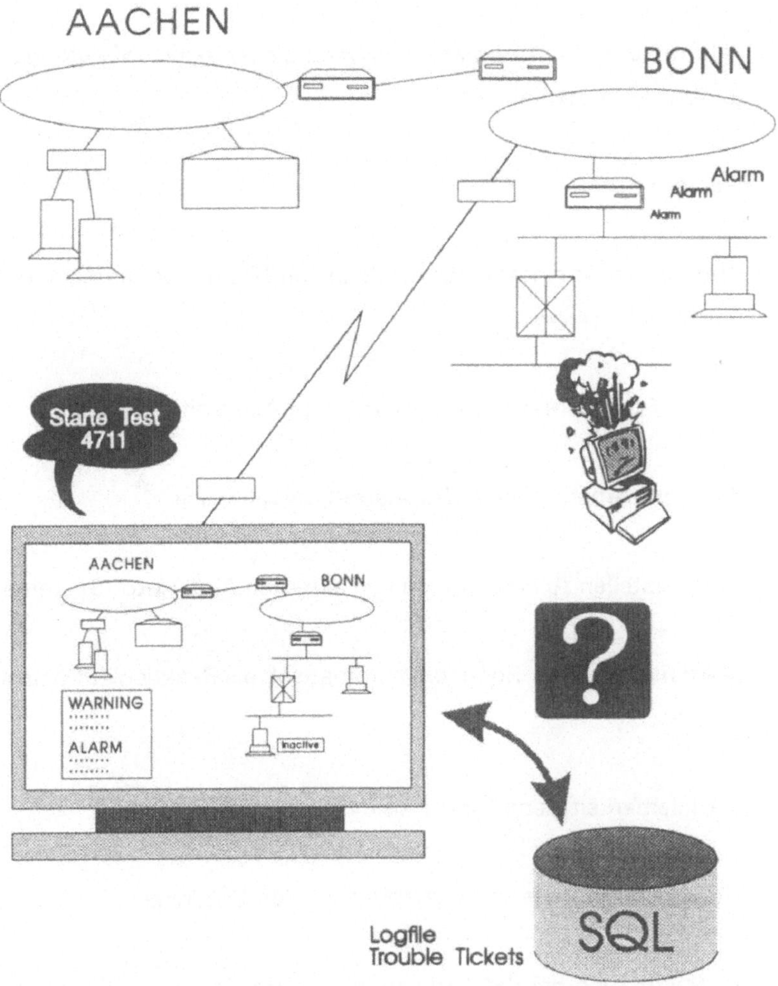
Fehler-Management
AACHEN
BONN
Alarm
Alarm
Alarm
Starte Test
4711
AACHEN
BONN
WARNING
ALARM
Inactive
?
SQL
Logfile
Trouble Tickets

## Fehler-Management

- ► Alarm Handling: Automatisches Update oder explizite Bestätigung durch den Netzmanager?

- ► Fehler-Logfile

- ► Unterstützung einer Fehlerverfolgung und Dokumentierung mittels Trouble-Ticketing

- ► Alarm-Filter, Unterdrückung von Folge-Alarmen

- ► frei definierbare abgestufte Alarm-Schwellwerte

- ► Schnittstellen zu / Integration von externen Analysator-Systemen

- ► Vordefinierte Test-Routinen, automatisch als Reaktion auf Alarme startbar

- ► Definierbarkeit periodischer Tests

- ► Connectivity-Tests zur Erreichbarkeit von Stationen

- ► Unterstützung bei der Aktivierung von Reserve-Komponenten

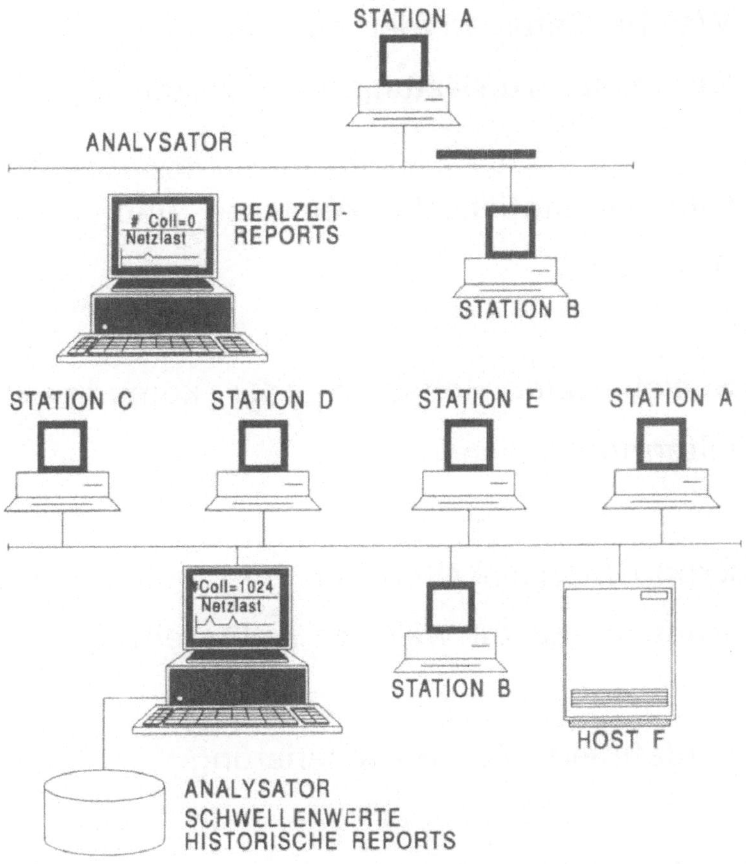
Performance-Management
STATION A
ANALYSATOR
# Coll=0
Netzlast
REALZEIT-
REPORTS
STATION B
STATION C
STATION D
STATION E
STATION A
#Coll=1024
Netzlast
STATION B
HOST F
ANALYSATOR
SCHWELLENWERTE
HISTORISCHE REPORTS

## Leistungs-Management

▶ Welche Daten werden gespeichert?
Durchsatz, Auslastung, Last-Verteilungen

▶ Gibt es statistische Analysen und Trend-
Analysen?

▶ Speicherung: Rohdaten oder komprimiert?
Filtermöglichkeiten?

▶ Export-Möglichkeiten für gespeicherte Leistungsdaten zur weiteren Aufbereitung

▶ vordefinierte Report-Generierung

▶ Online-Überwachung ausgewählter Leistungsdaten

## Accounting und Sicherheits-Management

## Accounting Management

▸ Speichern und Export der Accounting-Daten

▸ Definition von oberen Nutzungsgrenzen für Ressourcen

▸ Definition von zeit- und benutzerbezogenen Zugriffs-Profilen

## Sicherheits-Management

▸ Unterstützung abgtestufter Zugriffs-Berechtigungen für Komponenten-Zugriffe

▸ Logbuch für Komponenten-Zugriffe (vom Management)

▸ Unterstützung von secure SNMP

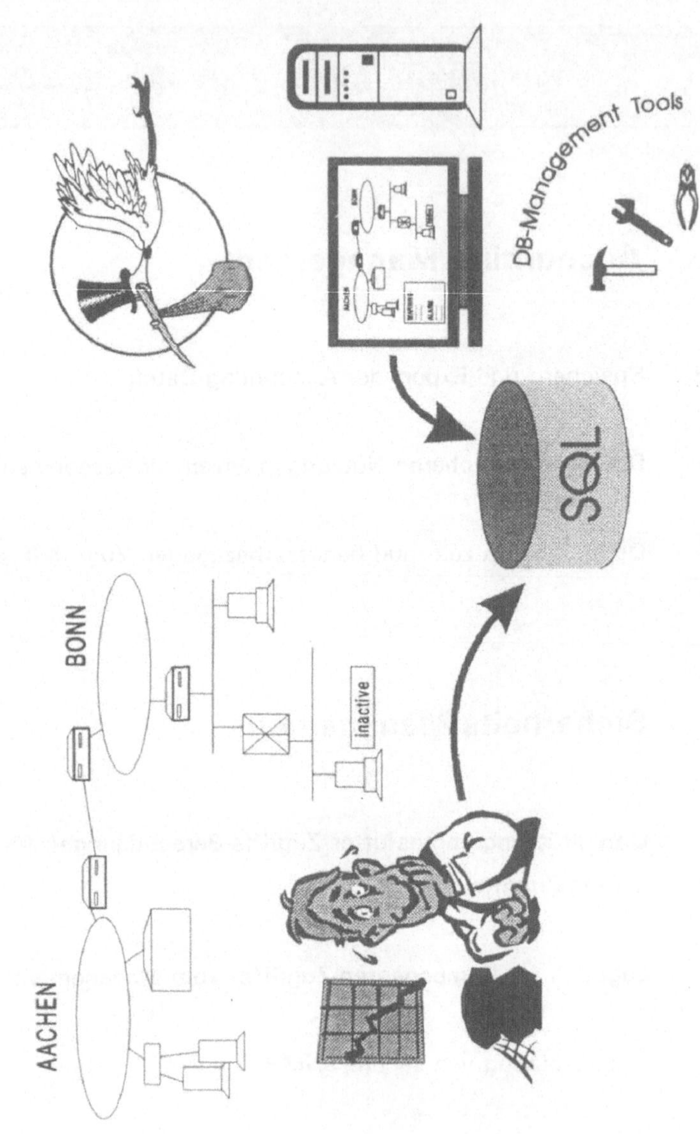
Auswahl ???
DB-Management Tools
SQL
BONN
AACHEN
inactive

Dipl.-Math. Klaus Keus

# Übersicht und Gegenüberstellung der aktuellen IT-Sicherheitskriterien (ITSEC, CTCPEC, FC, Japanische Kriterien, ITSK) und ihre Einordnung in Normungsaktivitäten

(Autoren: K. Keus [1], W. Kurth, D. Loevenich, M. Ullmann)

Zusammenfassung:

Beginnend mit Mitte der 80-ziger Jahre und verstärkt in den letzten Jahren haben verschiedene - meist staatliche - Institutionen Sicherheitskriterien erstellt und veröffentlicht, u.a. das bekannte *Orange Book* (*Trusted Computer Security Evaluation Criteria: TCSEC*) des DoD der USA oder die "grünen" Bücher in Deutschland durch die Zentralstelle für Sicherheit in der Informationstechnik (*ZSI*), dem Vorläufer des heutige zuständigen Bundesamt für Sicherheit in der Informationstechnik (*BSI*).

Aufbauend auf diese mehr national geprägten Kriterien wurden in der 2. Phase sogenannte harmonisierte Kriterien erstellt.

Wegweiser ist hier das von den 4 Nationen Großbritannien, Niederlande, Frankreich und der Bundesrepublik Deutschland gemeinsam erstellte europäisch harmonisierte Evaluierungs-kriterienwerk *Information Technology Security Evaluation Criteria (ITSEC)*.

Aufbauend und teilweise ergänzend sowohl auf die deutschen *IT-Sicherheits-Kriterien (ITSK)*, auf das "*Blau-weiß-rote-Buch*" der französischen zuständigen Behörde (SCSSI) als auch auf die britischen Beiträge "*Memorandum Nr. 3*" (CESG) und das "*Grüne Buch*" (DTI) wurde 1991 die 1. offizielle Version 1.2 der ITSEC als gemeinsames harmonisiertes 4-Nationenwerk durch die EG-Kommission gefördert vorgelegt.

Das zukünftig europäische Kriterienwerk, ausgerichtet vornehmlich auf technische IT-Sicherheitsmaßnahmen, repräsentiert aufgrund seiner verallgemeinerten Form des Evaluierungsgegenstand (EVG) sowohl Produkt- als auch System-Evaluierung, ausgelegt für ein breites Anwendungsspektrum von der SW (vom Betriebssystem über die Anwendung bis zu Telekommunikationsdiensten) bis hin zur HW-Evaluierung (z.B. Microprozessor). Der strukturierte hierarchische Aufbau der 7 unterschiedlichen Qualitätsstufen (Korrektheitsstufen) der ITSK als auch die dort definierten Funktionalitätsbeispiele haben ihre Repräsentanz in den harmonisierten ITSEC in Form 6 unterschiedlicher Qualitätsstufen sowie identische Übernahme der Funktionalitätsbeispiele gefunden. Maßgebliche Leitlinien der ITSK -Trennung von Funktionalität und Qualität, Aspekt der Integrität- sind als Grundgedanken in die ITSEC eingeflossen, erweitert um die Trennung des Zusammenwirkens der Funktionsgesamtheit im Rahmen der Qualität (Effectivness).

Aufbauend auf diese Grundgedanken haben die kanadischen zuständigen Behörden frühzeitig diese Gedanken aufgegriffen und hier eine parallele Kriterienentwicklung mit vergleichbarer Zielrichtung, ähnlicher Struktur und ähnlichem Inhalt vorangetrieben. Ihre Version 3.0 der *Canadian Trusted Computer Product Evaluation Criteria* (*CTCPEC*) vom Januar 1992 unterscheidet bei den Funktionalitäten in Kategorien zwischen Vertraulichkeit-, Integritäts-, Verfügbarkeits- und Zugriffskontroll- / Beweissicherungs-Kriterien. Diese werden ergänzt um Qualitätsaspekte (Vertrauenswürdigkeit). Diese Kategorien wiederum sind unterteilt nach sogenannten funktionalen Aspekte (Divisions) - vergleichbar den Grundfunktionen der ITSEC-, unterteilt in unterschiedliche Stufen (Levels). Durch freie Kombinationsmöglickeiten aller Fälle aus allen 4 unterschiedlichen Problemkreisen ergeben sich eine Vielzahl unterschiedlichster Evaluierungsziele, diese wiederum gepaart mit einer der 8 Qualitätsstufen (Korrektheitsstufen (Trust)). Die Realisierung einer Sicherheitsfunktion in einer bestimmten Stufe setzt wiederum Dienste voraus, die durch andere Sicherheitsfunktionen gewährleistet werden. Diese Abhängigkeit zwischen den funktionalen Aspekten der unterschiedlichen Funktionalitätsklassen wird durch sogenannte "Constraints" beschrieben. Infolge dieser klaren mathematischen Struktur bedeutet dies eine über die ITSEC hinausgehende Flexibilität an Einsatzmöglichkeiten. Die Praxis wird die Umsetzung bzw. den Sinn dieser vielfachen Kombinationen unter Beweis zu stellen haben.

Infolge der ausgeprägten Orientierung der amerikanischen TCSEC am schwerpunktmäßig staatlichen Einsatz-Umfeld hat parallel zum europäischen Kriterienwerk ITSEC - deren Zielrichtung im öffentlichen, privaten und privat-wirtschaftlichen, weniger klassifizierten denn vertrauenswürdigen Einsatzbereich liegt - auch in den USA eine Parallelentwicklung stattgefunden. In einem Kooperationsprojekt mit NIST (*National Institut of Standards and Technology*) und dem NSA (*National Security Agency*) werden für den o.a. Einsatzbereich neue Kriterien entwickelt, die sog. *Federal Criteria* (*FC*).

Ein 1. Entwurf Version 1.0 vom Dezember `92 liegt den involvierten Kreisen Europas seit der Vorführung durch NIST-Vertretern bei der EG am 4. Februar 1993 vor.

Erste Grundgedanken und Basisanforderungen bzgl. Funktionalität waren bereits in Vorgängerversionen in `92 angedeutet worden (*Functional Profiles, Minimal Security Requirements (MSFR)*).

Während die in den ITSEC definierten Grundgedanken -klare Trennung von Funktionalität und Qualität (Vertrauenswürdigkeit) sowie Berücksichtigung der Wirksamkeit im Sinne Qualität in der Funktionsgesamtheit, Ergänzung der klassischen IT-Sicherheitsdefinition um den Aspekt der Integrität- in den kanadischen Kriterien (CTCPEC: The Canadien Trusted Computer Product Evaluation Criteria) frühzeitig bedeutenden Einfluß gefunden haben, ist die Situation in der vorliegenden Version der FC erheblich komplizierter. Dieses sehr umfangreiches Werk (gesamt ca. 500 Seiten, aufgeteilt in 2 Bänden: Vol. 1: Protection Profile Development, Vol. 2: Registry of Protection Profiles) wird, nach Aussage der FC-Editoren, in der endgültigen Version alle relevanten IT-Sicherheitskriterienwerke, insbesondere ITSEC, CTCPEC und TCSEC berücksichtigen. Die heute vorliegende Version ist eine vorläufige und unvollständige Version, allein Produkte berücksichtigend.

Der Inhalt der vorliegenden Version definiert ausschließlich die Entwicklung von sogenannten Protection Profiles sowie ihrer Analyse incl. Beispiele. Fehlende Komponenten wie Vorgaben zur Produktentwicklung sowie insbesondere Vorgaben zur Evaluierung von Produkten als auch Systemen fehlen gänzlich. Insofern dient die vorliegende Version -nach Meinung der Autoren- dieses IT-Sicherheitskriterienwerks nicht als Evaluierungswerk sondern vielmehr als eine Anleitung zur Erstellung von Kriterien bzw. Protection-Profiles für Hersteller und möglicherweise für Anwender. Entgegen der angekündigten Absicht "Reduzierung der Kombinationsvielfalt der Qualitätsaspekte innerhalb der CTCPEC ist infolge des Aufbaus von sogenannten Protection-Profiles aus einer Kombination von Funktionalität und Qualität in den FC die Varianz der Protection-Profiles infolge ihres flexiblen Aufbaus (Kombination aus Funktionalität und einer Vielzahl unterschiedlicher Qualitätsaspekte (z.B. Entwicklungsanforderungen, Evaluierungsanforderungen in unterschiedlichsten Ausprägungen)) nicht gelungen. Dies bedeutet, eine klare Trennung von Funktionalität und Qualität - wie z.B. in den vergleichbaren Kriterien berücksichtigt- wurde nicht eingehalten. Insofern ist es auch nicht verwunderlich, daß die dargestellten Beispiele zu Protection-Profiles (Band II) den Klassen der TCSEC entsprechen. Daneben ist der Aspekt der Wirksamkeit nur indirekt zu erkennen. Interessant ist der Verweis auf sogenannte Platzhalter für andere Kriterienwerke (z.B. CTCPEC, ITSEC), deren Qualitätsklassen bzw. Qualitätskombinationen in Verbindung mit den unterschiedlichsten Funktionalitätsklassen sich als eigene Protection-Profiles definieren lassen. Insgesamt läßt sich allerdings festhalten, daß die vorliegende Version der FC keine Alternative zu den ITSEC bzw. zu den CTCPEC darstellen.

Im Rahmen der internationalen Harmonisierungs- und Normungsaktivitäten haben darüber hinaus weitere staatliche Organisationen - wie das Japanische Wirtschafts Ministerium oder die NATO - und Hersteller- und Anwenderkreise (z.B. X/OPEN, ECMA, EWOS) entsprechende Entwürfe vorgestellt.

Die vom 31.8.92 datierten Kriterien des Japanischen Wirtschafts-Ministerium *Japanese Computer Security Evaluation Criteria Functionality Requirements* -ähnlich den aktuellen Herstellerkriterien seitens ECMA (European Computer Manufactures Association) oder den beabsichtigten X/OPEN-Leitlinien- sind eher funktionalitätsorientiert. Der umfangreichen Zusammenstellung von vergleichsweise C2-orientierten Funktionalitäten fehlen die entsprechenden Qualitätsaspekte. Insofern können diese Kriterien z.Zt. noch nicht als bedeutsamer Beitrag zur Gestaltung zukünftiger Kriterienwerke gesehen werden. Allerdings ist den Japanern hiermit ein erster Beitrag -als Eintritt- in die Welt der Normung (Beitrag zu ISO SC 27) gelungen.

Wie bereits herauskristallisiert, sind trotz gleicher Zielrichtung Inhalte und Strukturen der vorgestellten Kriterienwerke unterschiedlich. Aufgabe der Normungsgremien (z.B. ISO, CEN) ist es nun, aus den unterschiedlich strukturierten und inhaltlich divergierenden Vorlagen ein harmonisiertes Kriterienwerk unter Berücksichtigung der Interessen aller Beteiligten (Hersteller, Anwender und staatliche Stellen) zu gestalten.

Die in der Vergangenheit doch teilweise restriktive Haltung der USA in internationalen Normungsgremien, allen voran in ISO (SC 27), wird in Zukunft sicherlich aufgrund der Verfügbarkeit der 1. Version der FC abnehmen. Insbesondere werden die Nordamerikaner (USA, Kanada) kurzfristig eine nordamerikanisch-harmonisierte Version als Normungsalternative zu den ITSEC einbringen. Die sogenannten "Common Criteria" sind sicherlich z.Zt. trotz internationalen Bemühens noch nicht realisierbar, insbesondere unter Berücksichtigung des Status der vorliegenden Version der FC.

Darüberhinaus sind die beiden relevanten Werke ITSEC und FC noch nicht in der praxiserprobten Fassung, vielmehr fehlt sowohl für die ITSEC als auch insbesondere für die FC eine umfangreiche Erfahrung aus Umsetzung und Anwendungen. Unbestritten hat die ITSEC gegenüber den FC eine klaren Vorsprung, da doch in den letzten beiden Jahren der Probe-Phase der ITSEC sowohl europäische (sowohl nationale als auch multinationale Erfahrungen, ergänzt um einen regen europäischen Informationsaustausch) als auch internationale Evaluierungserfahrungen vorliegen, die in eine neue Version der ITSEC einfließen müssen.

Erst nach Vorlage gleicher Erfahrungen in der Anwendung der FC läßt sich ein sinnvolles Angehen des Themas "Common Criteria" begründen, da doch beide Werke in der jetzigen Version in zu unterschiedlicher Zielrichtung vorliegen.

Diese Interpretation läßt die Folgerung zu, daß die Europaer zumindest übergangsweise die Einrichtung einer europäischen Norm auf der Basis der ITSEC durch CEN in Erwägung ziehen sollten.

[1] K. Keus, Diplom Mathematiker; Mitarbeiter im "Bundesamt für Sicherheit in der Informationstechnik";

studierte Mathematik, Wirtschaftswissenschaften und Informatik an der Rheinisch Westfälischen Technischen Hochschule (RWTH) Aachen

Bundesamt für Sicherheit in der Informationstechnik

Godesberger Allee 183 ; 5300 BONN 2

Telefon: 0228/9582-0

**Gliederung:**

**1. Die maßgeblichen aktuellen IT-Sicherheitskriterien im Baustein-System:**

**Struktur, spezifische Merkmale sowie wesentliche Unterschiede:**

- **ITSK:**          **deutsche IT-Sicherheits-Kriterien**
- **ITSEC:**        **Europäische IT-Sicherheits-Kriterien**
- **CTCPEC:**      **kanadische IT-Sicherheits-Kriterien**
- **FC:**            **aktuelle IT-Sicherheits-Kriterien der USA**
- **JCSECFR:**     **Japanes Computer Security Evaluation Criteria Functionality Requirements**

**2. Bedeutung der unterschiedlichen IT-Sicherheitskriterien für die europäische sowie internationale Normung**

**3. Perspektive zur Normung der IT-Sicherheits-Kriterien**

## IT-Sicherheitkriterien (ITSK)

- **ZSI (Vorläufer BSI), 1989**

- **IT-Sicherheitsbegriff definiert auf:**
    **Verfügbarkeit**
    **Integrität**
    **Vertraulichkeit**

- **Trennung von Funktionalität und Qualität**

- **7 untersch. hierarisch aufgebaute Qualitätsstufen**

- **Berücksichtigung der Qualität der benutzten Mechanismen (6 Stufen)**

- **10 unterschiedliche Funktionalitätsklassen, strukturiert auf der Basis generischer Oberbegriffe**

ITSEC

**Ziele und Hintergründe:**

**Erstellung eines gemeinsamen und harmonisierten Kriterienwerkes unter Berücksichtigung bestehender national-gültiger Sicherheitskriterien**

**Harmonisierung der innerhalb der Zielsetzung voneinander abweichenden Werke**

**GB:** Memorandum Nr. 3 (CESG)

Grüne Buch (DTI)

**Deutschland:** IT-Sicherheitskriterien ITSK (ZSI, 1989)

**Frankreich:** Blau-weiß-rotes Buch (SCSSI, 1989)

**USA:** TCSEC (DoD, 1985)

**ITSEC**

**Einheitliche Grundlage für die gegenseitige Anerkennung von Evaluierungsergebnissen sowie Zertifikate durch die nationalen Zertifizierungsstellen**

**Gemeinsam erstellt durch eine durch die EG-Kommission beauftragte Arbeitsgruppe aus Vertretern aus:**

- **Deutschland**
- **Niederlande**
- **Frankreich**
- **UK**

---

## ITSEC

**Übersicht über die Haupt-Merkmale:**

1. **Anwendbarkeit vornehmlich auf technische IT-Sicherheitsmaßnahmen**

2. **weites Anwendungsspektrum**

3. **Berücksichtigung von Produkt- und System-Evaluierung in verallgemeinerter Form als Evaluierungsgegenstand (EVG)**

4. **klare Trennung von Funktionalität und Vertrauenswürdigkeit (Qualität)**

   **mit Aufteilung der Qualität in Korrektheit & Wirksamkeit**

5. **Übernahme der Funktionalitätsklassen der ITSK als Beispiele**

## ITSEC

**Struktur:**

**TCSEC:**

- **7 feste Klassen mit den 4 Aspekten: Sicherheitspolitik, Beweissicherung, Vertrauenswürdigkeit, Dokumentation**

**ITSEC:**

- **Ermöglichen die Auswahl beliebiger sicherheitsspezifischer Funktionen**
- **Vertrauenswürdigkeit der Korrektheit in 7 Stufen (E0 - E6) mit steigender Prüftiefe**
- **Evaluierungsmöglichkeiten von Produkten <u>und</u> Systemen**

**==>**

- **größere Kombinationsvielfalt**

**ITSEC**

**Struktur:**

**Funktionalität:**

- **Sicherheitsziele (- weshalb)**

- **Sicherheitsspezifische Funktionen (- welche)**

- **Sicherheitsmechanismen (- wie)**

**Beschreibung der Funktionalität auf der Basis generischer Oberbegriffe:**

- **Identifizierung & Authentisierung**
- **Zugriffskontrolle**
- **Beweissicherung**
- **Protokollauswertung**
- **Wiederaufbereitung**
- **Unverfälschheit**
- **Zuverlässigkeit der Dienstleistung**
- **Übertragungssicherung**

ITSEC

## Vertrauenswürdigkeit: Wirksamkeit

**Eignung der sicherheitsspezifischen Funktionen des EVG den in den Sicherheitsvorgaben definierten Bedrohungen zu widerstehen**

- **Konstruktion:**

1. Eignung der Funktionalität

2. Zusammenwirken der Funktionalität

3. Stärke der Mechanismen (niedrig, mittel, hoch)

4. Bewertung der Konstruktionsschwachstellen


- **Betrieb**

1. Benutzerfreundlichkeit

2. Bewertung der operationellen Schwachstellen

ITSEC

**Vertrauenswürdigkeit: Korrektheit:**

**Definition von sieben Evaluationsstufen E0 -
E6 bzgl. des Vertrauens in die Korrektheit
eines EVG (Nachweis über die Tiefe der
Prüfung)**

- **Art und Weise der Konstruktion
  (Entwicklungsprozeß & -Umgebung)**

- **Art und Weise der künftigen Verwendung /
  Betrieb (Dokumentation &
  Betriebsumgebung)**

**Konstruktion:**

- **Entwicklungsprozeß:**

1. **Sicherheitsvorgaben**
2. **Architekturentwurf (oberste Stufe der
   Definition / des Entwurfs, Trennung in
   sicherheitsrelevante und andere
   Komponenten des EVG)**
3. **Feinentwurf (Basiskomponenten für die
   Programmierung)**
4. **Implementierung (Basiskomponenten)**

## ITSEC

**Konstruktion:**

- **Entwicklungsumgebung:**

1. **Konfigurationskontrolle**

2. **Programmiersprachen & Compiler**

3. **Sicherheit beim Entwickler (organ., techn., personell)**

**Betrieb:**

- **Betriebsdokumentation**
1. **Benutzer**
2. **Systemverwalter**

- **Betriebsumgebung (Betriebsqualität)**
1. **Auslieferung & Konfiguration**
2. **Anlauf & Betrieb**

| CTCPEC | The Canadian Trusted Computer Product Evaluation Criteria |

- Version 3.0,e   Januar 1992

- Basis:  ITSEC
          TCSEC

- Struktur:   Funktionale Anforderungen auf der Basis
              der 4 Klassen:
              Vertraulichkeit
              Integrität
              Verfügbarkeit
              Zugriffskontrolle / Beweissicherung

- Diese unterteilt nach funktionalen Aspekten "Divisions"
  (vglb. mit den generischen Oberbegriffen der ITSEC)

- hierarische Struktur der Divisions nach "Levels"

- Abbildung der Abhängigkeiten einzelner Elemente in
  den verschiedenen Klassen mittels "Constraints"

- ergänzt um Anforderungen an die Vertrauenswürdigkeit
  der Realisierung (Trust-Kriterien)

## CTCPEC The Canadian Trusted Computer Product Evaluation Criteria

- **Vertraulichkeits-Kriterien:**

CC: Verdeckte Kanäle (CC0-CC3)

CD: Vertraulichk. diskret (CD0-CD4)

CM: Vertraulichkeit mandatory (CM0-CM4)

CR: Wiederverwendbarkeit/Aufbereitung (CR0-CR1)

- **Integritäts-Kriterien:**

ID: Diskret. Integrität (ID0-ID4)

IM: mandatory Integrität (IM0-IM4)

IP: physische Integrität (IP0-IP4)

IR: Rollback (IR0-IR2)

IS: Separation von Aufgaben (IS0-IS3)

IT: Selbsttest (IT0-IT3)

| **CTCPEC** | **The Canadian Trusted Computer Product Evaluation Criteria** |

- **Verfügbarkeits-Kriterien:**
**AC: Inhalt (AC0-AC3)**
**AR: Widerstandsfähigkeit (AR0-AR3)**
**AY: Wiederanlauf (AY0-AY3)**

- **Beweissicherung / Zugriffskontrolle-Kriterien:**
**WA: Beweissicherung (WA0-WA4)**
**WI: Identifikation & Authentisierung (WI0-WI2)**
**WT: Vertrauenswürdiger Pfad (WT0-WT2)**

- **Vertrauenswürdigkeits-Kriterien (i. Sinne Qualität):**
**T: Trust (T0-T7)**

## CTCPEC The Canadian Trusted Computer Product Evaluation Criteria

**Vertrauenswürdigkeits-Kriterien:**

---

**Maß für die Vertrauenswürdigkeit / Korrektheit eines Systems**

---

**definiert nach:**

- **Architektur**
- **Entwicklungsumgebung (Konfigurationsmanagem.,Lebenszyklusprozeß)**
- **Entwicklungsprozeß (Funktionale Spezifikation, Architekt. Design,Detail-Design)**
- **Sicherheitsdokumentation (z.B. Benutzer)**
- **Sicherheitstests**
- **Vertrauenswürdige Lieferung & Inbetriebnahme**

$\boxed{\textbf{CTCPEC}}$ **The Canadian Trusted Computer Product Evaluation Criteria**

**Constraints:**

- **Die Erstellung bestimmter Komponenten sind nur gültig in Verbindung mit anderen unterstützenden Komponenten (d.h. von anderen abhängig)**

- die Beziehungen und Abhängigkeiten zwischen den jeweiligen Funktionsbereichen werden definiert durch sogn. Constraints (Abb. form in sogn. Constraint-Boxen)

- Bsp.: CM-2: "Basis Mandatory Vertraulichkeit" benötigt:

  Aufbereitung/Wiederverwendbarkeit

  Level 1 der Separation von Aufgaben

  Level 1 der I&A

Folgl. sieht die Box der zugeh. Constraint-Abbildung aus:

$\boxed{\textbf{CR-1, IS-1, WI-1}}$

**CTCPEC** **The Canadian Trusted Computer Product Evaluation Criteria**

**Erstellung eines Sicherheitsmaßes:**

**Bsp. 1:**
**eines vertrauenswürdigen Systems (vglb. B3):**

**C[C-1, D-3, M-3, R-1]**
**I[D-1, S-2, T-1]**
**AR-1**
**W[I-1, A-2, T-2]**
**Vertrauenswürdigkeit ist separat, z.B.: T-4**

**Bsp.: 2**
**Beweissicherungssystem:**
**CR-1, IS-1, W[I-1, A-3]**

---

## Federal Criteria: Version 1.0, Dezember 1992

- Gemeinschaftsprojekt aus NIST, NSA, Industrie und Wissenschaft

- ca. 500 Seiten in 2 Bänden:

- Volume I: Protection Profile Development

- Volume II: Registry of Protection Profiles

- Keine Evaluations-Kriterien, sondern Kriterien zur Erstellung von Kriterien

- Nur produkt-, aber nicht systembezogen


- Volume 1:

Struktierte Methodologie und Rahmen für die Spezifizierung von IT-Produkt Anforderungen, d.h. Entwicklungsprozeß von Kriterien

- Volume 2:

Übersicht der vorhandenen IT-Produkt Sicherheitsan-forderungen gem. den Anforderungen aus Volume 1 (entsprechen den Klassen der TCSEC)

## Federal Criteria

**Profile Entwicklung und Analysis:**

- **Protection Profile Konstruktion**

- **Protection Profil Analyse**

- **Protection Profil Anerkennung und Registrierung**

**Protection Profil Struktur:**

- **Descriptiver Teil**

- **Rationale**

- **Funktionale Anforderungen**

- **Qualitätsanforderungen in der Entwicklung**

- **Qualitätsanforderungen für die Evaluierung**

Federal Criteria

**Beschreibender Teil:**

- **Informationen für die Identifizierung & Registrierung**

- **Cross-Referenz-Verweise zu bestehenden Profiles**

- **Beschreibung des zu lösenden Protection-Problems**

**Rationale:**

- **Beschreibung des fundamentalen Zieles**

- **Beschreibung der möglichen (angenommenen) Angriffe**

- **Gebrauch von Annahmen bzgl. Umgebung und Gebrauch**

- **Unterstützung für die Organisation der Sicherheitspolitik, Standards, Regularien etc.**

## Federal Criteria

**Funktionale Anforderungen:**

- **Gibt die Übersicht der Zuständigkeiten (Verantwortlichkeiten) innerhalb des Produktes**
- **(Beschreibung des TCB incl. der detaillierten Beschreibung aller seiner Komponenten sowie derer Zuständigkeiten)**

**Qualitätsanforderungen für die Entwicklung:**

- **Anforderungen für den Entwicklungsprozeß**

- **Anforderungen für die Betriebsunterstützung**

- **Anforderungen für die Entwicklungsumgebung**

- **Anforderungen für den Entwicklungsvorgang**

Federal Criteria

**Qualitätsanforderungen für die Evaluierung:**

- **Anforderungen bzgl. Testing**

- **Anforderungen bzgl. Review-Prozeß**

- **Anforderungen bzgl. Analyse**

in Verbindung mit den angenommenen Angriffen, der beabsichtigten Art und Weise der Nutzung sowie der angenommenen Betriebsumgebung

**Verfügbare Protection Profiles auf der Basis der TCSEC:**

**LP-1:     B1**

**LP-2:     B2**

**LP-3:     B3**

**LP-4:     A1**

## Federal Criteria

**Perspektive / weitere Vorgehensweise:**

- **Sommer `93: Arbeit am 2. Draft (gemeinsam mit Kanada)**

- **Herbst `93: Release 2 (allgem. verfügb.)**

- **Herbst `93: Start Arbeit an Anleitungs-Manual**

- **Winter `93: 2 intern. Workshop**

- **Sommer `94: Publikation der behördlichen Registrierung**

## Japanes Computer Security Evaluation Criteria Functionality Requirements:

- **Draft-Version 1.0, August 1992**

- **Japanisches Wirtschaftsministerium**

- **Zusammenstellung möglicher Angriffe incl. Darstellung der Gegenmaßnahmen als Grundlage einer kommerziell ausgeprägten Funktionalitätsklasse (vglb. C2)**

- **Fehlende Qualitätsbetrachtung, Verweis auf ITSEC**

## Bedeutung der unterschiedlichen IT-Sicherheitskriterien für die europäische sowie internationale Normung

**Japan:** Keine Relevanz (Eintritt in IT-Sicherheits-Szene)

**CTCPEC:** weniger Relevanz, da Aufnahme in FC infolge nordamerikanischer Kriterien

**ITSEC / FC:** hohe Relevanz

unterschiedl. Darstellung, Struktur

**FC:** fehlende Anwendungs-Erfahrung

fehlendes Akkreditier-/Evaluier-/ Zertifizierschemas

**Vorteil ITSEC:**

erste Rraxis-Erfahrungen mit den ITSEC:

national, europäische und internationale Evaluierungs-Projekte

**Tendenz:** ==> unterschiedl. Ausgangsbasis

==> Nordamerika (USA/Kanada): Nordamerikanische harmonisierte Kriterien

==>notwendig: Erfahrungen mit FC gewinnen

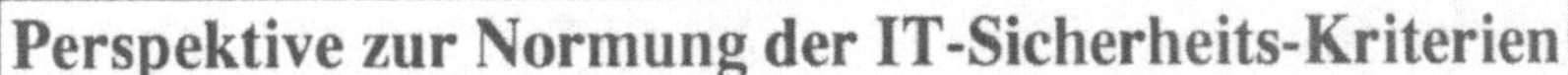

**Perspektive zur Normung der IT-Sicherheits-Kriterien**

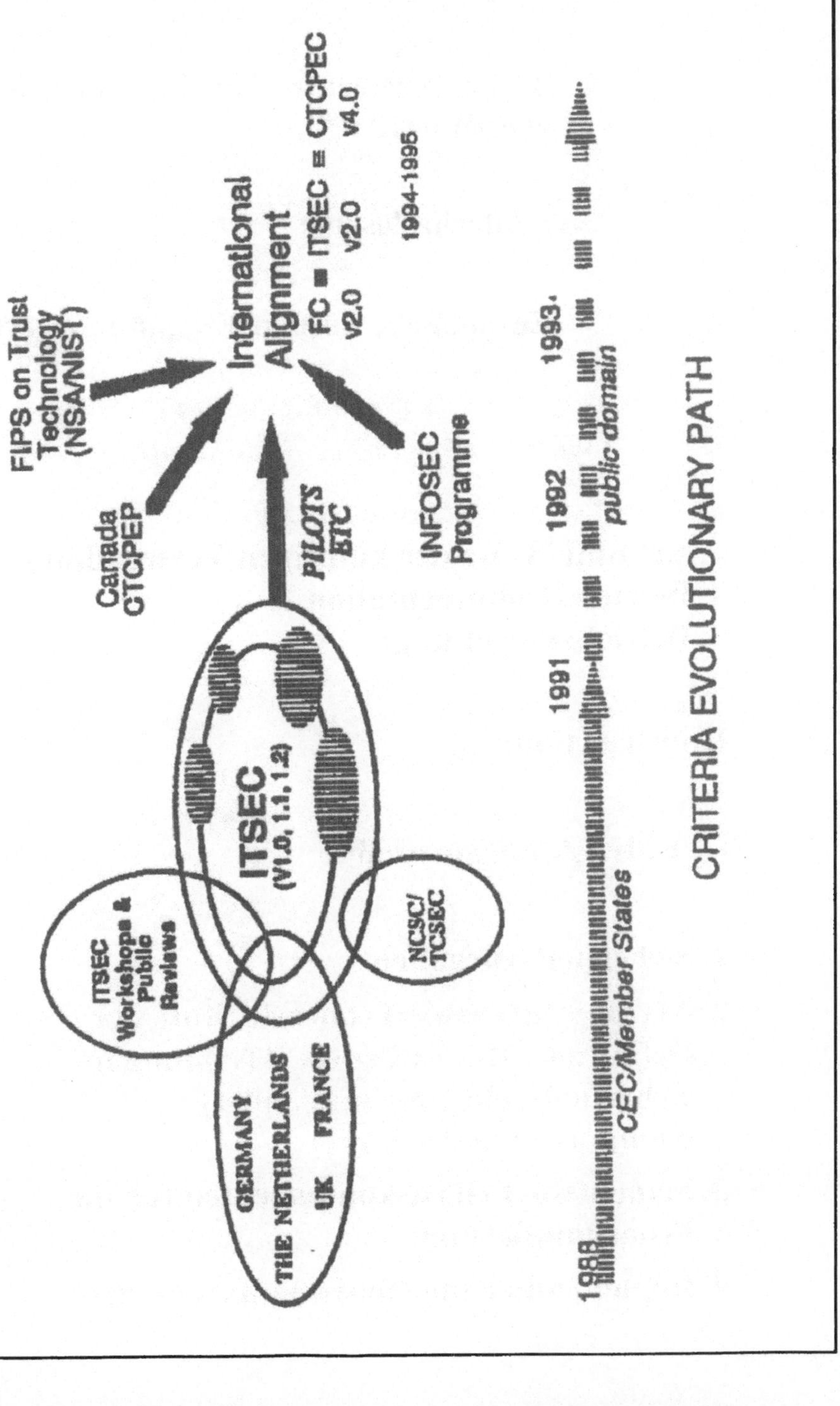

**Tendenz:**

- **langfristig !**

- **die heute geplanten Termine sind nicht einhaltbar!!**

**==> Interimslösung:**

- **Europäische Norm (CEN) auf Basis ITSEC**

**Theresa F. Lunt**

# Inference Control for relational databases

**Abstract**

*Multilevel relational databases store information at different security classifications. An inference problem exists if it is possible for a user with a low clearance to draw conclusions about information at higher classifications. We are developing a new tool, called DISSECT, for analyzing multilevel relational database schemas to assist in the detection and elimination of inference problems. This tool would be used interactively by a data designer to analyze a candidate database schema for potential inference problems. DISSECT creates a graphical representation of the multilevel database schema and of discovered potential inference channels in the database. Inferences can be blocked by upgrading the classification of some of the foreign key relationships. DISSECT will then discover any new inference problems that may have been introduced by the repair of previously-detected problems.*


# 1   Introduction

Multilevel database systems contain data at different security classifications and serve users with a variety of clearances. It is critical to ensure that users cannot access data classified above the level to which they are cleared. One difficulty of providing this assurance in a database system is that highly classified data may be inferred from data classified at a lower level; allowing access to such low-level data, then, is tantamount to allowing access to the higher-level data and must be prevented.

---


*This paper describes research performed jointly with Mark E. Stickel, Thomas D. Garvey, and Peter D. Karp of SRI's Artificial Intelligence Center and Xiaolei Qian of SRI's Computer Science Laboratory. This research was supported at SRI by the U.S. Air Force, Rome Laboratory and the U.S. Department of Defense, Advanced Research Projects Agency, under contract F30602-91-C-0092.*

An *inference problem* in a multilevel database arises when a user with a low clearance, accessing information of low classification, is able to draw conclusions about information at higher classifications. An inferential link that may allow information to flow from a high security class to a low security class is termed an *inference channel.*

The advent of operational multilevel database systems brings the capability for enforcing multilevel security policies that prohibit the unauthorized disclosure of information to uncleared or insufficiently cleared individuals. However, multilevel database systems do not provide effective mechanisms for preventing an unauthorized person from inferring high information from low data. The problem of characterizing, detecting, eliminating, and alleviating such inference channels is a different problem that has received relatively little formal attention and may ultimately be of much greater significance than the access-control problem. In general, preventing inference channels in multilevel databases is exceedingly difficult. Even if we could find all possible problems that are explicitly present in a database, it might be impossible to handle the situation where an inference channel is completed through the use of information that is available to the person performing the inference, but that is not explicitly represented in the database.

Some of the difficulties with identifying inference channels arise from the following issues.

- The channels may involve lengthy chains of inference.

- Certain knowledge about the database may exist as implicit rules or constraints embedded in programs, and may not be explicitly available as part of the database definition.

- Even though sensitive information may not be directly inferable, it may be *partially inferable* in that unclassified information may allow a user to reduce the set of possible values that can be assigned to a classified datum.

- A low user may have access to externally available information, which, when combined with the information to which he has legitimate access, may allow the inference of high information.

- The security manager may have improperly classified information that is generally known by unclassified users believing that other classified information is thereby protected.

Preventing all inference of sensitive information by uncleared individuals is a problem of overwhelming difficulty. Its solution requires, in principle, a complete model of all knowledge and information that might be used to infer the sensitive data, which is generally impractical, as well as the ability to recognize all sensitive implications of that information, which is generally impossible.

In [6] we distinguish between so-called *abductive inference channels* and *deductive inference channels.* Both allow derivation of highly classified data from low data, but deductive inferences can be completed using only data in the database, while abductive inferences can be completed by using data outside the database as well. Detecting abductive inference channels may require an unlimited amount of reasoning about what the user might be expected to know in general and about the domain of the database in particular.

To avoid this requirement for unlimited reasoning, in this paper we consider only a subclass of deductive inference channels that we call *compositional channels*. A relationship can be inferred between any pair of entities that are connected by a sequence of foreign key relationships. If a table contains a foreign key to a second table, then there is a functional relationship from entities described by the first table to entities described by the second. A foreign key relationship from the second table to a third implicitly defines a *composed* functional relationship from entities described by the first table to entities described by the third. If there is another sequence of foreign key relationships connecting the first and third tables, and accessing the two sequences may required different security clearances, there may be a compositional channel, since the two sequences of foreign key relationships may describe the same or a too closely related relationship between the first and third entities.

In this paper we describe a tool to assist the database designer in detecting potential sources of inference problems and in eliminating them. At present, detection is limited to identifying pairs of entities that are connected by more than one sequence of foreign key relationships, i.e., finding potential compositional channels. Whether the paths describe the same or a too closely related relationship is not determinable automatically, so it will be up to the database designer to decide whether the potential channel poses a real problem. If the database designer concludes that the channel is indeed a problem, it can be broken by upgrading some foreign key attribute in the low path.

We translate definitions of multilevel relations, specified in MSQL, into an equivalent graphical representation. We have implemented the first version of our tool, DISSECT (Database Inference System Security Tool) [7, 18] using a system called Grasper-CL [10] that provides direct support for graphical constructs such as nodes, edges, hypernodes, and subgraphs as language primitives, as well as programmatic and interactive access to the primitives. DISSECT is an interactive tool for recognizing inference channels in multilevel relational databases and for assisting in their removal. Future work will address interactive recognition of partial inference channels, based on probabilistic inference methods. DISSECT is designed to work in conjunction with the prototype SeaView [14] multilevel database system.

We have focused on the analysis of the schema of the database, rather than on the data itself. This approach has the advantage that it can be accomplished at database design time, rather than having to be invoked for every query. Furthermore, since every data-level channel is a reflection of a channel at the schema level, eliminating a single schema-level channel can eliminate a multitude of data-level channels. However, in certain circumstances it may be either impossible or impractical to remove all schema-level channels; for these cases, we have specified tests to be made at query time to ensure that potential data-level channels are recognized [18].

## 2   Multilevel Security

A multilevel database system supports data having different classifications or *access classes* and users having different clearances. In the most general case, the ability to individually classify atomic facts in a database is required. In the relational model, this means that data is classified at the level of individual data elements.

### 2.1   Access Classes

A security classification, or access class, consists of a hierarchical level and a set of categories. The set of access classes is organized as a lattice with a partial ordering relation called *dominates*, represented by $\geq$. Access class $L_1$ is said to dominate access class $L_2$ if the hierarchical level of $L_1$ is greater than or equal to the hierarchical level of $L_2$ and the set of categories of $L_1$ contains the set of categories of $L_2$. Access class $L_1$ is said to *strictly dominate* access class $L_2$ if $L_1$ dominates $L_2$ and $L_1$ is not equal to $L_2$.

### 2.2   Access Control Rules

The access control requirements for multilevel security are formalized by two rules, the first of which protects data from unauthorized disclosure, and the second of which protects data from contamination [1].

1. A subject $S$ is may read data of access class $c$ only if $class(S) \geq c$, and
2. A subject $S$ may write data of access class $c$ only if $class(S) \leq c$.

In the above rules, a *subject* is a process acting on a user's behalf; a process has a clearance level derived from that of the user.

Multilevel security means that a multilevel relation will appear differently to users with different clearances, because not all data are authorized to all users.

## 3   Multilevel Relations

In a relational database, a relation defines an *entity type*, and each of its tuples represent real-world entities of that type. Thus, a multilevel relation defines a multilevel entity type, and each of its tuples represent multilevel real-world entities.

We represent a multilevel relation $R$ by a schema $R(A_1, C_1, \ldots, A_n, C_n)$, where each data attribute $A_i$ has a corresponding *classification attribute* $C_i$. Figure 1 illustrates a multilevel relation with three data attributes. In the figure, the label "S" means the data is classified secret; the label "TS" means top secret.

The name of a relation $R$ also has a classification, which we denote by $class(R)$. $Class(R)$ must be at least as low as the classification of any data contained in the relation. A relation $R$ can be accessed by any user whose clearance dominates $class(R)$. However, the user can

| $A1$ | $C1$ | $A2$ | $C2$ | $A3$ | $C3$ |
|------|------|------|------|------|------|
| mad  | S    | 17   | S    | x    | S    |
| foo  | S    | 34   | S    | w    | TS   |
| ark  | TS   | 5    | TS   | y    | TS   |

Figure 1: Multilevel Relation $R$

see only data that is dominated by their clearance, even though the multilevel relation may actually contain higher-level data. Figure 2 shows a secret view of the multilevel relation of Figure 1.

| $A1$ | $C1$ | $A2$ | $C2$ | $A3$ | $C3$ |
|------|------|------|------|------|------|
| mad  | S    | 17   | S    | x    | S    |
| foo  | S    | 34   | S    | null | S    |

Figure 2: Secret Relation Instance

## 3.1   Multilevel Relational Integrity Rules

Multilevel security affects the data model because not all data are visible to all users. One effect involves two basic properties: entity integrity and referential integrity. A complete definition of the multirelational model, including a discussion of its effect on integrity, can be found in [13].

A *primary key* is an attribute or set of attributes of a relation that uniquely identifies a real-world entity and therefore also a tuple in the table. *Entity integrity* states that no tuple can have null values for any primary key attribute. In the multilevel case, this means that within a tuple all the primary key elements must have the same access class. Otherwise, a low user would see null values for some of the primary key elements. For example, if the first two data attributes form the primary key, the tuple (10, S, X, TS, 17, TS) has primary key elements with different access classes. A secret user's view of the tuple is (10, S, null, S, null, S), which violates entity integrity because part of the primary key appears to be null.

The primary key class must also be at least as low as the access classes of all other elements in the tuple; otherwise a low user would see nulls for the primary key. For example, if the first two data attributes form the primary key, the tuple (20, TS, Y, TS, 34, S) has a primary key class greater than the class of the remaining data element. A secret user's view of the tuple is (null, S, null, S, 34, S) which violates entity integrity because the primary key appears to be null. These rules are called multilevel entity integrity [13].

A *foreign key* is an attribute or set of attributes of a relation that refer to another entity (tuple) in another multilevel relation. *Referential integrity* states that no tuple in a relation can refer to another tuple unless the referenced tuple exists. In a multilevel database, this means that a tuple of a low access class cannot refer to a tuple of a high access class because the referenced tuple would appear to be nonexistent to users with low clearances. In the multilevel relational model, the foreign key value and classification must match the value and classification of the primary key of some tuple in the referenced relation; this property is called *multilevel referential integrity* [13].

## 3.2   Specifying Multilevel Relations

The MSQL query language is an extension of the standard Structured Query Language (SQL) with extensions to support security labels. MSQL includes facilities for querying, updating, and defining multilevel data [15]. The MSQL facility for specifying multilevel relations is a direct extension of the SQL `create table` statement. The extensions are as follows.

### 3.2.1   Attribute Class Types

A classification domain can be specified for an attribute as either a range or an enumerated set. Data entered for the attribute must have a classification that falls within the specified range. When no classification domain is specified for an attribute, the default domain contains the single level that is the access class of the relation name. If the lower and upper bounds of an attribute range are the same, then the attribute is single-level.

For example, the following two `create table` statements define the multilevel relations called Operation and Exercise.

```
create table operation
    operation-name primary key (U),
    plan-originator (U),
    first-op-code-name (U),
    second-op-code-name (U);

create table exercise
    exercise-name primary key (U),
    add-identifier (U),
```

We see that the table Operation has attributes (column names) Operation-name, Plan-originator, First-op-code-name, and Second-op-code-name, where Operation-name is the primary key for the relation. We also see that the values for all of the attributes must be unclassified, as designated by the 'U' in parenthesis following the attribute declaration.

We also see that the table Exercise has attributes Exercise-name and Add-identifier, where Exercise-name is the primary key and again all the values for both of the attributes must be unclassified.

### 3.2.2  Attribute Groups

Uniformly classified attributes are those that have the same classification within any tuple. Uniformly classified attributes are designated in MSQL by defining attribute groups. If all the attributes of a multilevel relation belong to a single uniformly classified attribute group, then all tuples are single-level. If, in addition, the classification range for the attribute group contains only a single access class, then the relation is single-level.

For example, the following `create table` statement defines the multilevel relation called Rule-of-engagement.

```
create table rule-of-engagement
    group (rule-id, date-from) primary key (U),
    seq-num (U),
    operation.operation-name (foreign key on operation) (U),
    exercise.exercise-name (foreign key on exercise) (U),
    description (S,TS);
```

We see that the table Rule-of-engagement has attributes Rule-id, Date-from, Seq-num, Operation-name, Exercise-name, and Description. Here Rule-id and Date-from are "grouped" to share a common label; that is, they are defined to be a uniformly classified group. This means that within every tuple of the multilevel relation, these two attributes share a common label. We see that this group is defined to be the primary key for the relation. (The multilevel relational model requires that the set of attributes forming the primary key must be uniformly classified [13].) We also see that the values for all of the attributes with the exception of the Description attribute must be unclassified, as designated by the 'U' in parenthesis following the attribute declaration. The classifications for all values of the attribute Description are specified to fall within the range secret to top-secret, as designated by the range (S,TS) following the attribute specification. In addition, the attribute Operation-name is specified to be a foreign key to the previously defined multilevel relation Operation, and the attribute Exercise-name is specified to be a foreign key to the previously defined multilevel relation Exercise.

## 4  A Graphical Representation

A graphical representation of the multilevel database schema is a graph with nodes and edges and a mapping to the set of security classifications where the *edge security property* holds, which says that the classification of an edge dominates those of the nodes it connects. Our inference channel detection methods assume the edge security property, which ensures that it is sufficient to consider only the classification of the edges in detecting inference channels.

In our graphical representation, nodes represent attributes, hypernodes (i.e., a collection of nodes) represent sets of attributes, and edges represent binary relationships between attributes. Every node or edge is labeled with the name of the attribute or relationship it represents, together with its security classification or range of allowed classifications.

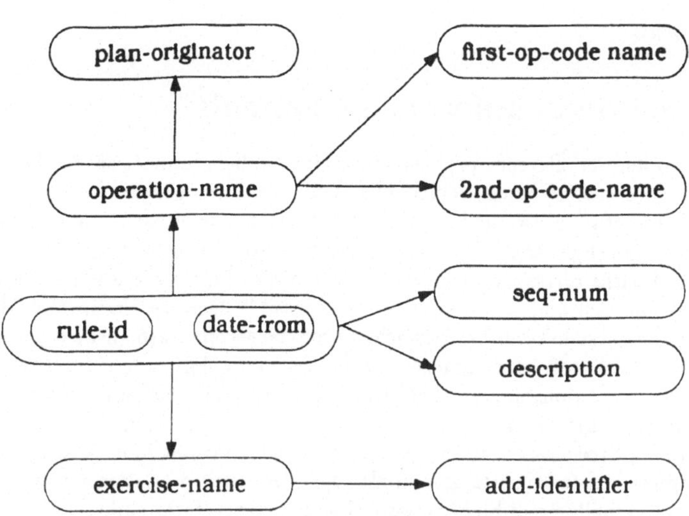



Figure 3: Graphical Representation of Sample Relations

In the mapping, a hypernode is used to represent the set of primary key attributes for a multilevel relation (a node is used to represent the primary key if the primary key contains only a single attribute). In addition, there is a node to represent every non-key attribute that is not a member of any foreign key. Each of these is labeled with the corresponding label of range of labels from the schema definition of the multilevel relation. There are edges to every non-key attribute that does not form part of any foreign key from the (hyper)node that represents its primary key; these are labeled with the classification or range of classifications of the attribute.

In addition, for every attribute foreign key, there is an edge from the (hyper)node that represents the primary key of the relation containing the foreign key to the (hyper)node that represents the primary key of the referenced relation. This edge is labeled with the classification or range of classifications specified for the foreign key in the schema definition of the multilevel relation.

For example, the sample relations sefined in Section 3.2 above are mapped to a graphical representation as shown in Figure 3.

¿From the mapping we see that no nodes correspond to foreign keys; foreign keys are represented purely by directed edges. Moreover, there are no outgoing edges from, and exactly one incoming edge to, nodes representing non-key attributes. Thus the non-key attributes do not form part of any path (a *path* is formed from a set of edges by connecting the head of one edge to the tail of another); a ny intermediate node in a path must represent the primary key of some relation. It is sufficient for schema to satisfy the multilevel entity integrity and multilevel referential integrity properties for the graph to satisfy the edge security property.

## 5  Detection of Inference Channels

We consider potential inference problems involving explicit connections in the database. In particular, a potential inference problem of a class we call *compositional channels* exists if, in the graph representation, two nodes are connected by a pair of paths whose edges represent foreign key relationships, that may have different security classifications.

The pair of paths correspond to certain relationships between the attributes represented by their first and last nodes. Suppose $L_1$ is a possible security classification for the first path and $L_2$ is a possible security classification for the second path. If $L_1$ strictly dominates $L_2$, then the second path may compromise the first path, but only if the two paths really describe the same relationship, or if knowledge of the second relationship leads to knowledge of the first relationship. It is certainly possible — indeed common — for attributes to be connected by multiple paths that are unrelated enough to result in no security compromise. Moreover, unless a path consists of a single edge, the derived relationship between its end nodes may not actually be as highly classified as the edges (information derived from secret information isn't always secret) and the existence of alternate pathes with lower security classification may be of no concern. Thus, when possible inference channels are discovered, the database designer must determine whether a pair of paths represents a real inference problem.

Standard graph search methods are employed to construct all acyclic paths, with or without an additional bound on their length. The path construction process is generic and all paths are constructed regardless of their security classification.

It is important to uncover all inferences, not just inference channels, because eliminating one inference channel may create another.

## 6  Removing Discovered Problems

Once an inference channel has been identified, it must be eliminated by somehow breaking the logical chain from low data to high data. The choice of the best point to break the chain may be determined by several factors. In principle, it is desirable to upgrade as little information as possible.

DISSECT will use a *minimal upgrading principle* to isolate the minimal set of data which, when upgraded, will remove the identified channels. This is a focus of our current research [18]. Where upgrading is impractical, cover stories can be used [5].

After a set of inference problems has been identified, they must be eliminated. An inference channel can be eliminated by upgrading the security classification of one or more of its inputs. This can be viewed as a combinatorial optimization problem: to minimally upgrade security classifications to satisfy the constraint that (the least upper bound of) the security classification of the inputs to an inference dominates the security classification of the result.

It may not be necessary or desirable to eliminate all inference channels at design time. The existence in the database schema of paths representing an inference channel does not necessarily imply a real inference problem. The database may not actually contain a set of tuples that form an instance of the path. If a range of security classifications is possible, tuples that would constitute an inference channel might be individually classified to preclude it. If so, uniform upgrading of attributes at design time would be unnecessary and would reduce the utility of the database to its users. We can leave some prospective inference channels in the database schema, but introduce query-time and update-time tests to determine if the tules being added to the database complete an actual inference channel.

# 7 DISSECT: A Graphical Tool for Inference Analysis

Among the difficult challenges to be faced by the first designers of applications using multilevel database systems is that of labeling the data elements and tuples in such a way that

- the labels accurately reflect the real-world classification of the information, and

- the labels adequately protect the information from inference.

The first of these two aims is often difficult, but in general it is expected that the task of assigning labels to data that accurately reflect the real-world classification of the information will be within the grasp of the data designer. However, the second of these two aims, that of ensuring that the assigned labels adequately protect the information from inference, will be much more difficult, if not impossible, for the human data designer to attain. An automated tool that can identify potential inference channels would contribute greatly to the overall assurance that the data was secure. We describe here our method for developing such a tool, called DISSECT (Database Inference System Security Tool).

It has been shown that many inference problems can be avoided by proper data design [12]. Thus, we have focused our research on the design of a tool to detect such problems at data design (or redesign) time. Such an approach will not detect the additional inference problems that may depend on the actual values of the data rather than depending simply on the design of the multilevel data structures (we discuss this issue further in Section 9). However, this approach is appropriate for three reasons. First, it promises to address a large portion of the inference problem. Second, it is a much simpler problem to address the problems that arise at data design time. Third, the analysis need only be performed at data design (or redesign) time, a relatively infrequent occurrence. Fourth, the analysis can be performed with no modification to the database system itself. To address the problems that depend on the values of the data, not only is the scope of the analysis much larger, but it must be redone each time the database changes, and there must be significant reengineering of the database system itself to introduce the new mechanisms that would be required.

DISSECT is designed to depict the graphical representation of a multilevel database, to allow "graphical proofs" to be constructed for possible inference channels, to present those channels graphically, and to provide facilities for repairing detected channels.

To detect potential inference channels automatically, we look for multiple paths of different security levels between the same two end nodes. If any semantic correlation exists between the relationships described by the multiple paths, there may be an inference channel. It is then necessary to appeal to a human expert, such as the database designer, to determine whether this connection represents an actual inference channel.

Creating a graphical proof requires several steps. First, the MSQL description of the database schema that we are given must be translated into a Grasper-CL graph. The Grasper-CL graph must then be drawn and examined by an inference-channel algorithm. The graphical interface is implemented in Common Lisp using a high-level package for graph display and manipulation, Grasper-CL. The translation of multilevel database schemas written in MSQL into Grasper-CL graphs is described in Section 7.2 and facilities for displaying database schemas are described in Section 7.3. Section 7.4 illustrates DISSECT's identification of a potential inference problem.

## 7.1  Use of DISSECT

We envision that DISSECT will be used as follows. The data designer responsible for designing the multilevel relations that support an application, will develop a candidate design encoded in a the database schema. The data designer defines these data structures to the database system using the data definition language provided as part of MSQL, as illustrated in Section 3.2 above.

Once these table definitions have been declared, the data designer will use DISSECT to analyze the candidate design for potential inference problems. (Such analysis may also be done incrementally as the data designer first builds a subset of the tables and then adds to this collection.) DISSECT will take the database schema (that is, the MSQL multilevel relation declarations) as input and will display the data design graphically on its screen. DISSECT will display discovered potential inference problems, and will suggest a number of redesigns to remove the problem.

When DISSECT discovers an inference chain, it may be possible to remove the problem through raising the classification of some critical node or arc (attribute or table) on the graph, or through splitting relations to remove or upgrade associations among attributes. Once the changes have been made, the data designer would re-run DISSECT to ensure that no new inference problems have been introduced by the restructuring. In some cases it may not be practical to upgrade some critical piece of information; in this case a cover story may be appropriate [5].

DISSECT can be used iteratively by the data designer as new relations or constraints are added to the database. DISSECT will check for new inference channels, query the user for new inference rules, and recommend steps to eliminate any that are uncovered.

We have designed DISSECT to work in conjunction with the prototype SeaView multilevel database system currently being developed at SRI[1].

## 7.2   A Translator from MSQL to Graph Structures

We implemented a translator that accepts as input a definition of the database schema in a subset of the MSQL language. As output, the translator encodes the schema as a graph. The graph data structure is implemented using the Grasper-CL graph manipulation system.

The translator is implemented as two components. The first component is based on an SRI MSQL parser. As the parser recognizes constructs in the MSQL language, it emits equivalent expressions in a Lisp-based intermediate encoding. The second component reads the Lisp-based intermediate encoding, and produces the graph-based encoding. The first component is implemented using the C language and the YACC parser generator; the second is implemented in Common Lisp.

The graph-based encoding consists of two sets of nodes, $R$ and $A$. Set $R$ contains one node for each relation in the database schema. Set $A$ contains one node for every attribute in every relation in the schema. When two relations $R_1$ and $R_2$ contain attributes of the same name, two distinct nodes would be created in $A$.

Nodes in sets $R$ and $A$ contain annotations that relate relations to their attributes, so that for any attribute we can determine the relation it is defined within, and for any relation we can determine the attributes it contains. Some attributes contain additional annotations that encode such information as whether the attribute is a primary key attribute, whether its value may be null, and its security label. Once sets $R$ and $A$ have been created, the translator identifies relationships declared in the schema and creates edges in the graph for them.

In the Grasper-CL implementation of the graph-based encoding, the sets $R$ and $A$ are implemented as two different Grasper-CL spaces; each node within $R$ and $A$ is implemented as a Grasper-CL node. The annotations at each node are implemented as Grasper-CL data tuples, which allow the annotations to be easily queried or altered.

## 7.3   Display of Database Schemas

Once the schema has been translated to a Grasper-CL node graph, it can be displayed in two ways: full view and table view. Figure 4 shows the full view, which displays every attribute of every relation. The display is organized so that the attributes within each relation are clustered in two parallel columns. The attributes making up the primary key are in the left column; non-key attributes are in the right column. At the next level or organization, the clusters are placed in a rectangular array. A rectangle is drawn to enclose each group of attributes composing a primary key. Arrows are drawn between attribute nodes when a many-to-one or a many-to-many relationship exists between the attributes.

---

[1]SRI's SeaView project, funded by Rome Laboratory, has produced a design for a multilevel, secure, database system. SeaView extends the relational data model to explicitly include the classifications of individual data elements. SeaView is currently implemented on the Compartmented Mode Workstation.

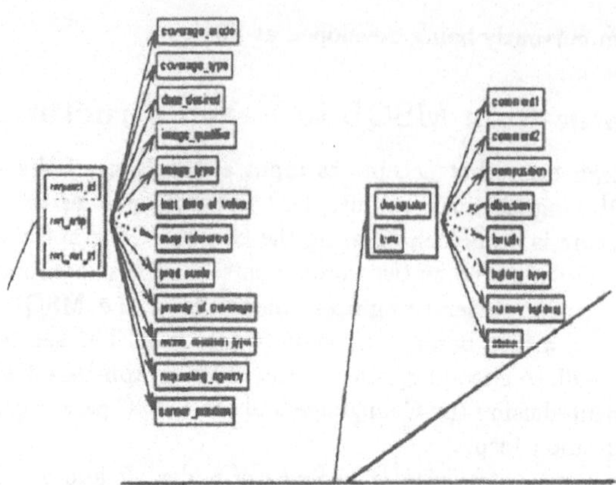

Figure 4: Full View of a Database Schema

The table view shows relation names only, where each relation is displayed as a single node. Edges between the relation nodes are drawn to denote foreign-key relationships and many-to-many relationships. Figure 5 shows a sample table-view display. The nodes are positioned in a two-dimensional array. The table view is derived from the full view.

## 7.4 Identifying Potential Inference Channels in DISSECT

As described earlier, the most basic form of potential inference channel that we look for is one where two tables are connected by multiple paths with different security classifications. Once these multiple paths are detected, it is up to the human user of DISSECT to ascertain whether the paths represent relations that are semantically similar enough that a lower-classification path compromises a higher-level path.

We use Grasper-CL operations to construct all acyclic paths between pairs of nodes using edge information in the table view. For each pair of nodes connected by multiple paths with different security classifications, we can display a table view restricted to the participating relations.

In Figure 6, we show a potential inference problem discovered by DISSECT. In this case, there are multiple paths with different classifications between Mission-choice and ABP. Some paths are unclassified, while those that include the edge from Request to Package are secret. Paths that include the edge from Planned-mission to Unit-aircraft-status may be unclassified or secret, depending on the classification of individual tuples. At this point, the human user must determine whether the potential inference problem is of concern and should be eliminated.

By having DISSECT highlight all potential inference channels, the user can then focus on the most significant problems. As problems are removed by upgrading, DISSECT can

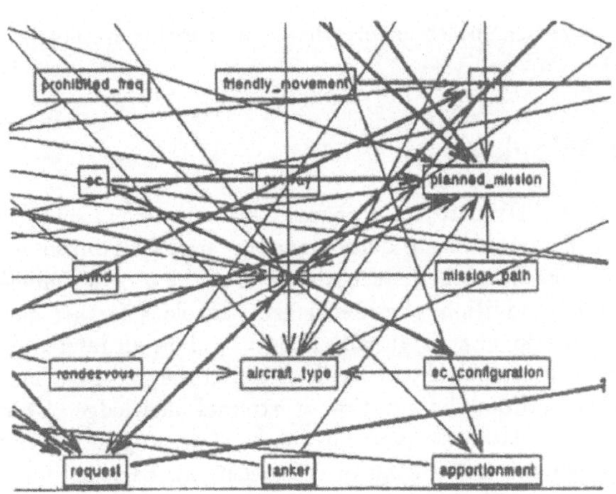


Figure 5: Table View of a Database Schema

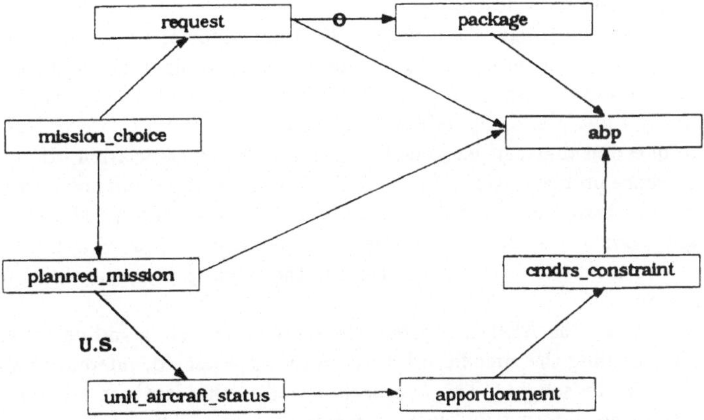


Figure 6: Detection of a Potential Inference Problem

re-examine the database schema to ensure that new channels are not introduced by repairs to existing ones.

## 8　Related Work

The LOCK Data Views (LDV) project proposed a *history mechanism* that would use a set of history files and classification rules to detect inference problems during query processing [4]. The mechanism can upgrade both the security level of the process handling the user query and the query result. In addition, the mechanism can block further queries if returning a result would add enough to what is already known to allow an inference to be made. This proposed mechanism restricts itself to what is stored in the database and does not consider inferences that may arise from the addition of external knowledge. This mechanism must also be invoked with each database query; in contrast, we propose a tool that need be used only during data design and not during query execution. Each approach is likely to offer advantages in detecting specific types of inferences.

Thuraisingham has proposed representing data semantics and classifications by multilevel semantic nets [23]. Graph traversal in semantic nets corresponds to limited inference. The classification of implied links found by graph traversal is determined by the classifications of the traversed links. Auxiliary semantic nets can be used to express security constraints. Theoretically stronger representations based on Sowa's conceptual graphs [22] are also suggested. Thuraisingham proposes to represent data instances in these graphs, whereas our method represents data definitions only. Thus, our graphs will be much smaller and the analysis more computationally tractable.

A method proposed by Hinke was used in TRW's prototype secure database system [8]. His method uses an inference detection tool to detect potential inference problems from the database schema. However, rather than modify the data structures to remove the problem, the method merely runs queries periodically to detect whether there are in fact tuples in the relations in question that can be joined to give a sensitive association. If any data are returned, an inference problem exists. In the TRW prototype, the results of such queries are recorded in an audit trail for subsequent analysis by a security officer, who can then take steps to reclassify some of the data in an attempt to remove the problem. In contrast, our approach intends to eliminate potential problems to the extent possible, avoiding continuous runtime monitoring.

Hinke later proposed the AERIE approach to inference modeling and detection [9]. The approach requires naming the specific information to be protected; inference paths to this information will then be sought. The approach describes the database schema, the data, and the sensitive target information using conceptual graphs. The approach also requires that general knowledge and domain-specific information be expressed as a conceptual graph; these will be used in the inference analysis. This work, while still very preliminary, is in many respects similar to ours and to Thuraisingham's. One major difference is that we do not propose to represent all common and domain-specific knowledge; we will use a more limited set of external information and assumptions.

Morgenstern [16, 17] took the approach of characterizing the inferential closure of a core of unclassified information, with the aim of determining whether any classified information fell within the closure. When this occurs, an inference channel exists. The inferential closure includes all statements for which the relative change from the prior knowledge (expressed as its entropy) for the statement, given statements in the core, is greater than some threshhold. The threshhold is a parameter that will determine the size of the closure. This work, while theoretically appealing, has proven impractical for realistic problems.

Buczkowski [3] proposed a probabilistic approach, based on Bayesian probability, as a more practical approach to estimating the security risk due to partial inferences. This approach is appealing from a practical perspective, except that a great deal of probabilistic information is necessary that is typically quite hard to estimate precisely [11, 20, 19, 21]. We are investigating the use of evidential reasoning to alleviate these difficulties. Evidential reasoning permits beliefs to be attached to disjunctions of statements, rather than requiring they be assigned to singletons in the universe of discourse. Unlike Buczkowski, we do not require precise probabilities when they are not known.

Binns has proposed an approach to detecting inference problems through what he calls *secondary path analysis* [2]. His approach seeks matches on any two columns with the same name to create a path. If there are two paths between two entities, where one path is classified higher than the other path, a potential inference problem exists. His general idea is similar to ours, except that we create paths using foreign-key relationships to produce exact inferences. Matching on column names does not account for explicitly declared relationships, such as foreign-key relationships, and will result in possibly many erroneous paths where no relationship was intended. However, we plan to extend our algorithm to include inexact relationships, such as constraints.

## 9    Conclusions and Future Work

The work reported here provides a strong foundation for our attack on the inference problem. We can detect and eliminate inference channels based on foreign-key relationships. Similar methods could be used to recognize inference channels based on other explicit many-to-one or one-to-one relations. In particular, we now have the basis for automatically detecting channels due to constraint rules that, while part of the many database implementations, are typically not part of the database schema.

We have completed an initial implementation of DISSECT, a graphical tool that will help a database designer to recognize inference problems interactively. The designer can then decide whether potential problems discerned by the tool are actual inference channels that need to be eliminated.

We are currently working to increase the interactive capabilities of DISSECT to analyze databases. We are also adding facilities to reason with various types of integrity constraints. Up to now, we have focused on logical channels only; shortly, we plan to investigate probabilistic channels as well. To address the problem of quantifying the risk of inference of sensitive information, we will define a formal theory of partial inference as probabilistic inference.

Our work to date has provided a foundation for developing solutions to the difficult problem of recognizing inference channels in databases. While the general inference problem is much too difficult to be solved at this time, we have made progress on defining and characterizing approaches for recognizing and eliminating (or ameliorating) important types of inference channels. This is significant, because inference channels can undermine any assurances of confidentiality in multilevel databases and knowledge bases. We believe that it will be impossible in practice to eliminate all important channels without involving the database designer or other domain experts in the analysis of the database and we have focused our developments accordingly.

# References


[1] D. E. Bell and L. J. LaPadula. *Secure Computer Systems: Unified Exposition and MULTICS Interpretation.* Technical Report ESD-TR-75-306, The MITRE Corporation, Bedford. Massachusetts, March 1976.

[2] L. J. Binns. Inference through secondary path analysis. In *Proceedings of the Sixth IFIP Working Conference on Database Security*, August 1992.

[3] L. J. Buczkowski. Database inference controller. In D. L. Spooner and C. Landwehr, editors, *Database Security III: Status and Prospects.* North-Holland, 1990.

[4] P. Dwyer, E. Onuegbe, P. Stachour, and B. Thuraisingham. *Secure Distributed Data Views—Implementation Specification for a DBMS.* Interim Report A005, Honeywell Systems Research Center and Corporate Systems Development Division, May 1988.

[5] T. D. Garvey and T. F. Lunt. Cover stories for database security. In *Proceedings the Fifth IFIP WG 11.3 Workshop on Database Security*, November 1991.

[6] T. D. Garvey, T. F. Lunt, and M. E. Stickel. Abductive and approximate reasoning models for characterizing inference channels. In *Proceedings of the Fourth Workshop on the Foundations of Computer Security*, June 1991.

[7] T.D. Garvey, T.F. Lunt, X. Qian, and M.E. Stickel. Toward a tool to detect and eliminate inference problems in the design of multilevel databases. In *Proceedings of the IFIP TC11/WG11.3 Sixth Working Conference on Database Security*, pages 159–177, August 1992.

[8] T. H. Hinke. Inference aggregation detection in database management systems. In *Proceedings of the 1988 IEEE Symposium on Security and Privacy*, April 1988.

[9] T. H. Hinke and H. Delugach. AERIE: An inference modeling and detection approach for databases. In *Proceedings of the Sixth IFIP Working Conference on Database Security*, August 1992.

[10] P. D. Karp, J. D. Lowrance, and T. Strat. *Grasper-CL User's Guide.* Technical report, Artificial Intelligence Center, SRI International, Menlo Park, California, June 1992.

[11] T. Y. Lin. Commutative security algebra and aggregation. In *Proceedings of the Second RADC Database Security Workshop*, Franconia, New Hampshire, May 1989.

[12] T. F. Lunt. Aggregation and inference: Facts and fallacies. In *Proceedings of the 1989 IEEE Symposium on Research in Security and Privacy*, May 1989.

[13] T. F. Lunt, D. E. Denning, R. R. Schell, W. R. Shockley, and M. Heckman. The SeaView security model. *IEEE Transactions on Software Engineering*, June 1990.

[14] T. F. Lunt and D. Hsieh. The SeaView secure database system: A progress report. In *Proceedings of the 1990 European Symposium on Research in Computer Security*, October 1990.

[15] T. F. Lunt, R. R. Schell, W. R. Shockley, M. Heckman, and D. Warren. Toward a multilevel relational data language. In *Proceedings of the Fourth Aerospace Computer Security Applications Conference*, December 1988.

[16] M. Morgenstern. Security and inference in multilevel database and knowledge-base systems. In *Proceedings of the ACM International Conference on Management of Data (SIGMOD-87)*, May 1987.

[17] M. Morgenstern. Controlling logical inference in multilevel database systems. In *Proceedings of the 1988 IEEE Symposium on Security and Privacy*, April 1988.

[18] X. Qian, M. E. Stickel, P. D. Karp, T. F. Lunt, and T. D. Garvey. Detection and elimination of inference channels in multilevel relational databases. In *Proceedings of the 1993 IEEE Symposium on Research in Security and Privacy*, May 1993.

[19] E.H. Ruspini. Imprecision and uncertainty in the entity-relationship model. In C.V. Negoita and H.E. Prade, editors, *Fuzzy Logic and Knowledge Engineering*, pages 3–17. Verlag TÜV Rheinland, Cologne, 1986.

[20] E.H. Ruspini. Epistemic logic, probability, and the calculus of evidence. In *Proceedings of the Tenth International Joint Conference on Artificial Intelligence*, Milan, Italy, 1987.

[21] E.H. Ruspini. The logical foundations of evidential reasoning. Technical note 408, Artificial intelligence Center, SRI International, Menlo Park, California, 1987.

[22] J. Sowa. *Conceptual Structures: Information Processing in Minds and Machines.* Addison-Wesley, Reading, Massachusetts, 1984.

[23] M. B. Thuraisingham. *The Use of Conceptual Structures for Handling the Inference Problem.* Technical Report M90-55, The MITRE Corporation, Bedford, Massachusetts, August 1990.

**Dr. Gerhard Klett**

# Sicherheitskomponenten für Client-Server-Architekturen, speziell für SAP R/3-Umfeld

**Kurzfassung**

In einer Welt, in der verteilte Anwendungen Daten oder Ergebnisse von Prozeduren verschiedener Rechner nutzen, ist der Schutz vor unberechtigtem Zugriff auf Daten und Programme besonders wichtig, da ja gerade der intensive Austausch von Informationen zwischen verschiedenen Rechnern Sinn und Zweck verteilter Systeme ist. Der Einsatz von heterogenen Rechnerkomponenten, bei deren Auswahl in erster Linie einfache Integrierbarkeit in vorhandene Strukturen bei niedrigen Systemkosten im Vordergrund stehen, gestalten den Informationschutz schwierig. Oft kommt noch hinzu, daß bei der Konzeption von Client-Server Applikationen nicht an den Informationsschutz gedacht wird aber dieser nachträglich um so stärker gefragt ist. Die nachfolgende Arbeit möchte in einem konkreten Umfeld die Probleme aufzeigen, die bezüglich Informationsschutz in einem verteilten System auftreten und Lösungsmöglichkeiten mit ihren Realisierungen aufzeigen.

## I. Problemfelder

Um Informationsschutz in einem Verbundsystem zu gewährleisten, sind folgende drei Problembereiche zu lösen:

- Es ist sicherzustellen, daß jedes Individuum, Mensch oder Prozeß, in dem betrachteten Verbund wirklich das ist, für das es sich ausgibt (Authentisierung).

- Der Zugriff auf Informationen und Prozesse muß gezielt einzelnen Individuen oder Gruppen erlaubt oder verboten werden (Autorisierung).

- Integrität und Vertraulichkeit von Informationen müssen sichergestellt sein.

In einer Client - Server Architektur sind die Clients überwiegend auf preiswerten, flexiblen DOS-PCs implementiert. DOS-PCs sind offene und - im Sinne des Informationsschutzes - sehr unsichere Systeme. Die Geschäftsvorgänge, die auf verteilte Systeme abgebildet werden, beinhalten aber überwiegend die Bearbeitung und den Austausch sensibler Daten. Die Gewährleistung von Sicherheit in solcher Infrastruktur gestaltet sich zu einer komplexen und schwierigen Aufgabe.

## II. Lösungsansätze

Die Open Software Foundation (OSF) hat mit der Ankündigung der Technologien ihres Distributed Management Environment (DME) Request for Technology (RFT) erste Lösungsansätze für die oben aufgeführten Problembereiche vorgestellt.

Für eine Autorisierung überprüft DME die Rechte eines Individuums bestimmte Operationen mit einem Objekt auszuführen. Die dazu benötigten Informationen sind als Rolleninformationen in Access Control Lists (ACLs) in einem sogenannten Secure Server gespeichert. Individuen sind bestimmte Rollen zugeordnet deren Einhaltung jeweils bei einem Zugriff auf ein Objekt vom Secure Server überprüft wird. Zur Authentifizierung werden die auf dem Kerberos-Dienst des MIT basierenden Authentifizierungsfunktionen des Distributed Computing Environment (DCE) / Remote Procedure Call (RPC) benutzt. Für die Wahrung von Integrität und Vertraulichkeit lassen sich zum Beispiel symmetrische Verschlüsselungen und Manipulationserkennungsverfahren auf der Basis von Prüfsummenbildung oder digitalen Unterschriften verwenden.

Alle drei Dienste beruhen im wesentlichen auf asymmetrischen und symmetrischen Verschlüsselungsverfahren und sind gemäß DCE in Form mehrerer Threads im Security Server realisiert.

Der Security Server stellt folgende Dienste bereit:

- Registry Service: Verwaltung der Datenbasis zur Registrierung aller Individuen, Gruppen und Accounts eines Subnetzes

- Authentification Service: Authentisierungsdienst eines Subnetzes, basierend auf dem Ticketmechanismus im Kerberos-Protokoll. Geheime Schlüssel werden in der Datenbasis des Registry Service verwaltet.

- Privilege Service: Zertifizierungsinstanz des Security Service; ein, von allen am Verbund partizipierenden Individuen, für vertrauensvoll gehaltene Autorität, die Zertifikate (im wesentlichen Schlüsselpaare) erzeugt und zuordnet.

Als Benutzer dieser Sicherheitsdienste haben Client-Server-Prozesse über verschiedene Programmierschnittstellen (APIs) Zugang zu den jeweiligen Diensten, die über RPC-Schnittstellen implementiert sind.


**SAP R/3 Umfeld**


Basistechnologische Merkmale des R/3 - Systems sind:


- Client - Server Architektur

- Relationale Datenbanken

- grafische Benutzeroberflächen

- ganzheitliche Informationsmodellierung.


Das Systemumfeld für R/3- Applikationen ist sehr ausgedehnt und umfaßt weit verbreitete Hardwarekomponenten, Betriebssysteme, Datenbanken und Dialogkomponenten. Im System selbst ist als Informationsschutzkomponente nur die Verwaltung von Benutzerprofilen im Rahmen eines Berechtigungskonzeptes implementiert. Authentisierung erfolgt über Passwords. Daten werden zwischen Client und Server im Klartext übertragen. Eventuell soll in einer späteren Version eine Datenkompression vorgenommen werden. Die Datenhaltung in einer relationalen Datenbank im Server erfolgt unverschlüsselt. Die Datenbanken sind auf Betriebssystemebene frei zugänglich; d.h. für eine Instanz (Person oder Prozeß), die diese Privilegien auf Betriebssystemebene besitzen, sind alle Eintragungen in den Datenbanktabellen lesbar. Wir wollen nun für jedes vorgehend aufgelistete Problemfeld mögliche Schutzmechanismen beschreiben.


*Authentisierung*

Die Authentisierung im R/3 Berechtigungskonzept erfolgt über einfache Passwords. Prinzipiell kann lokal bei Client- und Serversystem durch Einrichten von verfeinerten Authentisierungsmechanismen die Sicherheit gegen unberechtigten Zugang erhöht werden. Schwierig und von der jeweilig verwendeten Hardware/Betriebssystem-Kombination abhängig ist die Einrichtung eines "Single Sign On", d.h. eine einmalige Authentisierung am System, die bis zur Applikation durchgereicht wird.


*Autorisierung*

Das Berechtigungskonzept von SAP sieht ein hierarchisches Benutzerprofil zum Steuerung des Zugriffs auf Objekte vor. Jedem Benutzer werden ein oder mehrere hierarchisch gegliederte Profile für Objekte zugeordnet. Objekte können Datenfelder oder bestimmte Transaktionen, z.B. zum Ausdruck, zur Kommunikation etc., sein. Die Berechtigungsprofile sind in einer Art ACL abgelegt, die in der bei SAP verwendeten Terminologie Benutzerstammsätze genannt werden.

*Vertraulichkeit*

Wie bereits zuvor erwähnt, werden Daten in R/3-Applikationen im Klartext kommuniziert und in Datenbanktabellen im Server abgelegt. Zur Erhöhung der Sicherheit gegenüber der Verletzung der Vertraulichkeit gibt es mehrere Möglichkeiten die Übertragung zu verschlüsseln:

- Leitungsverschlüsselung mit Hardwarekomponenten ("Kryptobox")
  Nachteil: sehr teuer und komplex durch die hohe Heterogenität des Umfeldes

- Verschlüsselung der Information auf Applikationsebene, z.B. durch eine entsprechende Terminalemulation.
  Nachteil: keine APIs von SAP für diesen Zweck verfügbar

- Verschlüsselung auf Protokollebene. SAP verwendet ein sogenanntes CPI-C Protokoll mit RFC (Remote Function Calls) als logische Kommunikationsschnittstelle zwischen Client und Server. Selbstentwickler sollen von SAP entsprechende RFCs zur Verschlüsselung zur Verfügung gestellt bekommen.
  Nachteil: komplexe Programmierung erforderlich

- Verschlüsselung auf Socketebene bei UNIX. In UNIX-Systemen können Filter für die I/O-Streams eingerichtet werden, die während der Übertragung die Daten zu Ver- und Entschlüsselungsprozessen umleiten.
  Nachteil: komplexe Programmierung erforderlich, von UNIX-Version abhängig

## IV. Zusammenfassung

Zur Erhöhung der Sicherheit gegenüber Informationskorruption in Client-Server Architekturen gibt es seit einiger Zeit Vorschläge zu Basistechnologien. Diese sind jedoch nicht vollständig im SAP R/3 System enthalten, das wohl eines der bekanntesten kommerziellen System mit dieser Architektur sein dürfte. Prinzipiell sind Ergänzungen zur Erhöhung der Informationssicherheit machbar, der Aufwand richtet sich im Einzelfall hauptsächlich nach der Art der verwendeten Hardware und Betriebssystemen bei Client und Server.

## V. Literatur


[SteNeuSchi88]      J.G. Steiner, C. Neumann, J.I. Schiller
                    Kerberos: Authentication Service for Open Network Systems,
                    USENIX, Dallas Texas, 1988

[Schnei91]          W. Schneider
                    Kommunikationssicherheit in offenen Netzen,
                    GMD, Bonn, 1991

[SAP92-1]           SAP-Berechtigungskonzept,
                    SAP-Seminarunterlagen, Walldorf 1992

[SAP92-2]           R/3-Systemarchitektur
                    SAP-Seminarunterlagen, Walldorf 1992

# Sicherheitskomponenten für Client-Server-Architekturen,
## speziell für SAP R/3-Umfeld

- Begriffsbestimmung Client-Server-Architektur (CSA)

- Problemfelder bezüglich logischer Informationssicherheit in CSA

- Allgemeine Lösungsansätze

- Client-Server-Architektur im realen SAP R/3-Umfeld

- Überblick SAP Systemarchitektur R/3

- R/3-Systemumfeld

- Authentisierung in R/3

- Autorisierung, Berechtigungskonzept in R/3

- Vertraulichkeit

# Begriffsbestimmung
# Client-Server-Architektur

*Ein Prozeß oder ein System verlangt bestimmte Dienste und ist somit ein Client, während ein Server diese Anforderung befriedigt, indem er die geforderten Dienste zur Verfügung stellt.*

- **Erwartungen der Benutzer von Applikationen mit Client-Server-Architektur**

  - Graphische Benutzerschnittstellen als Ersatz für Bildschirmmasken

  - In LAN's verteilten ressourcen

  - SQL-Aufrufe zu Remote-Datenbanken

  - PC-Zugriffe auf Großrechner

  - Remote Procedure Calls

# Problemfelder bezüglich logischer Informationssicherheit in Client-Server-Architekturen

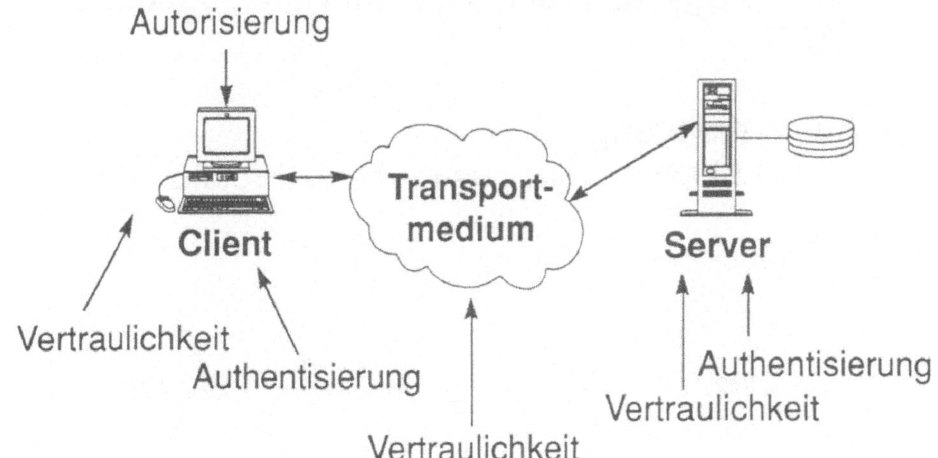


- **Authentisierung**
  - Es ist sicherzustellen, daß jedes Individuum, Mensch oder Prozeß, in dem betrachteten Verbund wirklich das ist, für das es sich ausgibt

- **Autorisierung**
  - Der Zugriff auf Informationen und Prozesse muß gezielt einzelnen Individuen oder Gruppen erlaubt oder verboten werden

- **Vertraulichkeit**
  - Integrität und Vertraulichkeit von Informationen müssen sichergestellt sein

# Allgemeine Lösungsansätze

- **Ankündigung von Technologien des Distributed Management Environment (DME), Request For Technology (RFT) der Open Software Foundation (OSF)**

- **Authentisierung**
  - Ticket-Mechanismus aus Kerberos-Protokoll (MIT)

➠ *Ohne zentrale Authentisierung*

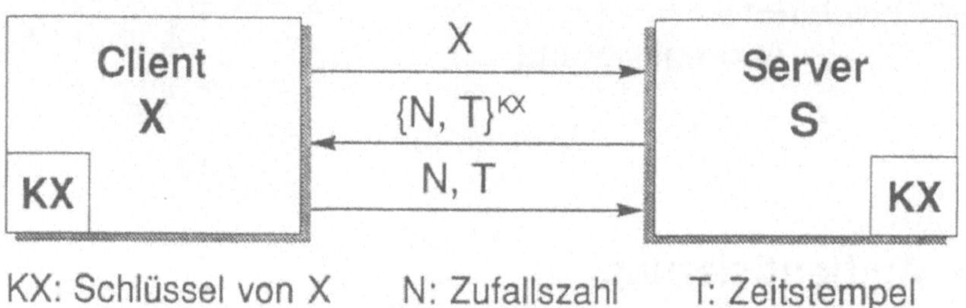


KX: Schlüssel von X    N: Zufallszahl    T: Zeitstempel

➠ *Mit zentraler Authentisierung*

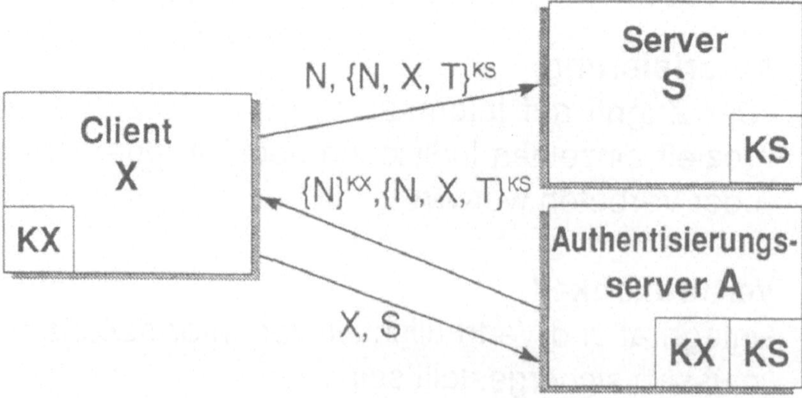

- **Autorisierung**

  - Verwaltung einer Datenbasis zur Registrierung aller Individuen, Gruppen und deren Berechtigungsprofile

- **Vertraulichkeit**

  - symmetrische Verschlüsselung
    - ➧ *Problem: Bei N Kommunikationspartnern müssen N(N-1)/2 Schlüssel sicher verwaltet werden*

  - asymmetrische Verschlüsselung
    - ➧ *Problem: Performance*

- **Unterscheidung**

  - lokale Verschlüsselung
  - Leitungsverschlüsselung

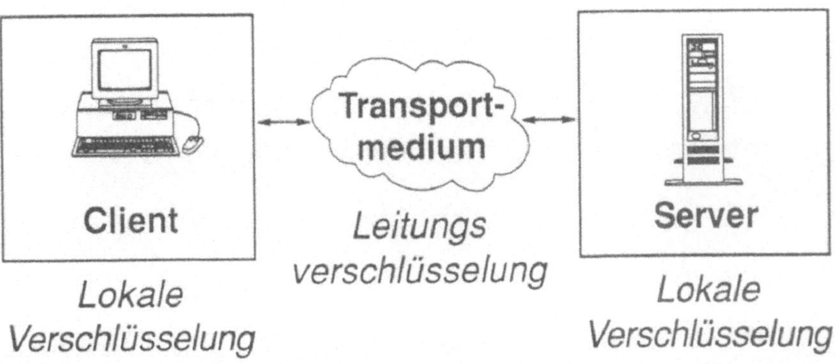

# Client Server Architektur
# im realen SAP R/3 - Umfeld

## Basistechnologische Merkmale

Client Server Architektur

Relationale Datenbanken

Graphische Benutzeroberflächen

Ganzheitliche Informationsmodellierung

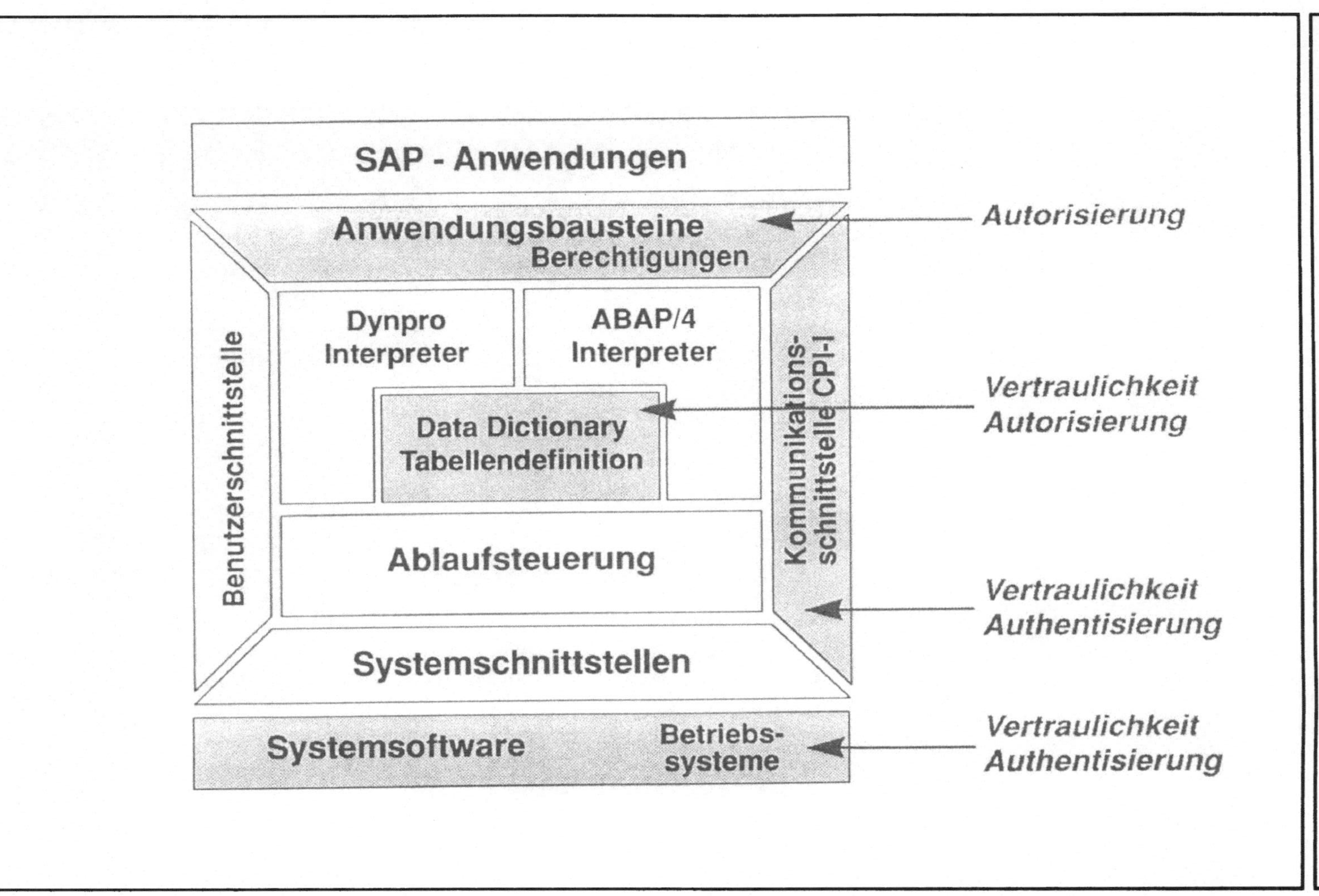

SAP - Anwendungen
Anwendungsbausteine
Berechtigungen
Dynpro Interpreter
ABAP/4 Interpreter
Data Dictionary Tabellendefinition
Ablaufsteuerung
Benutzerschnittstelle
Kommunikations-schnittstelle CPI-I
Systemschnittstellen
Systemsoftware
Betriebs-systeme
Autorisierung
Vertraulichkeit Autorisierung
Vertraulichkeit Authentisierung
Vertraulichkeit Authentisierung

# R/3 - Systemumfeld

| Hardware | UNIX-Systeme | HP3000 | Digital VAX | PS/2 und Kompatible | IBM AS/400 | IBM/390 ES/9000 | SNI |
|---|---|---|---|---|---|---|---|
| Betriebssystem | BOS (Bull) ULTRIX (Digital) HP-UX (HP) AIX (IBM) SINIX (SNI) | MPE/XL | VMS | OS/2 Features | OS/400 | MVS VSE/ESA | BS 2000 |
| Datenbanken | ORACLE Informix* | ORACLE ALLBASE* | ORACLE | Database Manager | SQL/400 | DB2 | ORACLE |
| Transaction-Monitor | SAP Dispatcher | SAP Dispatcher | SAP Dispatcher | Comm. Manager | OS/400 | CICS IMS-DC | UTM |
| Dialog CUA | OSF/Motif, Presentation Manager, Windows 3.0 | | | | | | |
| Sprachen | ABAP/4, C | | | | | | |

# Authentisierung in R/3

- **Im System vorgesehen**

  - Benutzeridentifikation durch Passwords

- **Nachrüstbar**

  - bilaterale Authentisierung durch Challenge- Response-
    Verfahren

  - (i) durch Hardware

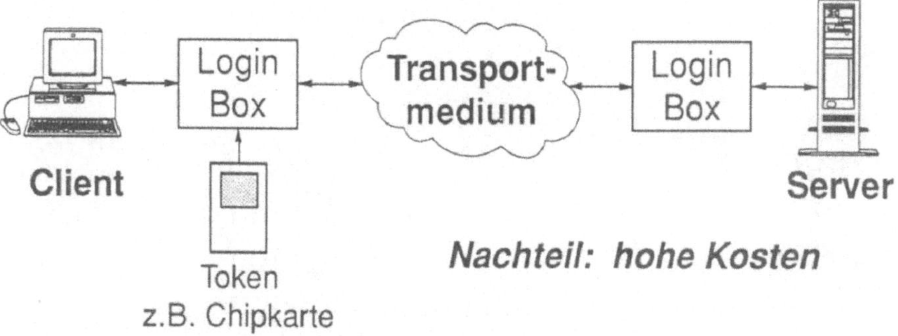


  - (ii) durch Hardware

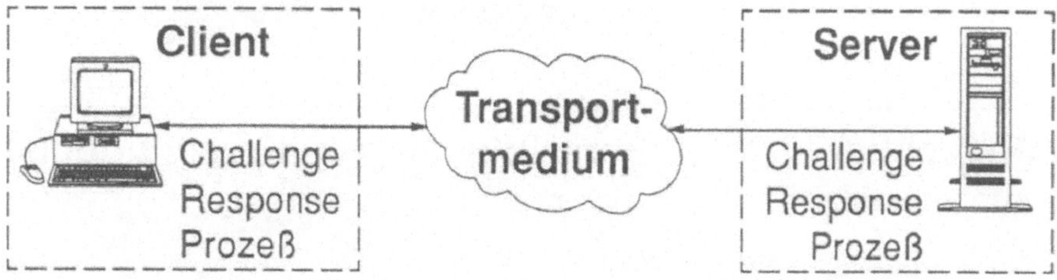


*Nachteil: Machbarkeit und Implementierungsaufwand
stark von verwendeter Hardware und
Betriebssystemsoftware abhängig*

# Autorisierung

- **Im System vorgesehen**
  - hierarchisches Berechtigungsprofil für Benutzer

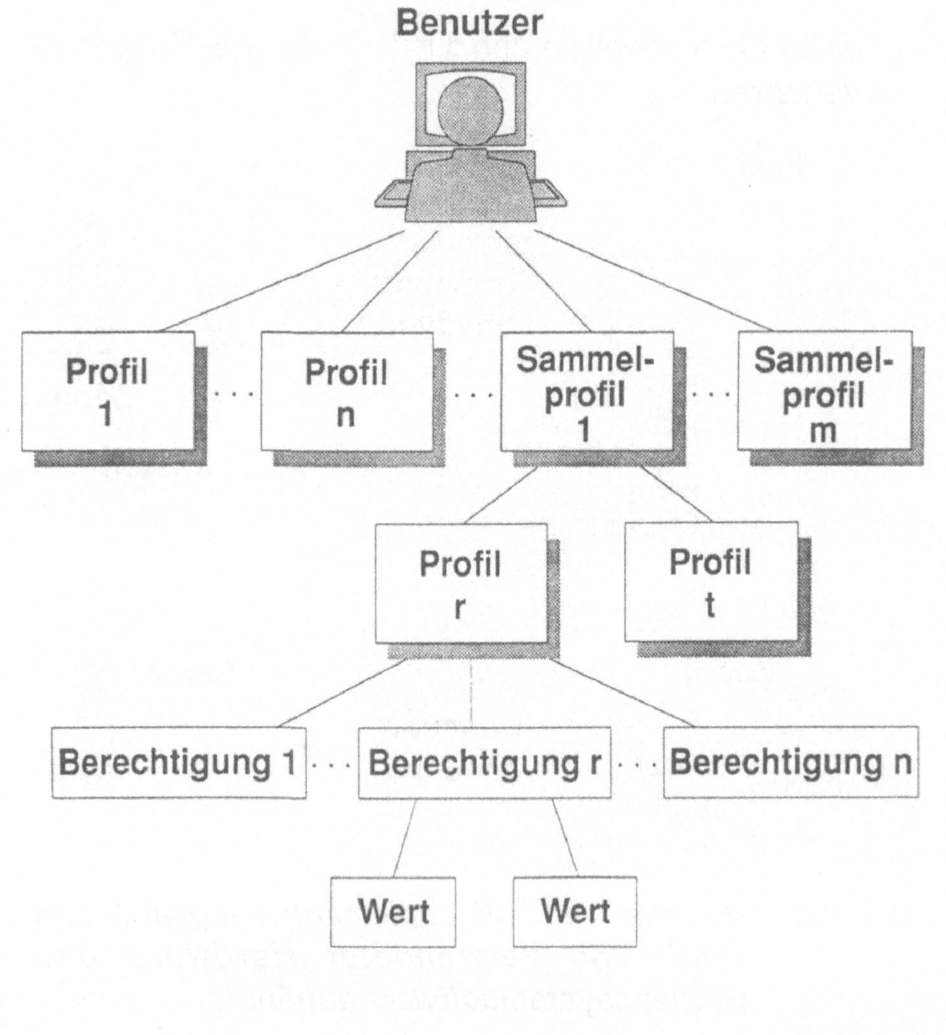

# Nachrüstbar

- **Lokale Autorisierung beim Client zur Ausführung der Client Server Applikation**

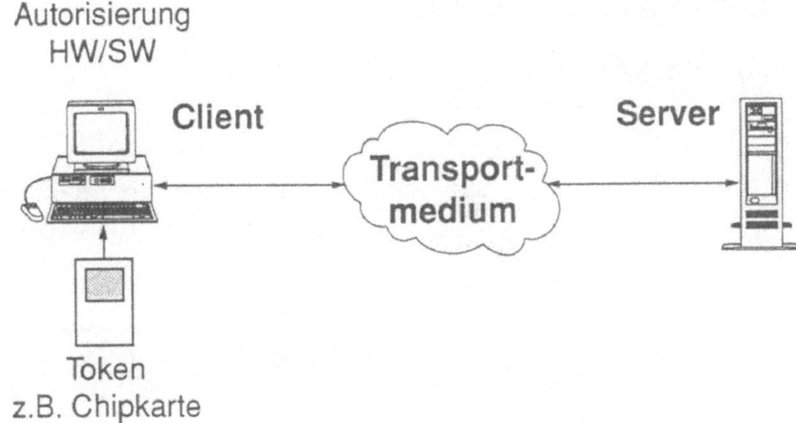


***Nachteil: Aufwand und Machbarkeit abhängig von eingesetzter Hardware und Betriebssystemsoftware***

# Vertraulichkeit

- **Im System vorgesehen: NICHTS**

  - Benutzeridentifikation durch Passwords

- **Nachrüstbar**

  - Leitungsverschlüsselung

  - (i) Kryptoboxen

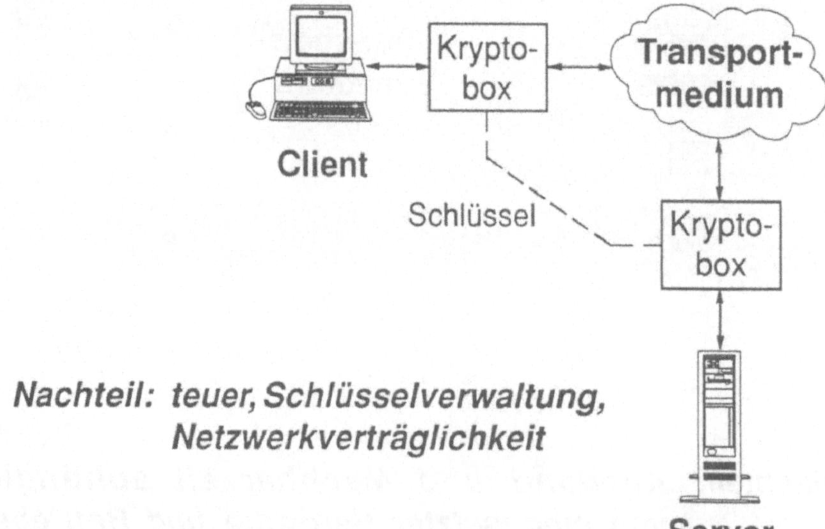


*Nachteil: teuer, Schlüsselverwaltung,*
*Netzwerkverträglichkeit*

- (ii) Verschlüsselung auf Applikationsebene

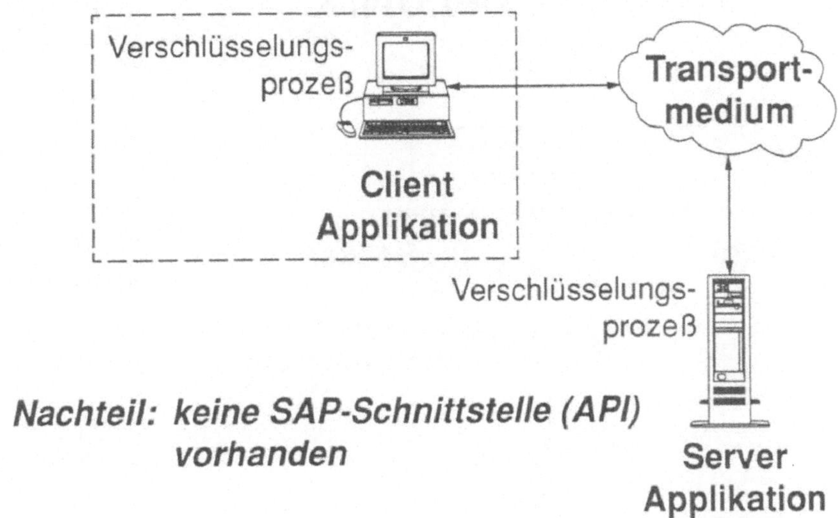


*Nachteil: keine SAP-Schnittstelle (API)*
*vorhanden*

- (iii) Verschlüsselung auf Protokollebene

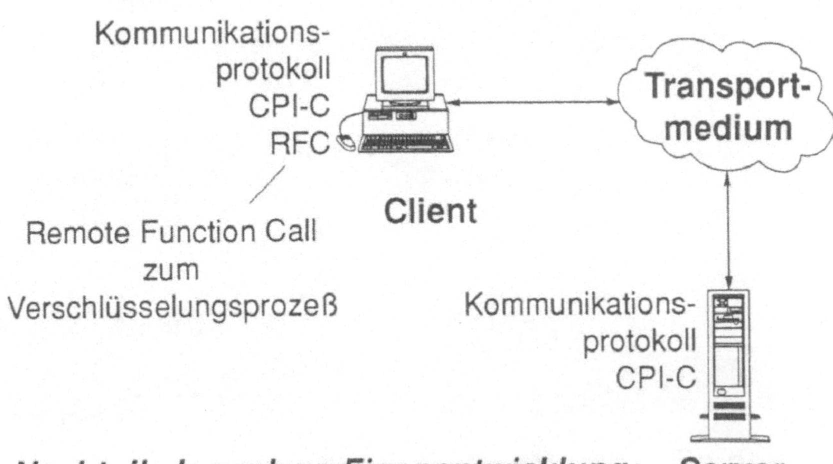


*Nachteil: komplexe Eigenentwicklung*   Server

# Verschlüsselung auf Socket-Ebene bei UNIX

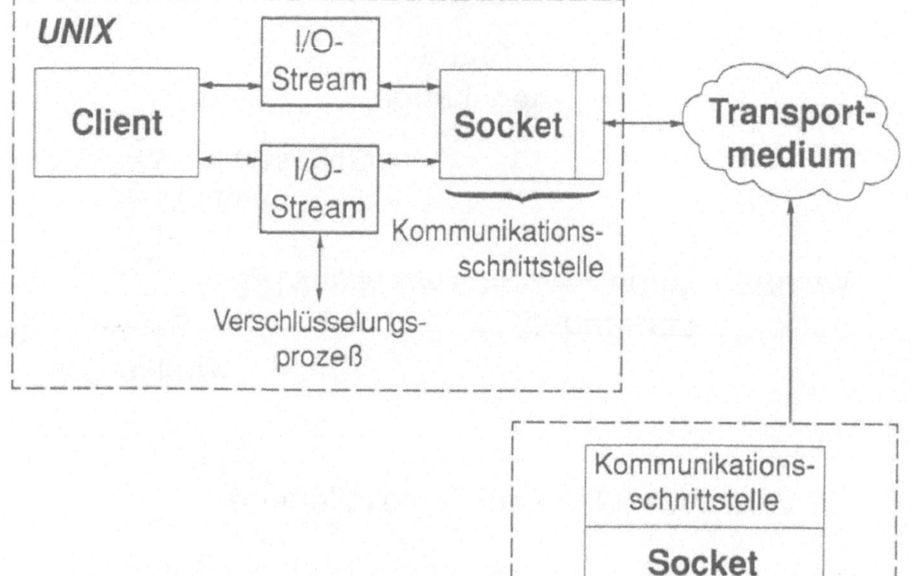


*Nachteil: komplexe Programmierung, abhängig von UNIX-Versionen (SVR4)*

# Lokale Verschlüsselung

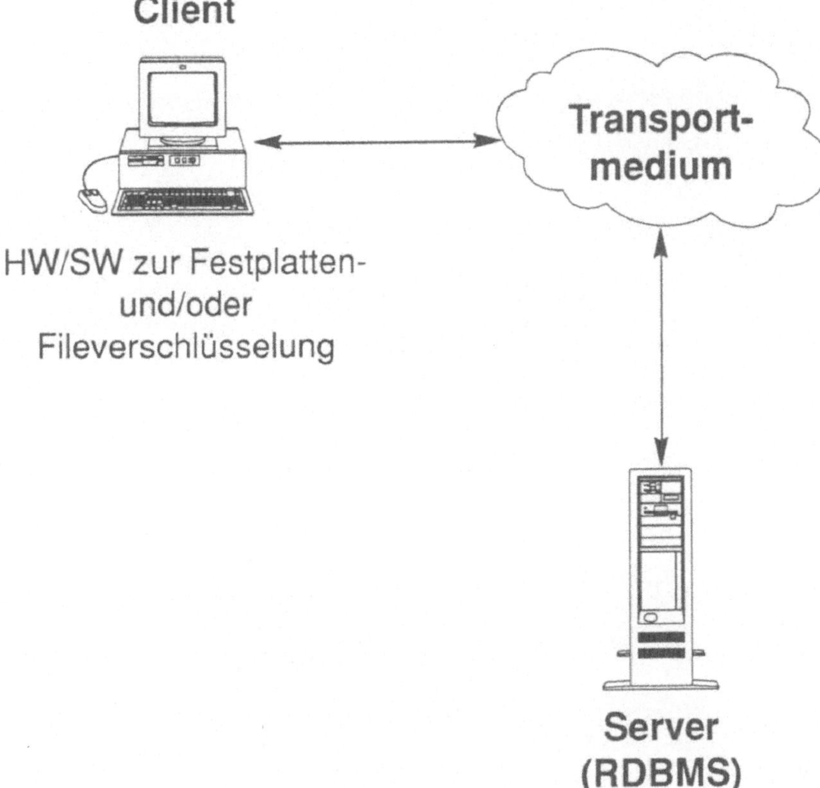


*Nachteil: Machbarkeit und Aufwand abhängig von verwendeter Hardware und Betriebssystem*

**Sektion C**

# Sicherheit bei Nutzung von PC, Workstations, LAN, gemischter Infrastruktur

Leitung:
Dipl.-Kfm. Heinz A. Gartner

Wolfgang Bender

# Die PC-Sicherheitskonzeption der Dresdner Bank

Die Dresdner Bank AG befaßt sich seit 1991 ernsthaft mit den
Sicherheitsrisiken im Zusammenhang mit dem Einsatz von
Personal Computern (PC), nachdem in den Jahren zuvor bereits
punktuell auf als besonders kritisch eingestuften PC's
Sicherheitssoftware installiert worden war.

Auslöser für eine umfassende PC-Sicherheitskonzeption waren
der enorme quantitative Anstieg der PC's verbunden mit den
bekannten Risiken der Verseuchung mit Viren, die
unkontrollierte Installation von nichtlizensierter Software
und die Gefahr von Programm- bzw. Datendiebstahl. Weitere
wichtige Aspekte waren der Schutz des "unbedarften Nutzers"
und ganz allgemein die Möglichkeit eines stärker gesteuerten
PC-Einsatzes.

Ein Projektteam der Bank erarbeitete zunächst die notwendigen
Sicherheitsanfoderungen für einen kontrollierten PC-Betrieb
und entschied sich dann für eine Software-Lösung in Verbindung
mit einer Reihe von zusätzlichen organisatorischen Maßnahmen.
Nach einer kritischen Selektion verschiedener Anbieter für
PC-Sicherheitssoftware wurde die Fa. uti-maco mit dem Produkt
"SAFE-Guard" ausgewählt, wobei zahlreiche Anpassungen auf die
Gegebenheiten der Dresdner Bank erfolgten. Die im Zusammenhang
mit dem bundesweiten Einsatz erforderlichen Aktivitäten
machten ein umfangreiches Einführungsmanagement notwendig.
Inzwischen ist das Produkt "SAFE-Guard" auf einer
vierstelligen Zahl von PC's installiert.

Der Referent berichtet über die Notwendigkeit und die
inhaltliche Gestaltung der PC-Sicherheitsskonzeption der
Dresdner Bank. Einen besonderen Schwerpunkt stellt dabei der
Zielerreichungsgrad der notwendigen Sicherheitsmaßnahmen dar.
Das bei einem bundesweiten Einsatz einer PC-Sicherheits-
software komplexe Einführungsmanagement wird in Verbindung mit
seinen organisatorischen Rahmenbedingungen betrachtet.
Abschließend werden Praxiserfahrungen unter Einschluß der
Problematik des Umgangs mit "zürückhaltenden Nutzern"
aufgezeigt.

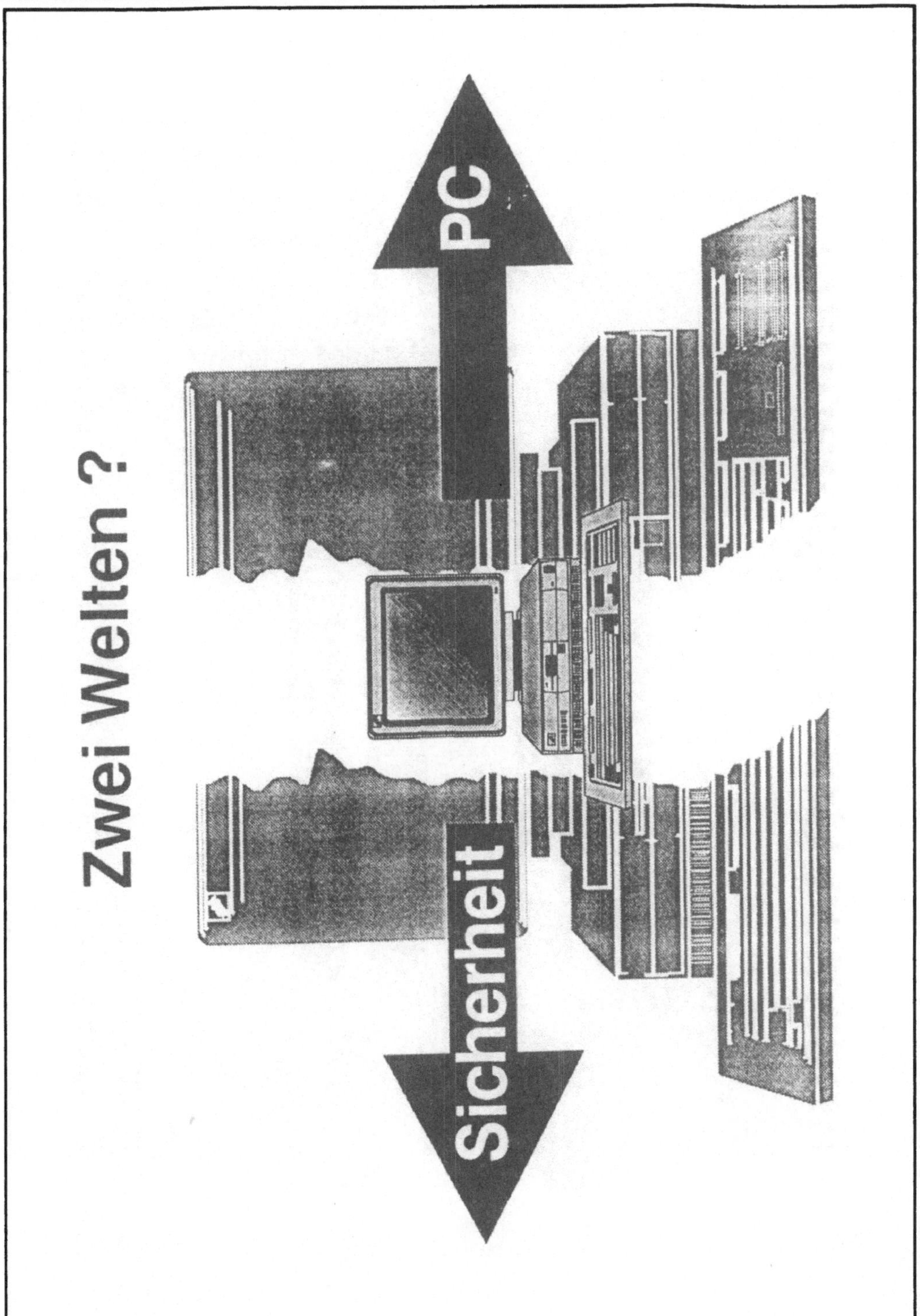

Zwei Welten ?
PC
Sicherheit

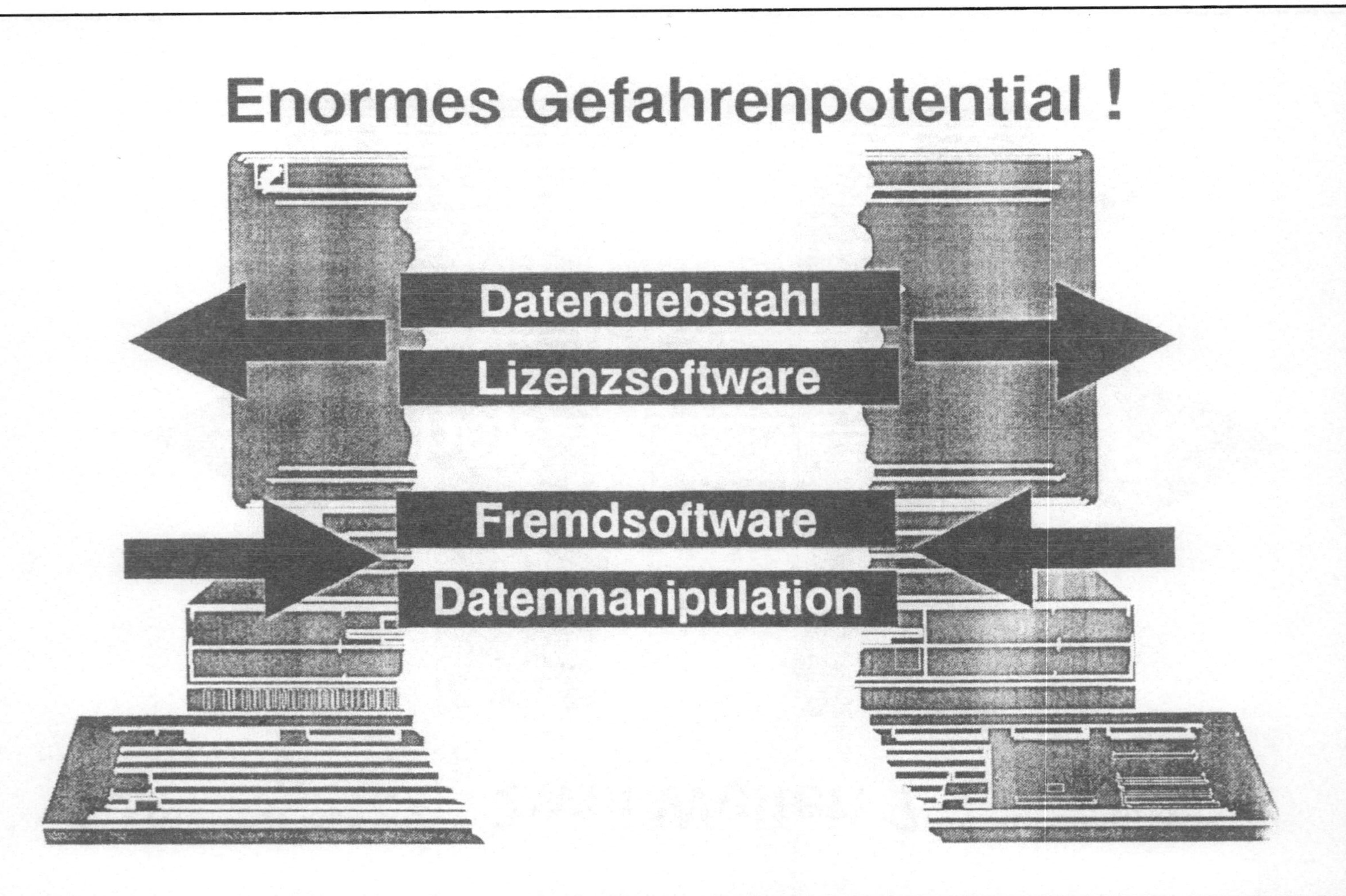

Enormes Gefahrenpotential !
Datendiebstahl
Lizenzsoftware
Fremdsoftware
Datenmanipulation

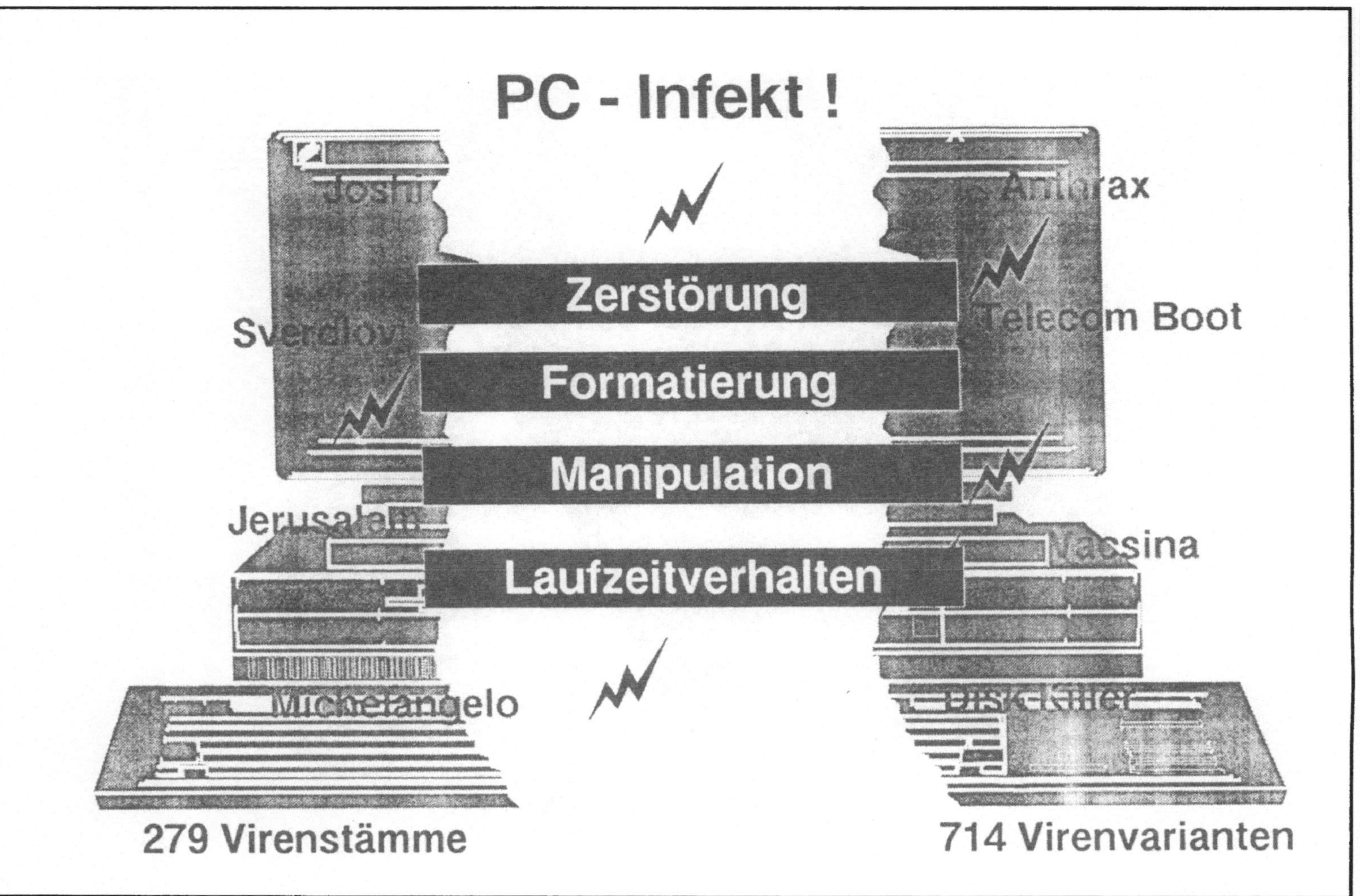
PC - Infekt !
Zerstörung
Formatierung
Manipulation
Laufzeitverhalten
Joshi
Sverdlov
Jerusalem
Michelangelo
Anthrax
Telecom Boot
Vacsina
disk killer
279 Virenstämme
714 Virenvarianten

# Die Ziele :

PC
Sicherheit

Keine
Einschränkung
des Benutzers

Integration in
Systemumfeld
der Bank

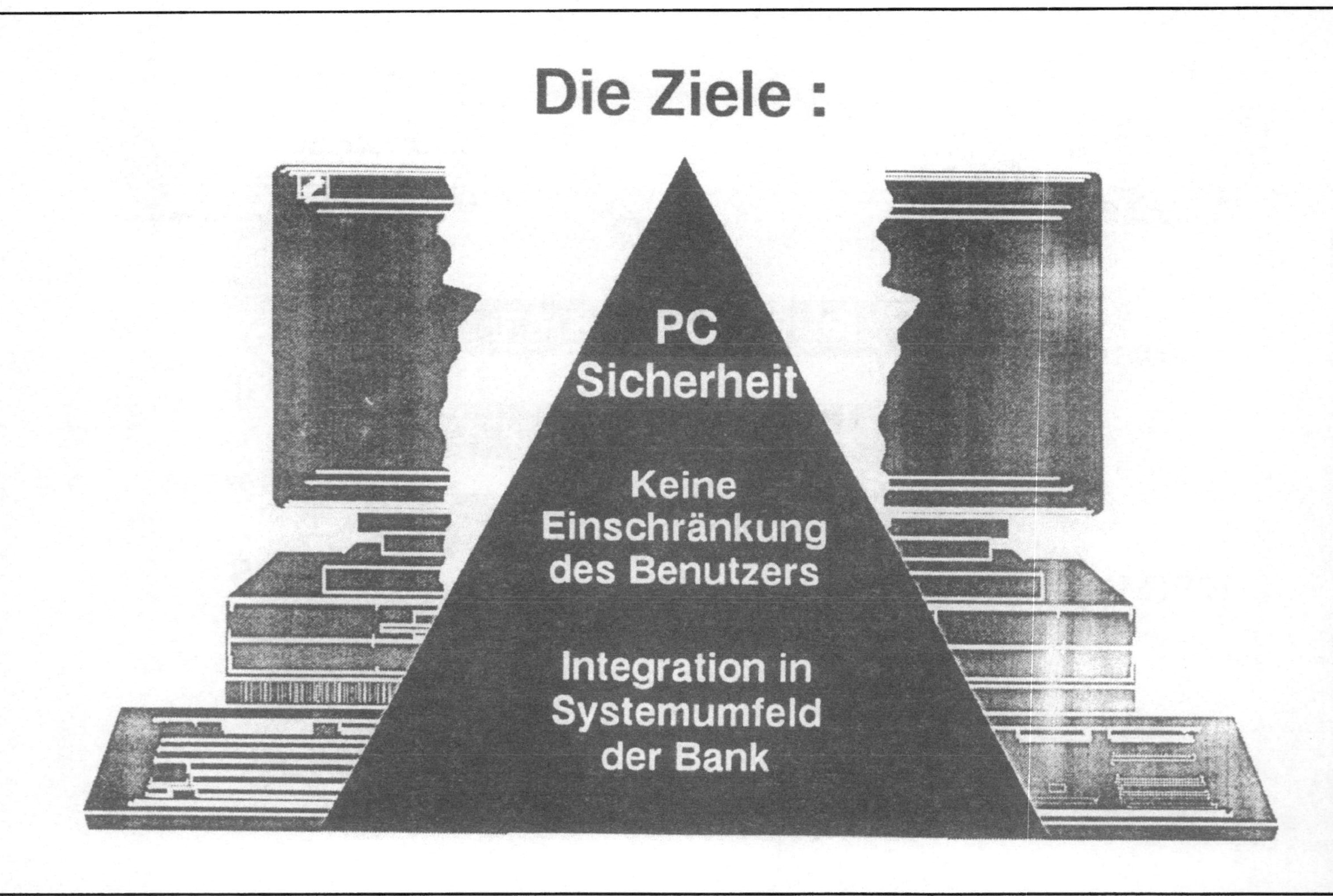

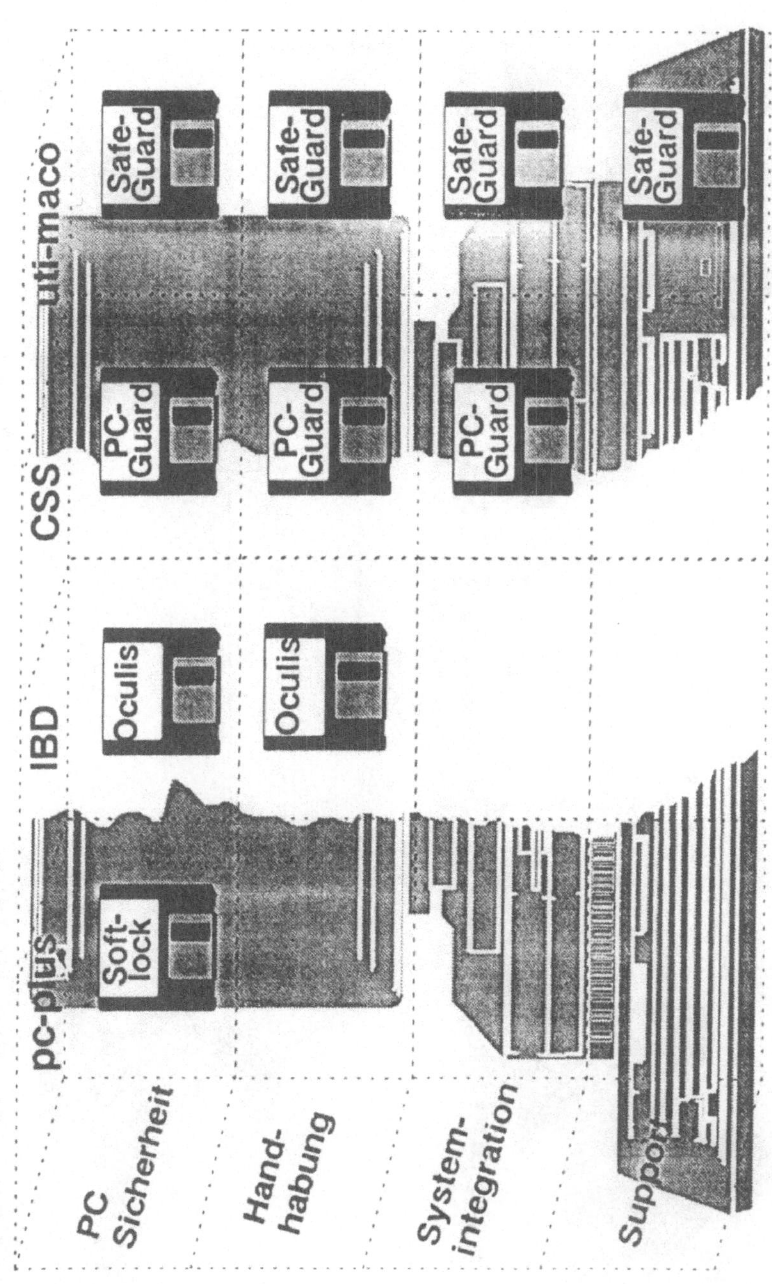

Die Auswahl ...
... das Ergebnis
pc-plus
IBD
CSS
uti-maco
PC-Sicherheit
Hand-habung
System-integration
Support
Soft-lock
Oculis
Oculis
PC-Guard
PC-Guard
PC-Guard
Safe-Guard
Safe-Guard
Safe-Guard
Safe-Guard

# Aktivitäten ...

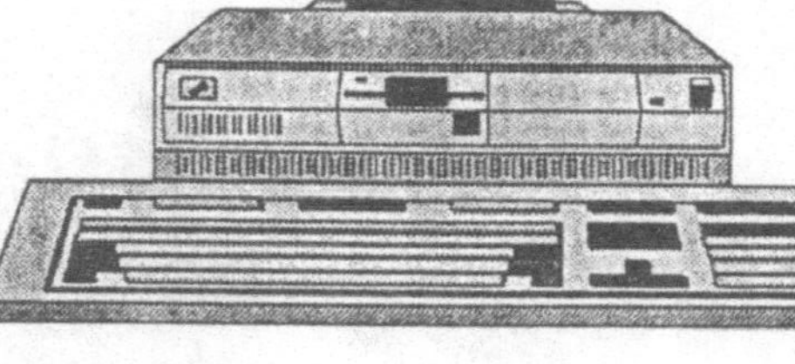

# Technische Umsetzung ...

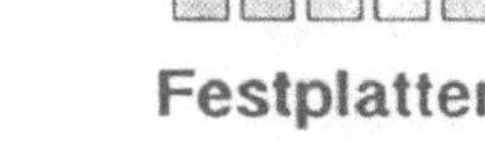




Menüstruktur

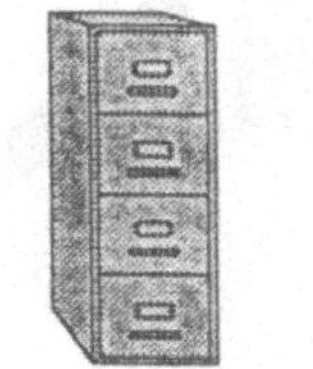


Festplattenstruktur

# ... Nutzerauswirkungen

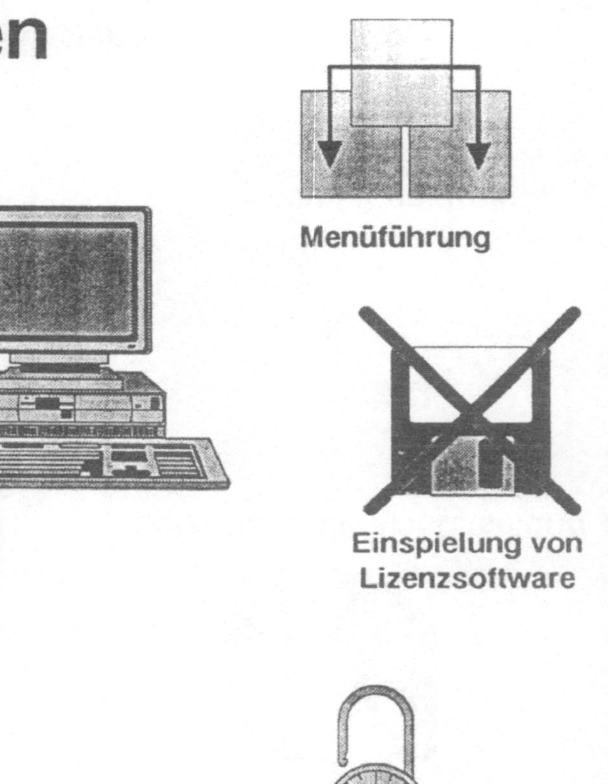

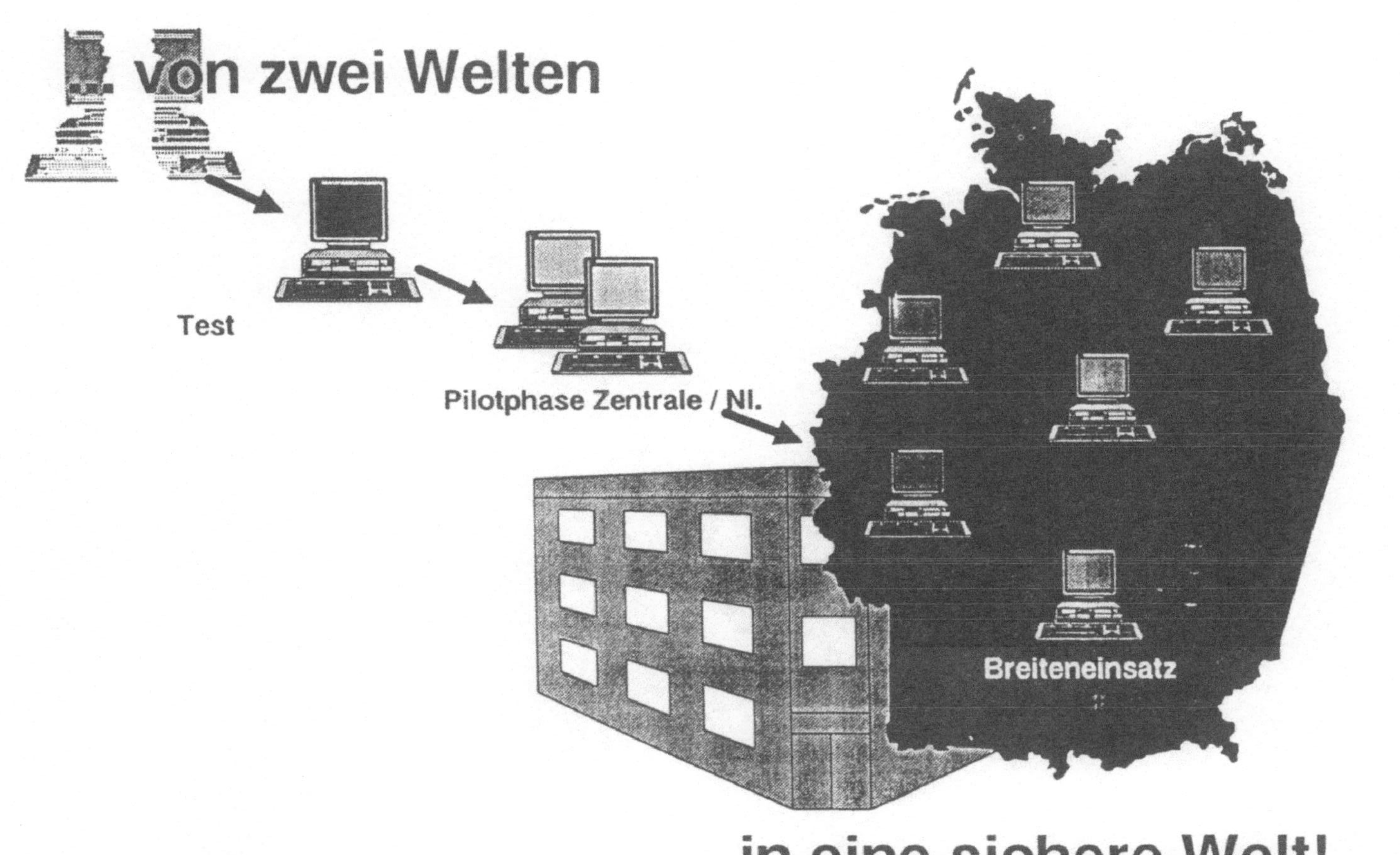
... von zwei Welten
Test
Pilotphase Zentrale / Nl.
Breiteneinsatz
... in eine sichere Welt!

**Dipl.-Kfm. Heinz A. Gartner**

# Add-on-Sicherheit in NOVELL NetWare 3.11-Netzen - Anforderungen und Marktübersicht

Abstract

NOVELL-NetWare bietet als Netzwerkbetriebssystem bereits eine Reihe von
Sicherheitsfunktionen. Diese Funktionen schützen jedoch 'nur' den Server und
die darauf gespeicherten Informationen, nicht aber die angeschlossenen Rechner.
Zu deren Schutz existiert eine Vielzahl von Produkten, die BIFOA bereits im
Rahmen eines Projektes im Auftrag des BSI (Bundesamt für Sicherheit in der
Informationstechnik) erfaßt, beschrieben und getestet hat. Diese Studie hat sich
jedoch auf die Sicherung von stand-alone-PC's beschränkt. Zunehmend werden
hingegen Produkte angeboten, die speziell für den Einsatz in LAN - und hier
insbesondere unter dem Betriebssystem NOVELL-NetWare - entwickelt wurden.

Daher erstellt BIFOA eine Studie mit dem Titel 'LAN-Sicherheit - Integration
von DOS-SECUWARE in das Sicherheitskonzept von NOVELL-NetWare'. Es
wird eine Marktstudie durchgeführt, die relevante Produkte erhebt, nach einem
einheitlichen Beschreibungsraster hinsichtlich ihrer Funktionalität beschreibt und
einem Test unterzieht. Die Veröffentlichung der Ergebnisse ist vorgesehen.

Der Vortrag stellt zentrale Ergebnisse der Studie vor: Nach einer Betrachtung
der Gefahren, die die Informationssicherheit in PC-Netzen gefährden, werden
grundlegende organisatorische Maßnahmen genannt. Anschließend werden die
Sicherheitsfunktionen von NetWare v3.11 sowie ergänzende Funktionen von
NetWare v4.0 kurz skizziert. Es wird gezeigt, in welchen Bereichen die vorhandenen Sicherheitsfunktionen durch Produkte von Drittanbietern ergänzt werden
können und sollten. Nach einer Übersicht über die Vorgehensweise bei der Studie
werden im folgenden die Sicherheitsfunktionen der Add-on-Produkte näher
beschrieben. Abschließend wird auf die für einen erfolgreichen Technikeinsatz
unverzichtbaren begleitenden organisatorischen Maßnahmen eingegangen. Der
Anhang zeigt eine Übersicht der erfaßten Produkte mit ausgewählten Funktionen.

# ADD-ON-SICHERHEIT IN NOVELL NetWare v3.11-NETZEN
## - ANFORDERUNGEN UND MARKTÜBERSICHT -

## Gliederung

1 Mögliche Gefahren in NOVELL NetWare basierten DOS-LANs

2 Strategische und organisatorische Grundlagen

3 Überblick Sicherheitsfunktionen von NOVELL NetWare v3.11 und v4.0

4 Ergänzungsmöglichkeiten der Sicherheitsfunktionen von NOVELL NetWare durch DOS-SECUWARE

5 Erfassung, Funktionstest und Integrationsfähigkeit von DOS-SECUWARE

6 Sicherheitsfunktionen von DOS-SECUWARE

7 Begleitende organisatorische ISi-Maßnahmen

Anhang: Produktliste mit ausgewählten Funktionen

# 1 Mögliche Gefahren in NOVELL NetWare basierten DOS-LANs (1)

Aus den folgenden Gefahren ergeben sich die Anforderungen, die für die Gewährleistung der Informationssicherheit durch verschiedene Maßnahmen erfüllt werden müssen.

- **Menschliches Versagen**
  - **Bedienungsfehler (ca. 90% der Schadensfälle)**
  - **Fahrlässigkeit**
  - **Deliktische Handlung / Vorsätzlicher Mißbrauch**
  - **Nachlässigkeit (besonders Administratortätigkeit)**

- **Technisches Versagen**
  - **Hardware**
    - Netzwerk (zentral)
    - Workstation (lokal)
  - **Software**
    - Netzwerk (zentral)
    - Workstation

## 1 Mögliche Gefahren in NOVELL NetWare basierten DOS-LANs (2)

- Höhere Gewalt
  - Stromschwankungen bzw. -ausfall
  - Feuer, Wassereinbruch etc.

- Organisation
  - Mängel der Sicherheitsstrategie bzw. -konzepte
  - Aufbauorganisatorische Mängel (Stellenbildung / Verantwortung)
  - unzureichende Vergabe von Zugriffsrechten
  - schlechtes Arbeitsklima (Demotivation der Mitarbeiter)
  - keine bzw. ungenügende Anwenderschulung bzw. -betreuung

- Umfeldeinflüsse
  - Abhängigkeiten von Soft- und Hardwareherstellern
    (Einstellung des Produktvertriebs -> kein Support)
  - Standardisierungsaktivitäten mit Auswirkungen auf bereits eingesetzte Systeme

# 2 STRATEGISCHE UND ORGANISATORISCHE GRUNDLAGEN

- Grundsatz: Strategie und Organisation vor Technik!

- Bestimmung der Schutzwürdigkeit von Informationen

- Ableitung der wirklich erforderlichen Sicherheitsfunktionen

- Erstellung eines Hard- und Software-Inventars (Kataster)

- Bestimmung von Kompetenzen und Aufgabeninhalten (Rechte- / Rollenzuweisung)

- Identifizierung von Subjekt- (Benutzer) Objekt- (Daten, Programme, Systemkomponenten) Beziehungen

- Ableitung der benutzerspezifischen Zugriffserfordernisse (Need-to-know)

- Einbeziehung von ausgewählten Mitarbeitern bei der Systemauswahl und Systemimplementierung

# 3 ÜBERBLICK SICHERHEITSFUNKTIONEN VON NOVELL NETWARE v3.11 UND v4.0 (1)

## Identifikation

NetWare v3.11 / v4.0

| | v3.11 | v4.0 |
|---|---|---|
| • Wieviele Subjekte kann das System differenzieren? | 250 | 1000 |
| • Welche Rollen unterscheidet das System? | | |
| •• Administrator / Sub-Administrator | ja | ja |
| •• Temporärer Administrator (Tages-Verwalter) | nein | nein |
| •• Revisor | nein | ja |
| •• Benutzer | ja | ja |
| •• Gast | ja | ja |
| • Wie wird die Identifikation des Subjekts durchgeführt? | | |
| •• Durch Abfrage des Benutzernamens | ja | ja |
| •• Durch Besitz eines Objektes | nein | nein |

## Authentisierung

| | v3.11 | v4.0 |
|---|---|---|
| • Wie ist die Authentisierung realisiert? | | |
| •• Paßwortabfrage | ja | ja |
| •• Chipkarte i. V. m. Paßwort / Biometrische Verfahren | nein | nein |
| • Existiert eine Stopwortliste für Paßwörter? | nein | nein |
| • Ist eine Paßworthistorie implementiert? | ja | ja |

## Rechteverwaltung / Rechteprüfung

| | v3.11 | v4.0 |
|---|---|---|
| • Werden Benutzer Server-orientiert oder Logisch-orientiert verwaltet? | Server | Logisch |
| • Ist eine Profildistribution möglich (z. B. Multiservernetze)? | nein | ja |
| • Können lokale Ressourcen geschützt werden? | nein | nein |

## Beweissicherung / Protokollierung

NetWare v3.11 / v4.0

| | v3.11 | v4.0 |
|---|---|---|
| • Erfolgt eine Protokollierung der Subjekt- /Objektaktivitäten? | | |
| •• Benutzeraktivitäten | nein | ja |
| •• Administratoraktivitäten | nein | ja |
| •• Systemaktivitäten | (ja) | ja |
| • Welche Informationen werden im Protokoll erfasst? | | |
| •• Datum, Uhrzeit | ja | ja |
| •• Benutzer | nein | ja |
| •• Aktivität/Objekte | ja | ja |
| • Ist der Protokollumfang konfigurierbar? | nein | ja |
| • Ist das Protokoll vor Manipulationen geschützt? | nein | ja |
| • Ist die Protokollauswertung durch ein Sekundär-Paßwort geschützt? | nein | ja |
| • Wer ist zur Protokollauswertung berechtigt? | | |
| •• Administrator | ja | nein |
| •• Revisor | nein | ja |
| •• jeder Benutzer bezüglich seiner Daten | nein | nein |
| • Ist eine parametergesteuerte Auswertung möglich? | nein | ja |
| • Werden im Protokoll sicherheitsrelevante Ereignisse hervorgehoben? | nein | nein |
| • Welche Ausgabemöglichkeiten der Protokolldaten sind implementiert? | | |
| •• Bildschirm | ja | ja |
| •• Drucker | ja | ja |
| •• Übertragungsmöglichkeiten | ja | ja |

# 3 Überblick Sicherheitsfunktionen von NOVELL NetWare v3.11 und v4.0 (2)

**Beweissicherung / Protokollierung (Fortsetzung)**

| NetWare | v3.11 | v4.0 |
|---|---|---|
| • Wie erfolgt die Rückstellung der Protokolldatei? | | |
| •• Rückstellung durch Administrator | ja | ja |
| •• Rückstellung durch Revisor | nein | nein |
| •• zeitäbhängige automatische Rückstellung | nein | nein |
| •• zyklische Ringspeicherung | nein | nein |

**Vertraulichkeit**

| NetWare | v3.11 | v4.0 |
|---|---|---|
| • Sind Verschlüsselungsfunktionen implementiert? | nein | ja |

| NetWare | v3.11 | v4.0 |
|---|---|---|
| • Wie ist die Verschlüsselungskomponente implementiert? | | |
| •• rein softwaretechnisch | ja | ja |
| •• hardwareunterstützt | nein | nein |

| NetWare | v3.11 | v4.0 |
|---|---|---|
| • Welche Verschlüsselungsverfahren werden eingesetzt? | | |
| •• FEAL / XOR | nein | nein |
| •• DES | nein | nein |
| •• RSA | nein | ja |

| NetWare | v3.11 | v4.0 |
|---|---|---|
| • Welche Objekte werden verschlüsselt? | | |
| •• Paßwörter | ja | ja |
| •• Dateien, Disketten, lokale HDD/FDD | nein | nein |

**Übertragungssicherung**

| NetWare | v3.11 | v4.0 |
|---|---|---|
| • Existiert eine Paßwortverschlüsselung bei der Netzübertragung? | ja | ja |
| • Können Datenübertragungen im Netz verschlüsselt werden? | nein | |
| • Werden Kommunikationsstellen untereinander authentisiert? | ja | ja |
| • Werden Prüfsummen über die zu übertragenden Daten gebildet? | Option | Option |

**Datensicherung**

| NetWare | v3.11 | v4.0 |
|---|---|---|
| • Ist ein zentrales Back-up dezentraler Datenträger möglich? | nein | nein |

**Betriebssicherheit / Verfügbarkeit / Schutz der Serverdienste**

| NetWare | v3.11 | v4.0 |
|---|---|---|
| • Wird der unbefugte Start von Serverdiensten verhindert? | ja | ja |
| • Wird das unbefugte Installieren von Serverdiensten verhindert? | ja | ja |
| • Wird die Verfügbarkeit der FAT gesichert? | ja | ja |
| • Wird das System gegen fehlerhafte Festplattensektoren geschützt? | ja | ja |
| • Wird eine Überprüfung der Sicherheitsdateien (Bindery) durchgeführt? | ja | ja |
| • Können Festplatten durch Spiegelung gesichert werden? | ja | ja |
| • Können redundante Diskcontroller eingesetzt werden? | ja | ja |
| • Können komplette File-Server redundant betrieben werden? | SFT III | SFT III |

## 4 ERGÄNZUNGSMÖGLICHKEITEN DER SICHERHEITSFUNKTIONEN VON NOVELL NETWARE DURCH DOS-SECUWARE

- Identifikation (Besitz eines Objektes, Biometrische Verfahren)

- Authentisierung (Chipkarte i. V. m. Paßwort, Biometrische Verfahren, Einsatz von dynamischen Paßworten)

- Rechteverwaltung / Rechteprüfung (Rechteverwaltung von lokalen Objekten, Erweiterung der Rollen um Revisor bei NetWare v3.11)

- Beweissicherung / Protokollierung (Protokollierung der zentralen und lokalen Aktivitäten)

- Funktionen zur Gewährleistung der Vertraulichkeit (Bildschirm- und Tastatursperre, Verschlüsselung und Signatur)

- Funktionen zur Gewährleistung der Integrität (Checksummenprüfung etc.)

- Funktionen zur Gewährleistung der Übertragungssicherung (Verschlüsselung der Datenübertragung)

- Funktionen zur Gewährleistung der Datensicherheit / Verfügbarkeit (Back-up der zentralen und lokalen Ressourcen)

# 5 Erfassung, Funktionstest und Integrationsfähigkeit von DOS-SECUWARE

- **Erfassung von z. Z. 43 Produkten mit unterschiedlichen Schutzzielen (Zugriffsschutz, paßwortgeschützte Menüführung, Virenschutz etc.)**

- **Beschreibung der Produkte anhand eines einheitlichen Ordnungsrasters**

- **Funktionstest**
  - **Prüfung der Funktionen auf Funktionsfähigkeit (Herstellerangabe -> Realität)**
  - **Prüfung der Funktionen auf Stabilität bzw. Umgehung**
  - **Penetrationstests**
    - keine "extremen" Penetrationstest in der Form "Knacken von Kryptieralgorithmen"
    - "normale" Penetrationstest in der Form Systemboot von FDD "A:", Abbruch des Bootvorgangs, Herbeiführung von beabsichtigten Systemabstürzen (Fehlerüberbrückung), Auslesen von unverschlüsselten Paßwörtern und Sabotageversuch durch Einsatz von NORTON-Diskedit mit dem Zugriff auf physikalisch existente Festplatten
  - **Integrationsfähigkeit / Verträglichkeit in eine NetWare-Umgebung (z. B. Paßwortdurchreichung, zentrale Administration etc.)**

# 6 SICHERHEITSFUNKTIONEN VON DOS-SECUWARE (1)

- **Identifikation**
  - **Anzahl der differenzierten Subjekte**
  - **Werden verschiedene Rollen unterschieden (Administrator, Revisor, Benutzer, Gast etc.)**
  - **Identifikationsmechanismus (Wissen, Besitz eines Objektes und persönliche Merkmale)**

- **Authentisierung**
  - **Authentisierung mit Paßwort**
    - konfigurierbare Zeichenanzahl
    - Paßwortlänge (Min./Max.)
    - vorgeschriebene bzw. verwendbare Zeichen
    - Stopwortliste für triviale Paßwörter
    - zeitliche Begrenzung der Paßwortgültigkeit (Stunden,Tage, Monate)
  - **Authentisierung mit Karte**
    - Kartentyp (Magnetstreifen, Chipkarte, Hybridkarte)
    - implementierte Kartenfunktionen (Authentisierung, Schlüsselspeicherung, MAC)

- **Integritätsprüfung (Hard- und Software)**
  - **Integritätsprüfung - Hardware (Netzwerkadressen, Sicherheitshardware etc.)**
  - **Integritätsprüfung - Software (Betriebssystem, Applikationen, Daten)**

# 6 SICHERHEITSFUNKTIONEN VON DOS-SECUWARE (2)

- **Rechteverwaltung / Rechteprüfung**
  - **Rechtezuordnung (Objekt, Subjekt, Gruppen, Rechteprofile, Profildistribution)**
  - **Objekte (Festplatten, Partitionen, Schnittstellen, Daten etc.)**
  - **Vergabe von Rechten (Administrator, Benutzer mit Recht bzw. Zugriff auf Objekt)**
  - **differenzierte Aktionen (Lesen, Schreiben, Öffnen, Sehen etc.)**
  - **Aktionen bei Verstößen (z. B. mehrfach fehlerhafter Login-Versuch einer unautorisierten Person)**

- **Protokollierung**
  - **Subjekte der Protokollierung (Benutzer, Systemadministrator)**
  - **Erfassung von Objekten/Aktivitäten in der Protokollierung**
  - **Schutz vor Protokollmanipulation (Vier-Augen-Prinzip etc.)**
  - **Auswertung (Hervorhebung wichtiger Ereignisse, Ausgabemöglichkeiten)**

# 6 SICHERHEITSFUNKTIONEN VON DOS-SECUWARE (3)

- **Verschlüsselung**
  - **Implementierung der Verschlüsselung (hard- oder softwaretechnisch)**
  - **Verfahren (DES, RSA, FEAL, XOR etc.)**
  - **Objekte der Verschlüsselung**
  - **Arbeitsweise der Verschlüsselung (online, offline, automatisch, auf Anforderung)**
  - **Performanceaspekte**

- **Bildschirmabdunkelung**
  - **Art der Aktivierung (zeitabhängig, auf Anforderung)**
  - **Schutz durch erneute Identifizierung / Authentisierung**

- **Tastatursperre**
  - **Art der Aktivierung (zeitabhängig, auf Anforderung)**
  - **Schutz durch erneute Identifizierung / Authentisierung**
  - **Schutz gegen unberechtigten Systemneustart**

# 6 SICHERHEITSFUNKTIONEN VON DOS-SECUWARE (4)

- Veränderungsschutz
  - Schutz gegen Systemmanipulationen (Viren etc.)
  - Mechanismen (Checksummenprüfung, Scanner, Systemmonitore etc.)

- Paßwort-Durchreichung (PC->LAN->HOST)
  - Struktur der Paßworte (statisch, dynamisch)
  - Verschlüsselte Übertragung
  - zwingende Abmeldung von den Netzressourcen nach Nutzung (automatisch bei Inaktivität, auf Anforderung)
  - einheitliche ggf. einmalige Anmeldeprozedur für Multiservernetze

- Zentrale Administration
  - Verfahren der Rechtedistribution (Profilfile, Chipkarte etc.)
  - Darstellungsmöglichkeit dezentral wirksamer Rechtekonfigurationen
  - Realisierung einer zentralen Zertifizierungsinstanz

# 6 SICHERHEITSFUNKTIONEN VON DOS-SECUWARE (5)

- **Maßnahmen zur Gewährung der Verbindlichkeit**
  - **Identitätsprüfung von Sender/Empfänger**
  - **Integritätsprüfung von übertragenen Daten**
  - **zentrale Zertifizierung von Signaturen**

- **Back-up**
  - **Einrichtung von Zwangs-Back-up's**
  - **Back-up der zentralen Ressourcen**
  - **Back-up der dezentralen Ressourcen**
  - **Paßwortgeschütztes bzw. verschlüsseltes Back-up**

- **Schutz von Netzkomponenten**
  - **dedizierter Router / Bridge**
  - **dedizierter Print-Server**
  - **dedizierter Communication-Server**

# 7 Begleitende organisatorische ISi-Massnahmen (1)

- Sensibilisierung der Benutzer für Sicherheitsbelange (Schaffung von Transparenz -> Akzeptanz)

- Einrichtung von Service-Centern

- Schulung der Systemnutzung (inkl. SECUWARE)

- Durchsetzung zentraler Beschaffungsvorgaben für Hard- und Software
  (Vermeidung von Inkompatibilitäten, Hard- und Software-Zoo)

- Einsatz von Anreizmechanismen für besondere sicherheitsrelevante Stellen (Systemadministrator etc.)

- Klare und dokumentierte Regelung von Zutritts-, Zugangs- und Zugriffsberechtigungen

- Dokumentation aller ablauf- und aufbauorganisatorischen Regelungen sowie deren Realisierung auf der technischen Ebene

- Sicherstellung der Pflege und Aktualisierung aller getroffenen Regelungen

# ANHANG: PRODUKTLISTE MIT AUSGEWÄHLTEN FUNKTIONEN (1)

| Produktbezeichnung | Hersteller / Vertreiber | Identifi-kation | Authen-tisie-rung | Integri-täts-prüfung | Rechte-verwal-tung | Rechte-prüfung | Proto-kollie-rung | Wieder-aufbe-reitung | Ver-schlüs-selung | Bild-schirm-abdun-kelung | Tastatur-sperre | Verän-derungs-schutz | Paßwort-durch-reichung | Zentrale Admini-stration |
|---|---|---|---|---|---|---|---|---|---|---|---|---|---|---|
| ANUBIS | 5 S GmbH | ja | ja | ja | ja | ja | nein | nein | nein | ja | ja | ja | nein | nein |
| AR/Crypto 3270-E | Algorithmic Research GmbH | ja | ja | nein | nein | nein | nein | ja | ja | nein | nein | nein | ja | nein |
| AR/Crypto PC | Algorithmic Research GmbH | ja | ja | ja | ja | ja | ja | ja | ja | ja | ja | ja | a. A. | nein |
| bguard | ISAS GmbH | ja | ja | nein | nein | nein | nein | nein | ja | nein | nein | ja | nein | nein |
| CAR-plus | Teleint - Gesellschaft für Computer- und Telekommunikations produkte mbH | ja | ja | ja | ja | ja | ja | ja | nein | nein | nein | nein | ja | nein |
| CLAVIS plus | IBD GmbH | ja | ja | ja | ja | ja | ja | nein | ja | ja | ja | ja | optional | nein |
| CRYPTO-BOX MICRO | Marx Datentechnik GmbH | ja | nein | ja | nein | nein | nein | nein | ja | nein | nein | ja | nein | nein |
| CRYPTO-BOX MICRO PLUS | Marx Datentechnik GmbH | ja | nein | ja | nein | nein | nein | nein | ja | nein | nein | ja | nein | nein |
| CSS-KEY NET | CSS GmbH | ja | ja | ja | nein | nein | nein | nein | ja | nein | nein | ja | nein | nein |
| dguard | ISAS GmbH | ja | (ja) | nein | (ja) | (ja) | nein | nein | nein | nein | nein | (ja) | nein | nein |
| ELKEY-4 AT / ELKEY-4 LT (mit integr. Chipkartenleser) | COMPUTER ELEKTRONIK INFOSYS GmbH | ja | ja | ja | ja | ja | ja | ja | ja | ja | ja | ja | ja | ja |
| ELKEY-4 MCA | COMPUTER ELEKTRONIK INFOSYS GmbH | ja | ja | ja | ja | ja | ja | ja | ja | ja | ja | ja | ja | ja |
| FAILSAFE | DATASAFE | ja | ja | ja | ja | ja | ja | nein | nein | ja | ja | ja | nein | ja |
| GH-Login, GH-Filecontrol, GH-DES, GH-Blockade, GH-MEM, GH-AUDIT | Gliss & Herweg GmbH | ja | ja | ja | ja | ja | ja | nein | ja | ja | ja | ja | nein | nein |

# ANHANG: PRODUKTLISTE MIT AUSGEWÄHLTEN FUNKTIONEN (2)

| Produktbezeichnung | Hersteller / Vertreiber | Identifi-kation | Authen-tisie-rung | Integri-täts-prüfung | Rechte-verwal-tung | Rechte-prüfung | Proto-kollie-rung | Wieder-aufbe-reitung | Ver-schlüs-selung | Bild-schirm-abdun-kelung | Tastatur-sperre | Verän-derungs-schutz | Paßwort-durch-reichung | Zentrale Admini-stration |
|---|---|---|---|---|---|---|---|---|---|---|---|---|---|---|
| HANDS OFF THE PROGRAM | DATASAFE | ja | ja | ja | ja | ja | ja | ja | ja | ja | ja | ja | nein | ja |
| LAN-Crypt | uti-maco Software GmbH | nein | nein | nein | nein | nein | nein | nein | ja | nein | nein | nein | nein | nein |
| MAG-PROtect Plus, MAG-PROtect, INDUK-PROtect, BAR-PROtect, CHIP-PROtect | DESKO GmbH | ja | ja | ja | ja | ja | ja | nein | ja | ja | ja | ja | nein | nein |
| NET-GUARD (inkl. PC-GUARD) | Computer Security Service (CSS) GmbH | ja | ja | ja | ja | ja | ja | nein | ja | ja | ja | ja | ja | nein |
| NU-LOC Multi-User Version | NU Unternehmens-Beratung GmbH | ja | ja | ja | ja | ja | ja | ja | ja | ja | ja | ja | nein | nein |
| NU-LOC Single-User Version | NU Unternehmens-Beratung GmbH | ja | ja | ja | nein | nein | ja | nein | ja | ja | ja | nein | nein | nein |
| OCULIS plus | IBD GmbH | ja | ja | ja | ja | ja | ja | nein | ja | ja | ja | ja | optional | nein |
| Passlock | Data 5 International | ja | ja | ja | ja | ja | nein | ja | ja | ja | ja | ja | nein | nein |
| PC ACCESS | DATASAFE | ja | ja | ja | ja | ja | ja | nein | nein | nein | ja | nein | nein | nein |
| PC-Audit | ISAS GmbH | (ja) | nein | ja | nein | nein | ja | nein | nein | nein | nein | nein | nein | nein |
| Pc-cillin | ISAS GmbH | nein | nein | ja | nein | nein. | nein | ja | nein | nein | nein | ja | nein | nein |
| PC-GUARD | CSS GmbH | ja | ja | ja | ja | ja | ja | ja | ja | ja | ja | ja | optional | ja |
| PC-GUARD + S 100 | CSS GmbH | ja | ja | ja | ja | ja | ja | ja | ja | ja | ja | ja | ja | ja |
| PC-GUARD + S 2000 | CSS GmbH | ja | ja | ja | ja | ja | ja | ja | ja | ja | ja | ja | ja | ja |
| PC-Sicherheitssystem C-SELEKT | uti-maco Software GmbH | ja | ja | ja | ja | ja | ja | ja | ja | ja | ja | ja | nein | nein |

## ANHANG: PRODUKTLISTE MIT AUSGEWÄHLTEN FUNKTIONEN (3)

| Produktbezeichnung | Hersteller / Vertreiber | Identifi-kation | Authen-tisie-rung | Integri-täts-prüfung | Rechte-verwal-tung | Rechte-prüfung | Proto-kollie-rung | Wieder-aufbe-reitung | Ver-schlüs-selung | Bild-schirm-abdun-kelung | Tastatur-sperre | Verän-derungs-schutz | Paßwort-durch-reichung | Zentrale Admini-stration |
|---|---|---|---|---|---|---|---|---|---|---|---|---|---|---|
| PC-Sicherheitssystem SafeBox | uti-maco Software GmbH | ja | ja | ja | ja | ja | nein | ja | ja | ja | ja | ja | nein | nein |
| PCRx | ISAS GmbH | nein | nein | ja | nein | nein | nein | ja | nein | nein | nein | ja | nein | nein |
| PMM (Profi Menü Manager) | KRS GmbH | ja | ja | nein | ja | ja | ja | nein | ja | ja | nein | nein | ja | nein |
| Program Manager plus | DATASAFE | (ja) | (ja) | nein | ja | ja | ja | nein | nein | nein | nein | ja | nein | nein |
| SAFE-Guard Professional | uti-maco Software GmbH | ja | ja | ja | ja | ja | ja | ja | ja | ja | ja | ja | ja | nein |
| SafeBoot SmartDisk | SmartDiskette Marketing GmbH | ja | ja | ja | nein | nein | nein | ja | ja | nein | nein | ja | optional | nein |
| SAFEWARE PAKET | SAFEWARE AG | ja | ja | ja | ja | ja | ja | ja | ja | ja | ja | nein | ja | nein |
| ScanNetz / ScanLang | EDV-Sicherheitsberatung F. - J. Lang GmbH | nein | nein | ja | nein | nein | ja | ja | nein | nein | nein | ja | nein | nein |
| secas i. V. m. seccrypt | Competence Center Informatik GmbH | ja | ja | ja | nein | nein | nein | ja | ja | ja | ja | ja | in Vorberei tung | nein |
| SECNET | Concord-Eracom Computer GmbH | ja | ja | ja | ja | ja | ja | ja | ja | ja | nein | ja | nein | nein |
| SIGNUM | mbp Kommunikationssysteme GmbH | (ja) | ja | ja | nein | nein | nein | nein | ja | nein | nein | ja | nein | nein |
| SMARTGUARD B | KryptoKom GmbH | ja | ja | nein | nein | nein | nein | nein | ja | nein | nein | nein | nein | nein |
| TRUSTED ACCESS i. V. m. HDLOCK | DATASAFE | ja | ja | nein | ja | ja | ja | nein | nein | ja | ja | nein | (ja) | nein |
| WINDEX! | DATASAFE | nein | nein | nein | nein | nein | nein | nein | ja | nein | nein | nein | nein | nein |

Jörg Steindecker

# Audit in Novell-Netzen

## 1. Verwendeter Netzbegriff

Wenn im folgenden von *Novell-Netzen* oder kurz *Netzen* die Rede ist, so ist hiermit die Ge-samtheit aller integrierter Ressourcen (Server, Workstations-, Peripherie zentrale und dezentrale Software und Datenbestände) und Aktivitäten (Prozesse) gemeint.

## 2. Der Begriff "Audit"

Grundsätzlich handelt es sich beim Auditing um einen Vorgang der Sammlung (sicherheits-) relevanter Informationen, die Auskunft über Zustände des Netzes, einzelner Netzwerkkomponenten, Ressourcen und Prozesse geben.

Prinzipiell kann bei Auditing zwischen

*1) statischen Auditing*
*2) dynamischen Auditing*

unterschieden werden, wobei es sich hierbei um keine normative Unterteilung handelt und in realisierten Systemen Mischformen aus beiden Grundprinzipien auftreten.

Erweitert man Auditsysteme (vor alllem dynamische) um automatisierte Analysekomponenten so lassen sie sich zu "einbruchsentdeckenden-Systemen" ausbauen.

Die Analyse der gesammelten Daten dient als Grundlage für (automatisierte) Reaktions- und Entscheidungsprozesse, deren Ziel die möglichst frühzeitige Erkennung und Unterbindung von Prozessen ist, die eine Gefahr für die Systemintegrität, Systemverfügbarkeit darstellen oder einen Mißbrauch von Netzwerkkomponenten und Ressourcen zur Folge haben.

## 3. Statisches Auditing

### 3.1. Begriffsbestimmung

Statisches Auditing ist mit einer Bestandsaufnahme zu vergleichen. Mit Hilfe von statischen Auditing ist es dem Netzwerkverwalter möglich, einen zeitpunktbezogenen Überblick über bestimmte Systemkomponenten eines Netzes zu bekommen, hierzu gehört z.B.:

- Der Softwarebestand, d.h. im Netz lokal und zentral vorhandener Software, Aussagen über den tatsächlichen Einsatz werden hierbei nicht getroffen.
- Der Hardwarebestand, d.h. der Bestand an im Netz eingesetzten Workstationtypen (lokale Konfigurationen, Prozessortypen, Speicher, Netzwerkkarten usw.)
- Systemzustände einzelner Workstations, z.B. Fehlerprotokolle, zentralisierte Überprüfungen

### 3.2. Zielsetzung

Die generelle Konzeption statischer Auditingsysteme ist weniger auf die "Abwehr" **akuter** Sicherheitsgefährdungen ausgerichtet. Sondern dient eher als Instrument für mittelfristige Netz- und Funktionsanalysen (z.B. als Grundlage für Entscheidungen für Ersatz- oder Ergänzungsinvestitionen) und als ein rationelles Instrument der Netzwerk- und Anwenderbetreuung vor allem bei größeren, stark distribuierten Netzen.

Zusammenfassend dient diese Form des Audits u.a. :

- Der Überwachung der tatsächlichen <u>Verfügbarkeit von Ressourcen</u>
- Betreuung des Netzes, d.h. zur zentralisierten Fernanalyse bzw. einer rationaleren Benutzerunterstützung für größere Netze.
- Der Überwachung der Einhaltung getroffener Lizenzvereinbarungen.
- Der generellen Bestandsaufnahme zum Zwecke der Inventarisierung und Abschätzung vorhandener Ressourcen.
- Der zeitpunktbezogenen Kontrolle der Funktionsfähigkeit und Integrität dezentraler Netzwerkkomponenten.

### 3.3. Realisierungsmöglichkeiten statischen Auditings

Innerhalb von Novell-Netzen können die oben beschriebenen Funktionen nur <u>eingeschränkt</u> von den novelleigenen (systemzugehörigen) <u>Standard</u>komponenten (gilt für 2.x - 3.11) wie dem NLM *Monitor* oder dem *Accounting*-System abgedeckt werden. Neben den fehlenden Zugriffsmöglichkeiten auf die Workstations, fehlen vor allem Möglichkeiten zur **automatisierten** Überwachung und Auswertung.

Für detailliertere Informationen sind zusätzliche Softwarelösungen, sog. *Lanalyser*, erforderlich. Sollen automatisierte (auch lokale) Zugriffe durchgeführt werden, empfiehlt sich eine Kombination verschiedener Softwarekomponenten :

1) Ein serverbasierter Prozeß (VAP/NLM) zur Eventsynchronisation. Aufgrund der Zielsetzung einer eher zeitpunktbezogenen (Multi-)Momentaufnahme, reichen hier einfach zu realisierende Terminsteuerungen (Scheduler) aus.
2) Eine Schnittstelle, die dem Netzwerkverwalter zur Definition von Events sowie zur Festlegung der durchzuführenden Tests/Abfragen dient. Und die gewonnenen Ergebnisse in sinnvoller Weise zur Verfügung stellt. Die Realisierung einer solchen Schnittstelle kann hier als Systemprogramm oder/und als zusätzlicher Serverconsolprozeß erfolgen.

3) Ein lokaler Prozeß (Demon), dessen Aufgabe die lokale Synchronisation -in erster Linie Vermeidung von Kollisionen mit lokalen Prozessen und lokale Prozeßsteuerung- und die Abwicklung der Kommunikation mit Serverprozeß ist. Innerhalb von Netware läßt sich die Kommunikation via IPX/SPX realisieren. Dieser Prozeß ermöglicht so auch den Zugriff auf lokale Platten etc.

4) Eine Datenbankorganisation, die der Verwaltung und Auswertung der durch das Audit gewonnenen Daten dient.

## 4. Dynamisches Auditing

### 4.1.  Begriff und generelle Zielsetzung

Beim **dynamischen Auditing** (im folgendem einfach Auditing) findet eine **kontinuierliche Form der Informationssammlung** statt und die gesammelten Informationen sind in erster Linie **Prozeßdaten**.

Während das statische Auditing im wesentlichen für die Netzwerkverwaltung bzw. -betreuung von Bedeutung ist, lassen sich die Methoden des dynamischen Auditing für folgende generelle Zielsetzungen einsetzen :

1) Sicherung der Systemintegrität und Schutz vor System- und Datenmißbrauch
2) Netz-LOG-Funktionen für Dokumentations- (z.B. um Anforderungen des BDSGzu genügen) und Recherchezwecke (z.B. nachträgliche Fehlerquellen- und Verursacheranalysen)
3) Ressourcenauslastungs- und Datenflußanalysen

Die *traditionellen* Einsatzgebiete für Auditing-Systeme liegen vor allem in Punkten 1) und 2).

In diesen Bereichen sollen die frühzeitige Erkennung folgender Sicherheitsverletzungen ermöglichen :

1) Einbruchsversuchen in ein Netz durch "Netzfremde" ("Hacking"), d.h. der Versuch des unberechtigten Zugangs und u.U. der Kontrolle des Netzes durch Außenstehende.
2) Nicht autorisierte Zugriffe prinzipiell zugelassener User, d.h. Versuche <u>außerhalb</u> eingeräumter Privilegien auf prinzipiell gesperrte Ressourcen oder Daten zuzugreifen.
3) Mißbrauch eingeräumter Rechte (Profilverletzungen s.u.) durch Prozesse (z.B. ein Virus mißbraucht Rechte des User zur Infektion von Programmen) oder User (z.B. Systemverwalter mißbraucht seine Zugriffsrechte zur Einsichtnahme in vertrauliche Datenbestände)

### 4.2. Sammlung von Audit-Trails

Wie bereits erwähnt werden zunächst die relevanten Prozeßdaten kontinuierlich aufgezeichnet. Welche Daten für ein Auditing relevant sind, hängt in erster Linie von der spezifischen Zielsetzung des geplanten Schutzsystems ab.

Grundsätzlich relevant sind (u.a.) :

- Dateizugriffe (erstellen, lesen, ändern, löschen) sowie verbundene Privilegien
- Nutzung systemkritischer/sicherheitsrelevanter Programme und Daten
- Verzeichnis- und Volume-Zugriffe
- An- und Abmeldevorgänge (Connect/Disconnect, Login/Logout) im Netz
- Zugriffe auf spezielle System- bzw. Verwaltungsfunktionen (Konsolfunktionen, Startupabläufe, Loginprozeduren usw.)
- Zugriffe/Änderungen auf/von User-Definitionen und sonstige Bindery-Objekten
- Betriebsystemfunktionen

Prinzipiell ließe sich die obige Liste (fast) beliebig ausbauen, doch dieses ist in der Praxis vor allem im Hinblick auf die Bewältigung des großen Umfanges anfallender Auditdaten sowie daraus resultierender (zusätzlicher) Netzbelastungen weder sinnvoll noch erforderlich.

In der Regel genügt die Überwachung ausgewählter (kritischer) Systemfunktionen (z.B. An- und Abmeldungen, Veränderungen von Privilegien, Manipulationen von Programmdateien) sowie die Überwachung ausgewählter Datenbereiche, die tatsächlich schützenswerte Daten enthalten.

Der strukturelle Aufbau der gesammelten Prozeßdaten in Form der eigentlichen Audit-Trails ist aus Datensätzen variabler Länge mit folgendem (groben) Aufbau :

**Subjekt - Transaktion - Objekt - Ergebnis - Zeitmarke**

Das **Subjekt** kennzeichnet den ausführenden Prozeß, der z.B. durch eine

**NodeID_[UserID | Binderyobject]_[Service | Programm | INT]**

detaillierter gekennzeichnet ist. Die Beschreibung des Objekts erfolgt strukturgleich.

Die **Transaktion** beschreibt den angeforderten Service bzw. die Form des gewünschten Zugriffs (z.B. Lesezugriff) auf das **Objekt** (z.B. eine Datei, Binderyobject). Das Feld **Ergebnis** enthält z.B. eventuelle Rückgabewerte aus der Transaktion wie z.B. "Access denied". Die obligatorische Zeitmarke enthält die zeitliche Zuordnung des Gesamtvorgangs orientiert an einer "Globalclock", innerhalb eines Netzes sinnvoller Weise die des (synchronisierenden) Servers.

Für eine reine Protokollierungsfunktionalität reichen *Offline-Audit Systeme* aus. D.h. es findet zwar eine kontinuierliche online Datensammlung statt, die Auswertung beschränkt sich aber auf **halbautomatische Verfahren** (z.B. Datenbankauswertungen, Statistiken, Listen etc.) und die Analyse bzw. Interpretation der Daten wird in der Regel manuell ausgeführt.

### 4.3.    Technische Umsetzung

Ein Teil der oben beschriebenen Funktionalitäten ist z.B. im *Accounting*-System der älteren Versionen von Netware (allerdings beschränkt auf den Supervisor) enthalten. Eine stark erweiterte Funktionalität weist in dieser Hinsicht **Netware 4.0** mit dem speziellen Audit-Konsole Programm **Auditcon** sowie zugehörigen APIs auf.

Mit Hilfe dieser in Netware 4.0 enthaltenen Funktionen lassen sich <u>auf den Servern</u> folgende Vorgänge überwachen :

1.    Logins und Logouts
2.    Datei- und Directoryzugriffe
3.    Veränderungen von "Trustees"
4.    User/Directory-Service-Objekt Zugriffe
5.    Zugriffe auf queues

Um auch lokale Prozesse, erweiterte Funktionalitäten oder spezielle Anforderungen abdecken zu können, sind allerdings ergänzende Softwarelösungen erforderlich. Abgesehen von der Erforderlichkeit einer sehr stark **erweiterten Eventsteuerung** sind hierfür Systeme mit einer ähnlichen Aufbaustruktur wie die bereits vorgestellten Systeme für statisches Auditing sinnvoll.

### 4.4.    Zusätzliche Nutzungsmöglichkeiten

Bei der Aufzählung der grundsätzlichen Zielsetzung von Auditingsystemen habe ich für die vorherigen Abschnitt beschriebenen Anwendungsgebiete den Begriff "*traditionell*" einfließen lassen.

Neben einer reinen Nutzung zur Erkennung von Sicherheitsverletzungen lassen sich die gewonnenen Auditingdaten auch unter **betriebswirtschaftlichen und organisatorischen Aspekten** in Ergänzung zu Accounting-Daten nutzen. Da die gewonnenen Daten auch Auskünfte über betriebsinterne Informationsflüsse sowie die tatsächliche Ausnutzung und Auslastungsverteilung der zur Verfügung stehenden Ressourcen geben und somit also zusätzliche Informationen für Organisations- und Investionsentscheidungen liefern können.

Weiterhin können dynamische Auditsysteme in Kombination mit den bereits vorgestellten statischen Auditmechanismen auch zur Sicherstellung der ständigen "Verfügbarkeit" des Netzes eingesetzt werden, indem in das Audit Fehlererkennungsmechanismen integriert werden, die z.B. mit der automatisierten "Alarmierung" von Servicecentern kombiniert werden. Gerade letztere Anwendungsmöglichkeit wird für die effiziente Betreuung weit distribuierter Netze wie sie mit Netware 4.0 möglich sind, von zunehmender Bedeutung sein.

## 5. Automatisierte Erkennung von Sicherheitsverletzungen

Um auf Basis von Auditing einen automatisierten Schutz des Systems zu ermöglichen, reichen reine Datensammlungs-Verfahren nicht aus, d.h. der Prozeß des Auditing muß um entsprechende offline oder realtime Analyseverfahren erweitert werden. Ziel der Audit-Trail-Analyse ist es, auftretende Sicherheitsverletzungen in einem frühen Stadium weitgehend automatisiert zu erkennen und dadurch entsprechend schnelle Reaktionen ermöglichen. Solche **"einbruchsentdeckenden"** Systeme wurden konzeptionell z.B. von Dorothy Denning [Requirement and Model for IDES, 1985] und Teresa Lunt [Real-Time Intrusions Detection,1989] mit dem Titel *IDES (Intrusion detection expert system)* vorgestellt. Spezialisiert auf Virenerkennung existiert ein ähnliches (Test-)System mit dem Namen *VIDES* (Virus detection expert system) von M. Swimmer und S. Fischer-Hübner.

Diese Analyse-Systeme werten selbständig die eingehenden Auditdaten anhand von a priori Regeln aus. Die entsprechenden Expertensysteme versuchen hierbei anomales Systemverhalten anhand einer Kette vom "normalem" Prozeßverhalten abweichenden Transaktionen zu erkennen und aus dem gewonnenen "Transaktionsmuster" auf eine spezielle Sicherheitsverletzung (s.o.) zu schließen.

Voraussetzung für die Erkennung ist die Definierung (deklaratorische Verfahren) oder Gewinnung (statistische Verfahren) von **Subject-Profilen** die sowohl typische Merkmale eines normalen Verhaltens als auch typische Merkmale eines anomalen Verhaltens von Subjekten (s.o.) festlegen. So wäre z.B. ein <u>einfaches</u> **Subject-Profilen** für ein "Schreibbüro"

......
Lesender/ausführender Zugriff auf eine Textverarbeitung z.B. Word
Erstellung/Modifikation zugehöriger Dateitypen (.DOC, TXT etc.)
Zugriff auf ausgewählte Datenbestände Adressdaten und Schriftverkehr
Nutzung bestimmter Printqueues, Printserver und Printer

....

Ein entsprechende Abweichung und somit ein Anzeichen einer möglichen Sicherheitsverletzung wäre dann z.B. ein schreibender Zugriff auf eine Programmdatei.

Bereits das obige primitive Beispiel läßt vor allem in großen Netzen mit einer Vielzahl unterschiedlicher (inhomogener) Netzaktivitäten, die Fülle der auszuwertenden Auditdaten und die Komplexität der zu bearbeitenden Regeln erahnen. Neben der Formulierung und Auswertung der a priori Regeln, ist die Erreichung eines angemessenen Laufzeitverhalten dieser Systeme eines der Kernprobleme der Realisierung einbruchsentdeckender Systeme.

## 6. Einschränkungen

Dieser abschließende Teil soll noch zwei sehr wesentliche Einschränkungen oder besser Nebenbedingungen hervorheben.

### 6.1.   Datenschutzrechtliche Aspekte

Obwohl das BDSG in bestimmten Bereichen sogar selber Sicherungsmaßnahmen wie sie von Auditingsystemen zur Verfügung gestellt werden vorschreibt, müssen sowohl vor als auch beim Einsatz vor allem von dynamischen Auditingsystemen die datenschutzrechtlichen und betriebsverfassungsrechtlichen Anforderungen beachtet werden.

D.h. je nach Ausgestaltung des Systems müssen ggf. der Betriebsrat und der Datenschutzbeauftragte des Betriebes vor dem Einsatz hinzugezogen werden. Und die Auditdaten müssen vor dem Zugriff durch Unbefugte geschützt werden (z.B. durch Verschlüsselung, weitgehende Entpersonalisierung von Auswertungen usw.)

### 6.2.   Sicherheitstechnische Grenzen

Auditingsysteme unabhängig welcher Komplexität können nur als **ein** Bestandteil eines gesamten Netzwerk-Sicherheits- und Organisationskonzeptes angesehen werden. Sie sind auf keinen Fall ein Ersatz für sonstige Sicherheitskomponenten wie z.B. Datensicherungs-, Zugriffsschutz- oder Netzsicherungssysteme (wie 2-Servermodelle, USV usw.), sondern dienen den Betreibern eines Netzes zur **Früherkennung** eventueller Sicherheitsverletzungen.

Gliederung

# Gliederung

1. Definition "Audit"
2. Statisches Auditing
3. Dynamisches Auditing
4. Einbruchsentdeckung
5. Einschränkungen

Definition "Audit"

# Definition "Audit"

¤ Grobe Begriffsbestimmung

## Definition "Audit"

**Es gibt keine allgemeingültige Definition**

**Automatisierte Sammlung von Daten**

¤ Zustände von Netzwerkkomponenten

¤ (Aus-)Nutzung von Ressourcen

¤ Laufende Prozesse im Netz

## Definition "Audit"

**Folgende Unterscheidung ist möglich**

- ¤ Statisches Auditing
- ¤ Dynamisches Auditing

In der Praxis häufig **Mischformen**

**Allgemeine Zielsetzung von Auditing**

- ¤ Erkennung von Sicherheitsverletzungen
- ¤ Fehleranalysen
- ¤ Netzanalysen

Statisches Auditing

# Statisches Auditing

¤ Begriff

¤ Zielsetzung

¤ Realisierung

## Statisches Auditing

**Ähnelt eher einer "*Bestandsaufnahme*"**

**Durchführung erfolgt :**

¤ Kontinuierlich, aber in **relativ** **großen** Abständen (≈ **Multimomentstudie**)

¤ durch direktes **auslösen**

**In das Audit einbezogen werden z.B. :**

¤ Softwarebestand (**Softwareaudit**)

¤ Hardwarebestand (z.B. Konfigurationen)

¤ Systemzustände von Hardwarekomponenten

## Statisches Auditing

**Statisches Auditing dient**

- der Überwachung der Verfügbarkeit
- der Durchführung von Fernanalysen
- Überwachung von Lizenzvereinbarungen
- der "Inventarisierung"
- der mittelfristigen Integritätskontrolle

**<u>Weniger</u> zur Erkennung <u>akuter</u> Sicherheits-verletzungen.**

**Instrument für Netz- und Funktionsanalysen**

Statisches Auditing

**Mögliche Realisierung unter Novell**

¤ Serverbasierter Prozeß (VAP/NLM) zur **Eventsynchronisation** (z.B. Scheduler).

¤ **Schnittstelle zur Steuerung** und zur Darstellung der Audit-Daten.

¤ Eine **Datenbankverwaltung** zur Sammlung und Auswertung der Audit-Daten

¤ "lokaler" Prozeß -**Demon**- zur Synchronisation und Kommunikation

## Dynamisches Auditing

# Dynamisches Auditing

¤ **Definition**

¤ **Audit-Trails**

¤ **Umsetzung**

## Dynamisches Auditing

**Fortlaufende Sammlung** von Daten in Form sog. **Audit-Trails**

Relevant sind in erster Linie **Prozeßdaten**

**Generelle Zielsetzung, Erkennung von :**

- Verletzungen der Systemintegrität
- LOG-Funktionen zur Dokumentation
- Ressourcenauslastung und Datenflußanalysen
- *Traditionelle* Anwendungsgebiete

Dynamisches Auditing

**Im Sicherheitsbereich <u>Grundlage</u> zur Erkennung von :**

¤ Einbruchsversuchen durch "Netzfremde" (**"Hacking"**)

¤ Nicht autorisierter Zugriffe (**"Privilegverletzungen"**)

¤ Mißbrauch eingeräumter Rechte (**"Profilverletzungen"**)

## Dynamisches Auditing

**Zur Erkennung "anomaler" Prozesse sind grundsätzlich relevant :**

- ¤ An- und Abmeldevorgänge
- ¤ Zugriffe auf Volumes, Verzeichnisse, Dateien
- ¤ Modifikationen von Privilegien ("Trustees")
- ¤ Modifikationen von (Bindery-)Objekten
- ¤ Nutzung kritischer Programme und Daten

## Dynamisches Auditing

**Struktureller Aufbau von Audit-Trails:**

- Subjekt / Transaktion — Ausführender Prozeß
- Objekt — Betroffenes Objekt
- Ergebnis — z.B. Rückgabewerte
- Zeitmarke — Serverzeit

# Dynamisches Auditing

**Beschreibung von Subjekten und Objekten :**

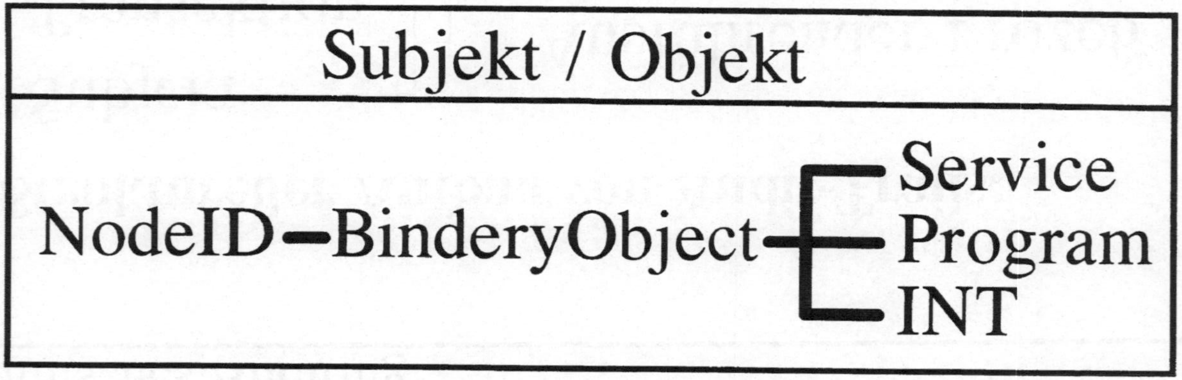

Subjekt / Objekt

NodeID – BinderyObject ⊏ Service / Program / INT

## Dynamisches Auditing

*Netware 4.0* **unterstützt einige Auditfunktionen <u>direkt</u>:**

¤ Logins- und Logouts

¤ Datei- und Directoryzugriffe

¤ Modifikationen von "Trustees"

¤ Zugriffe auf User/Directory-Service-Objekte

¤ Zugriffe auf Queues

Schnittstellen *AuditCon* und zugehörige *APIs*.

## Dynamisches Auditing

**Betriebswirtschaftliche Aspekte von Auditing:**

- ¤ Auskunft über betriebsinterne **Informationsflüsse**
- ¤ Tatsächliche **Ausnutzung von Ressourcen**

Somit Ergänzung von *Accounting*

**Zusätzliche Informationsquelle für:**

- ¤ Organisatorische Maßnahmen
- ¤ Investionsentscheidungen

Einbruchsentdeckung

# Einbruchsentdeckung

¤ **Modelle**

¤ **Audit-Analyse**

## Einbruchsentdeckung

Um Auditing-Daten **automatisiert** auswerten zu können, benötigt man zusätzlich eine

**Audit-Trail-Analyse**

Im Bereich der IT-Sicherheit lassen sich durch die **Kombination von Audit und Analyse** **"einbruchsentdeckende Systeme"** bilden.

## Einbruchsentdeckung

Entsprechende nicht Novell spezifische Modelle
sind **z.B.** :

¤ *IDES* (Intrusion detection expert system)
  [D. Denning und T. Lunt]

¤ **VIDES** (Virus detection expert system)
  [S. Fischer-Hübner, M. Swimmer]

## Einbruchsentdeckung

Systeme wie IDES sind **Expertensysteme**.

Sie arbeiten mit **a priori Regeln**

**Voraussetzung :**

Verhaltens-Merkmale (**Subject-Profile**)
von **normalen** und **anomalen** Prozessen müssen
bestimmt werden !!

Einschränkungen

# Einschränkungen

¤ Datenschutz

¤ Grenzen

## Einschränkungen

**Bestimmungen des BDSG und des BetrVG müssen beachtet werden !**

Hierzu gehört u.a. :

¤ Hinzuziehung des Datenschutzbeauftragten und ggF. des Betriebsrates vor dem Einsatz.

¤ Schutz der Audit-Daten vor dem Zugriff Unbefugter und vor Mißbrauch.

¤ Weitestgehende Entpersonalisierung der Daten

# Einschränkungen

**Sicherheitstechnische Grenzen:**

Audit-Systeme sind nur _**ein Bestandteil**_ eines Sicherheitskonzeptes.

Sie dienen der

**Aufdeckung von Sicherheitslücken**

und der

**Früherkennung von Sicherheitsverletzungen.**

## Einschränkungen

Sie **ersetzen NICHT** den Einsatz von

- Zugriffsschutzmaßnahmen
- Datensicherungsmaßnahmen

◆ ◆ ◆

**Sondern sie steigern die Effizienz dieser Maßnahmen.**

**Dipl.-Ing. Norbert Pohlmann**

# Sicherheit in Unix-Netzen (TCP/IP)

**Zusammenfassung**

Der Einsatz von UNIX-Netzen im privaten und im öffentlichen Bereich setzt sich in zunehmendem Maße durch. In diesem Beitrag wird dargestellt, welche prinzipiellen Bedrohungen auf UNIX-Netze wirken und welche Sicherheitskonzepte zum Schutz vor potentiellen Angriffen verwendet werden können. Dabei wird speziell auf die Verschiedenartigkeit der einzelnen Konzepte eingegangen.

**Gliederung**

1. UNIX Kommunikationsarchitektur

    1.1 DoD Protokollfamilie (TCP/IP)

    1.2 Anwendungsprotokolle

2. Angriffsmöglichkeiten in UNIX-Netzen

3. Sicherheits-Konzepte

    3.1 Kerberos

    3.2 Security für "Distributed Computing Environment - DCE"

    3.3 Integration in die Anwendungen

    3.4 Sicherheits-Schicht

    3.5 User Access Control Monitor

4. Schlussbemerkung

5. Literatur

## 1. UNIX Kommunikationsarchitektur

UNIX bietet als Kommunikationsinfrastruktur die DoD-Protokollfamilie, die vom Department of Defense (USA) zur Vereinheitlichung der Computer-Kommunikation im Rahmen der ARPANET entwickelt wurde /Kauf91/. UNIX-Netze bestehen meistens aus dem Zusammenschluß vieler einzelner (lokaler) Netzwerke (Internet).

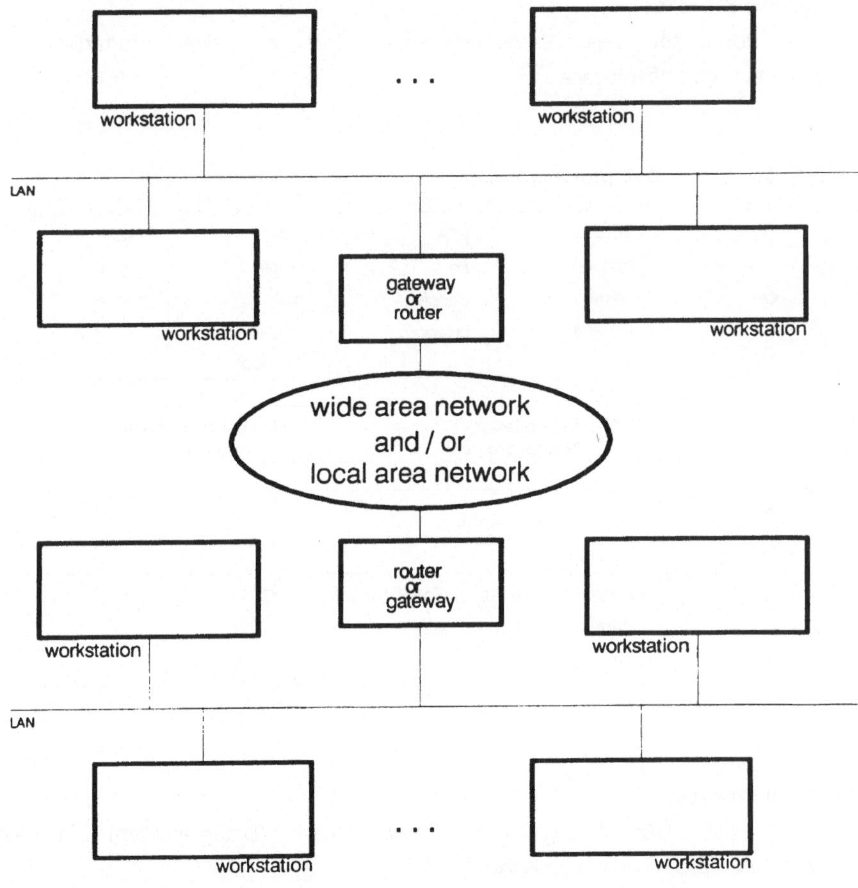

### 1.1 DoD Protokollfamilie (TCP/IP)

- Integrativer Bestandteil in UNIX
- Kommunikationsprotokolle für die Schichten 3-7
- geeignet für verschiedene Übertragungsmedien, -systeme und -netze
- besonders geeignet für heterogene Internet-Umgebung, unterschiedliche Rechner und unterschiedliche Hersteller
- defacto Standard
- die Portabilität des Betriebssystems führt zu einer Portabilität der Kommunikationssoftware

| ISO-OSI | DoD protocol stack | | | |
|---|---|---|---|---|
| 7<br>6<br>5 | TELNET<br>network<br>virtual<br>terminal | FTP<br>file<br>transfer<br>protocol | SMTP<br>simple<br>mail<br>transfer<br>protocol | NSP<br>name<br>server<br>protocol |
| 4 | TCP - transmission control protocol | | UDP - user datagram protocol | |
| 3 | IP - internet protocol | | | |
| 2<br>1 | Ethernet (IEEE 802.3), Token Ring (IEEE 802.5)<br>Wide Area Network (X.25)<br>etc. | | | |

### IP (Internet Protocol)

- dient der Übertragung von Datenblöcken (Datagrammen) in einer verbindungslosen Kommunikation
- bietet Fragmentierung und Reassemblierung von großen Datenpaketen
- bei Internet-Kommunikation Nutzung eines IP-Routers (IP-Gateway), der es ermöglicht, die Daten über einen geeigneten Weg durch das Internet zu leiten
- Zuverlässigkeit der Übertragung

**TCP (Transmission Control Protocol)**

gewährleistet eine zuverlässige Verbindung zwischen den Kommunikationspartnern
- bietet eine Flußkontrolle mit Numerierungs- und Fenstermechanismus
- ermöglicht das Multiplexen von Verbindungen über sogenannte Sockets (Ports)
- bietet Zeitüberwachung der Verbindung
- bietet Spezialfunktionen, um Vorrangdaten schnell über das Internet zu übermitteln


## 1.2 Anwendungsprotokolle

Im folgenden werden die wichtigsten Anwendungsprotokolle (DoD), die über TCP/IP verwendet werden, kurz dargestellt. Diese Protokolle werden sowohl von Prozessen als auch direkt von Anwendern genutzt.

**TELNET (Network Virtual Terminal)**
- ist ein einfaches "Remote Terminal Protocol"
- erlaubt den Aufbau einer TCP-Verbindung zwischen zwei Rechnern
- nach dem Login kann mit den dem entsprechenden USER zur Verfügung stehenden Privilegien gearbeitet werden


**FTP (File Transfer Protocol)**
- ermöglicht den Austausch von Dateien zwischen entfernten Rechnern über TCP/IP
- Daten können als Binär-, ASCII- oder EBSIDIC-Daten übertragen werden


**SMTP (Simple Mail Transfer Protocol)**
- einfaches Protokoll für den reinen Austausch von Mails über ein Netzwerk
- dazu wird eine TCP/IP-Verbindung zum Kommunikationspartner aufgebaut

## 2. Angriffsmöglichkeiten in UNIX-Netzen

Es ist in offenen Systemen mit bestimmten technischen Anforderungen einfach möglich, sich an ein System anzuschließen. Ein Beispiel sind z.B. die Kommunikationssteckdosen im LAN-Bereich, mit denen ein Rechner durch Einstecken eines Steckers sofort angeschlossen werden kann.

Grundsätzlich können die Angriffsmöglichkeiten in Netzen in zwei verschiedene Gruppen aufgeteilt werden, die im folgenden vereinfacht dargestellt werden /Pohl92//RuPo89/:

**Passive Angriffe**
Abhören der übertragenen Daten wie z.B.:
*        Entwicklungsunterlagen von neuen Produkten
*        vertrauliche Preislisten
*        Paßwörter, mit denen Angreifer dann unerlaubt Zugriff zu Rechnersystemen erlangen können
*        Personenbezogene Daten, die unter das Datenschutzgesetz fallen
*        usw.

**Aktive Angriffe:**
*        Wiederholung, Verzögerung, Einfügung oder Löschen von Informationen wie z.B. der Geldbetrag bei einer Überweisung
*        Modifikation von Daten, wie z.B. die unbemerkte Änderung einer Kontonummer bei einer Geldüberweisung
*        Leugnen einer Kommunikationsumgebung wie z.B. das Abstreiten einer Bestellung

**Hopping**
Hopping ist das unerlaubte Weiterhüpfen von einem Remote-Rechner auf einen nächsten Rechner. Dabei werden die Rechte des Remote-Rechners für den Zugriff auf den weiteren Rechner genutzt.
In vielen Anwendungen, wie z.B. bei Service-Arbeiten, ist es sinnvoll, remote-mäßig auf Rechner zuzugreifen. Es muß aber verhindert werden, daß von dort aus auf andere Rechner unerlaubt zugegriffen wird.

Es kann zwischen einem "interaktiven - Hopping" und einem "batch - Hopping" unterschieden werden.

Bei einem interaktiven Hopping wird interaktiv eine "Remote-Kette" aufgebaut. Dabei wird z.B. bei TELNET die entsprechende Meldung von einem Rechner zum anderen geschleift, wobei aber nur beim Endsystem die Bildschirmausgabe erfolgt.

Beim "batch - Hopping" wird z.B. mit "Daemon-Prozessen", die zu einem bestimmten Zeitpunkt aktiviert werden können, ein Verbindungsaufbau zu einem anderen Rechner gestartet und die entsprechenden gewünschten Aktionen dort ausgeführt.

Allgemeines Problem:
Kontrolle der im TCP/IP-Verbund angeschlossenen Rechner
-       Vertraulichkeit der ausgetauschten Daten
-       Integrität der ausgetauschten Daten
-       Authentikation der Prozesse und/oder User
-       Beschränkung des Zugriffs auf definierte Rechner
-       Unterbinden des Weiterhüpfens (Hopping) auf nicht zugelassene Rechner

### 3. Sicherheits-Konzepte

In diesem Kapitel werden Konzepte dargestellt, die zum Schutz von Angriffen der oben beschriebenen Bedrohungen verwendet werden können. Jedes der beschriebenen Sicherheitskonzepte hat bestimmte individuelle Merkmale, die in Abhängigkeit des Bedrohungspotentials sowie des Anwendungskonzeptes mehr oder weniger geeignet sind.

### 3.1 Kerberos

Kerberos, ein Authentikationssystem für offene Rechnersysteme, ist im Projekt "Athena" unter anderem vom Massachusetts Institute of Technology entworfen worden /Kerb88/.

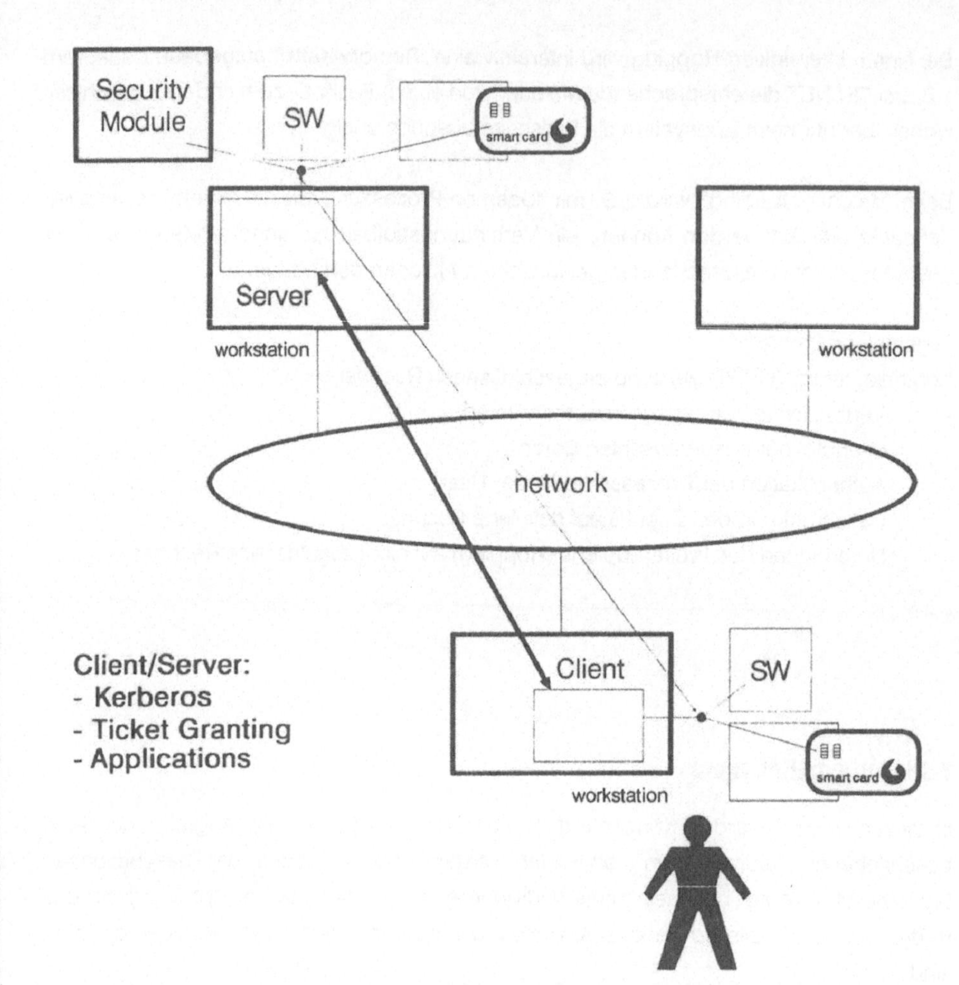


- Kerberos ist ein Authentikationssystem, mit dem sich ein Server (Anwendungsprogramme) von der Authentizität (Echtheit) eines Client (Benutzers) überzeugen kann
- Kerberos bietet insgesamt drei Level von Sicherheit: Authentikation bei Verbindungsaufbau, Authentikation von Nachrichten und Vertraulichkeit von Nachrichten.

-       das Authentikationssystem besteht aus einem "Kerberos-Server" (Authentikations-
        Server), einem "Ticket Granting Server (tgs)" sowie aus den entsprechenden
        Programmen für die Client und Server Prozesse
-       der Ticket Granting Server (tgs) stellt sogenannte "Tickets" aus, die zur
        Verwendung eines Anwendungs-Clients bei einem bestimmten Anwendungs-
        Server zum Identitätsnachweis genutzt werden können
-       die eigentliche Authentikation zwischen Client und Server erfolgt mit Hilfe eines
        Authentikators

### 3.2 Security für "Distributed Computing Environment - DCE"

DCE, ein Konzept von Open Software Foundation, bietet Dienste und Werkzeuge, um
verteilte Anwendungen in heterogenen Rechnersystemen zu erzeugen, zu nutzen und zu
verwalten (siehe /DCE91/).

Um dies zu erreichen, besteht das DCE-Konzept aus folgenden Technologie-
Komponenten:

-       DCE Threads
-       DCE Remote Procedure Call
-       DCE Directory Service
-       DCE Distributed Time Service
-       DCE Security Service
-       DCE Distributed File Service
-       DCE Diskless Support Service

Ein DCE Rechnersystem (DCE Cell) besteht beispielsweise aus den folgenden DCE
Rechner-Komponenten:

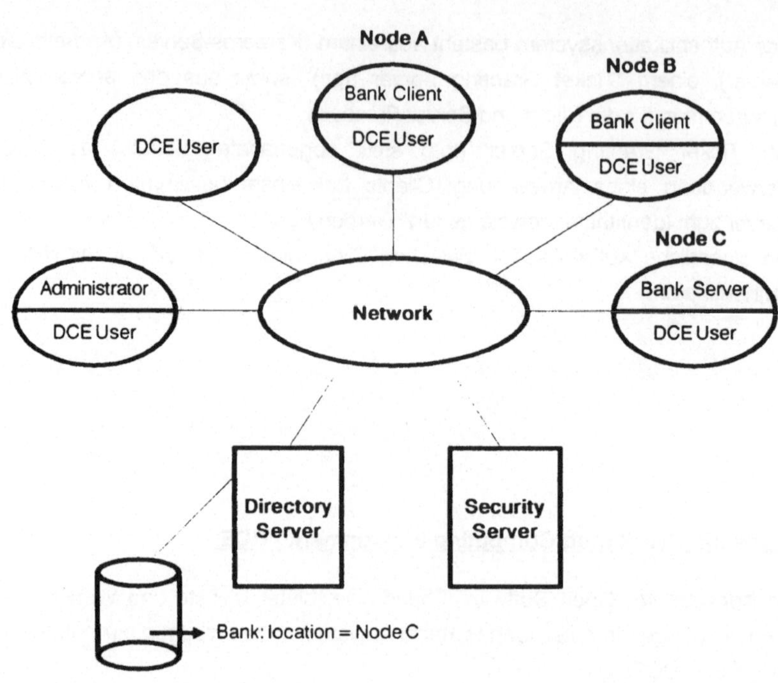



Falls z.B. ein Bank-Client Dienste des Bank-Servers in Anspruch nehmen möchte, wird als erstes der Directory-Server angerufen, in dem die Information enthalten ist, auf welchen Konten der Bank-Server läuft. Anschließend findet die Kommunikation direkt mit den Konten, auf den der Bank-Server läuft, statt.


**DCE Security**

Verteilte Rechnersysteme haben im Vergleich zu klassischen (nicht verteilten) Rechnersystemen weitere neue Sicherheitsanforderungen zu bewältigen. In klassischen Rechnersystemen ist das Betriebssystem für den Schutz der Resourcen und den unerlaubten Zugriff zuständig. In einem offenen und verteilten System werden die Informationen über ein angreifbares Netz ausgetauscht. Aus diesem Grund müssen neue Sicherheitsanforderungen realisiert werden.

Dazu werden beim DEC Konzept folgende Sicherheitsdienste angeboten:

- Registry Service
- Authentication Service
- Privilege Service
- Access Control List Facility
- Login Facility

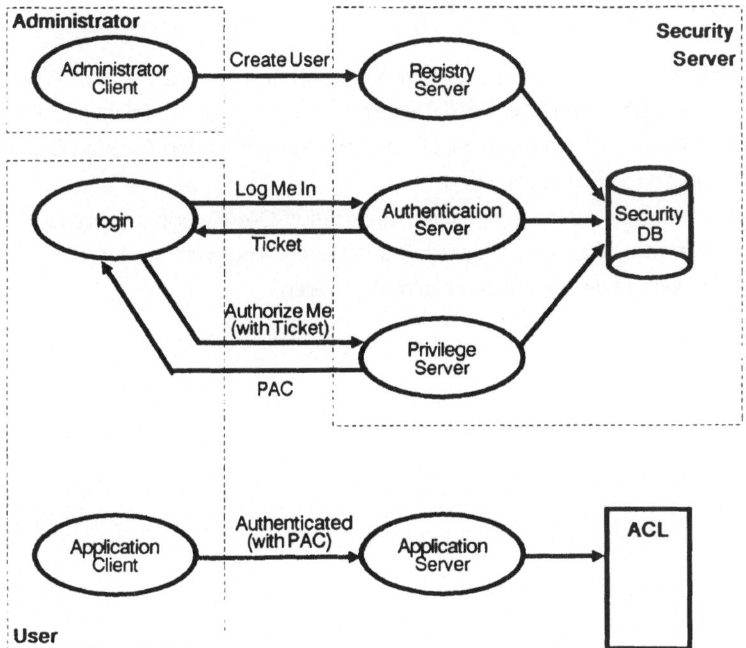


Als erstes muß der Sicherheitsverwalter die Security-Datenbank einrichten und die möglichen User eintragen.

Danach kann von den Usern der LOGIN-Prozess gestartet werden. Im LOGIN-Prozess wird mit dem Authentication- und dem Privilege-Server kommuniziert. Zuerst fordert der Login-Prozeß ein Ticket an, das vom Authentication Server ausgestellt und an den Login-

Prozeß zurückgesendet wird. Nur der richtige User ist in der Lage, das Ticket mit seinem Passwort zu entschlüsseln und damit für die Authentikation zu verwenden.

Anschließend wird das Ticket zur Authentikation zum Privilege Server gesendet, der als Antwort das "Privilege Attribute Certificate - PAC" zurücksendet. Im PAC stehen Information über den User, wie z.B. die Angabe der Gruppe, zu der der User gehört. Das PAC beschreibt, welchen Autorisierungsgrad ein User hat. Mit dieser Information können die Server entscheiden, ob der entsprechende User Zugriff auf Resourcen oder Dienste haben kann.

Nachdem Login-Prozess können die anderen Sicherheitsdienste wie Vertraulichkeit und Authentikation in Anspruch genommen werden.

Möchte ein User einen bestimmten Dienst in Anspruch nehmen, sendet der Application-Client dem Application-Server das PAC. Der Application-Server verifiziert das PAC und überprüft in der Access Control List (ACL), ob der User mit seinen Rechten die Dienste der Applikation in Anspruch nehmen darf.

Die Informationen, die zwischen dem Application-Client und Application-Server ausgetauscht werden, sind verschlüsselt, sodaß kein Angreifer in der Lage ist, die Informationen zu lesen oder zielgerichtet zu manipulieren.

### 3.3 Integration in die Anwendungen

Dieses Sicherheitskonzept eignet sich besonders für den Austausch von Informationen von verschiedenen Rechnersystemen, wie z.B. Kunden und Banken. Bei diesen Anwendungen ist eine Abschottung der Rechnersysteme notwendig, bzw. ein direkter Zugriff auf das Rechnersystem ist nicht gewünscht.

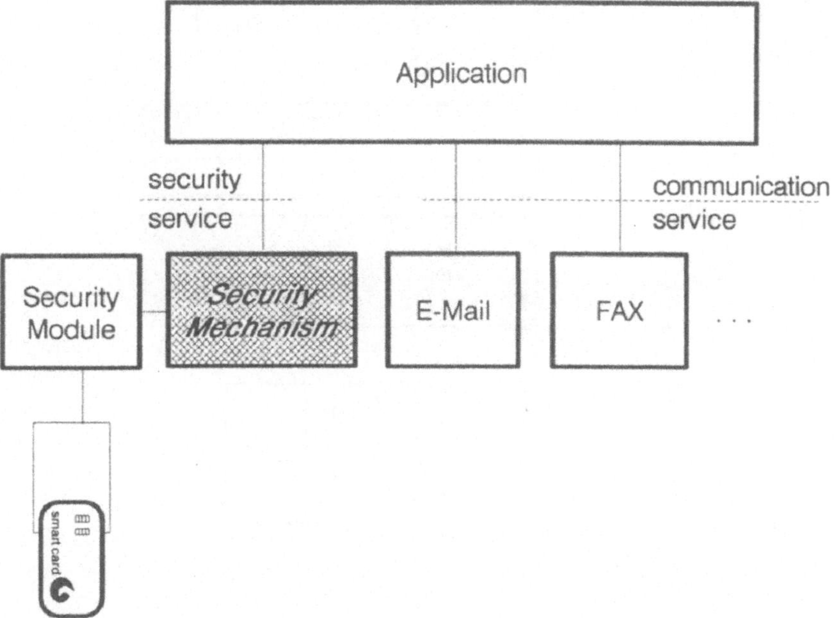


- Es werden zusätzliche Sicherheitsdienstleistungen auf der Anwendungsebene zur Verfügung gestellt /Kryp90/.
- Durch diese Methode können Sicherheitsdienste wie digitale Unterschrift, Sende- und Empfängernachweis erbracht werden.
- Es ist möglich nur bestimmte Daten zu schützen (Selektiver Schutz).
- Mit Hilfe der Benutzerschnittstelle kann die Sicherheitsphilosophie, wie z.B. alle Mail's müssen digital unterschrieben und verschlüsselt werden, einfach realisiert werden.

### 3.4 Sicherheits-Schicht

Sicherheitskonzept, mit dem aus einem ungesicherten Netzdienst ein sicherer Netzdienst
erbracht werden kann.

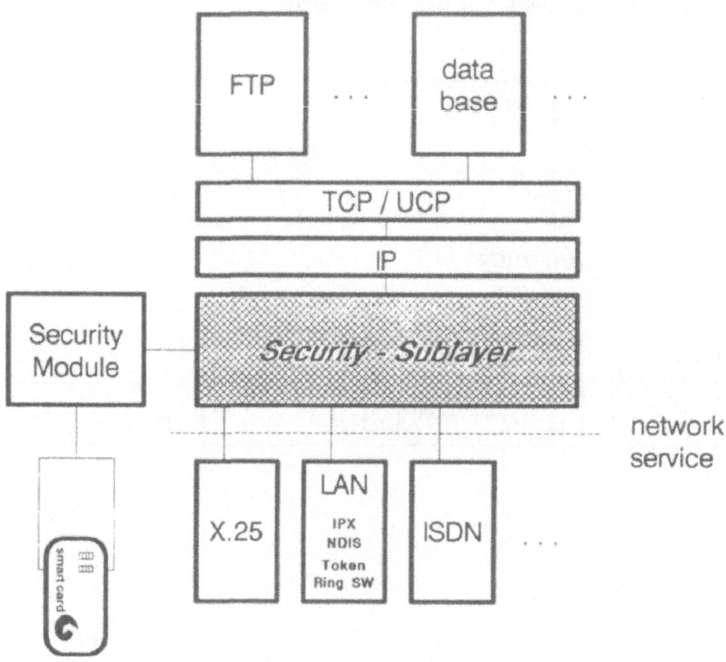


-   Integration der Sicherheitsmechanismen zwischen den OSI-Schichten 2/3 und
    3/4.
-   Einfache Methode, um die Kommunikation im heterogenen Umfeld zu sichern.
-   Es können neben den Sicherheitsdiensten Vertraulichkeit und Gewährleistung der
    Datenunversehrtheit auch die Dienste Instanzen-Authentikation und
    Zugangskontrolle realisiert .erden
-   Die Anwendungen bleiben von der Integration der Sicherheits-Schicht unberührt.
-   Es wird die Sicherheit über verschiedene Netze gewährleistet (siehe Bild).

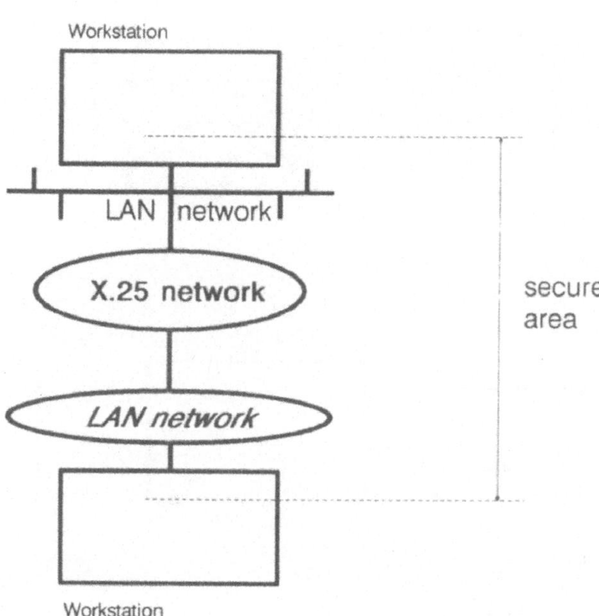


### 3.5 User Access Control Monitor

Bei diesem Sicherheitskonzept ist es erwünscht, daß bestimmte User z.B. für Service-Arbeiten auf einen bestimmten Rechner eines Rechnersystems zugreifen dürfen. Es soll aber verhindert werden, daß diese User auf weitere Rechner des Rechnersystems unbemerkt zugreifen können.

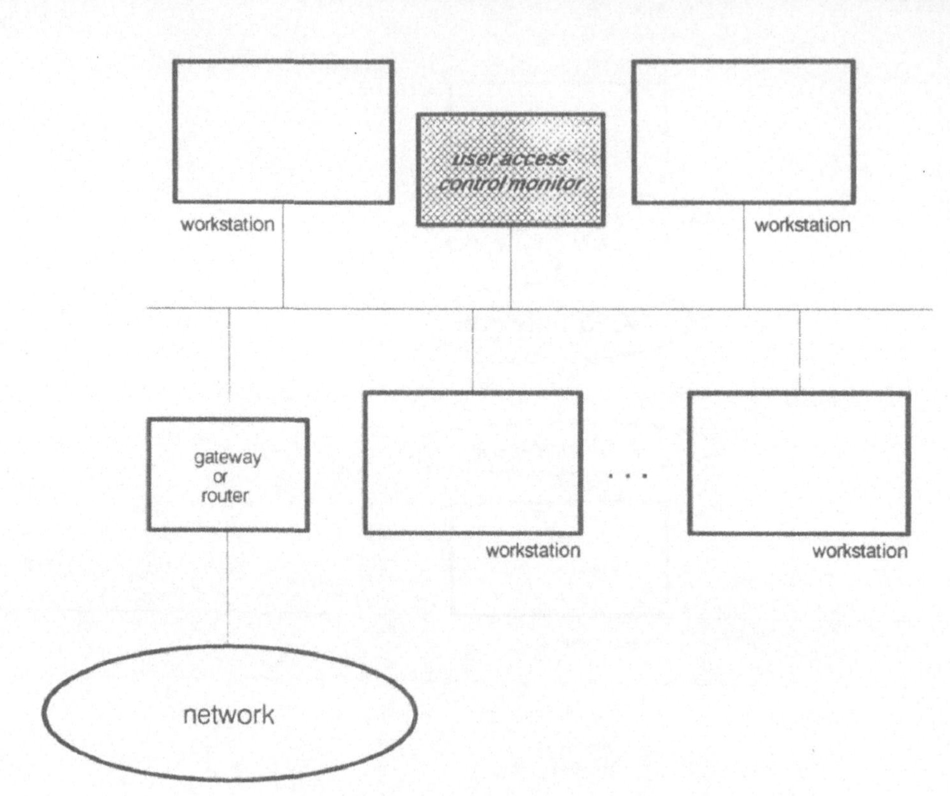


- Erfassung und Analyse aller Computerzugriffe, die über TCP/IP-Protokolle erfolgen
- Kontrolle von Login-Vorgängen, die mit TELNET, FTP oder RLOGIN durchgeführt werden, z.B. auf UNIX-Systemen
- Besonders geeignet für die Überwachung externer Verbindungen, die über Gateways an das LAN herangeführt werden
- Erkennung von geschachtelten Login's
- Unerlaubte Verbindungen können zwangsweise abgebaut werden

## 4. Schlußbemerkung

UNIX ist ein offenes Betriebssystem mit einer offenen Kommunikationsstruktur. Mit der Integration der Sicherheit wird aus dem offenen System wieder ein geschlossenes System, mit allen Vor- und Nachteilen. Welches Sicherheitskonzept die beste Sicherheit und die geringste Einschränkung eines offenen Systems hat, muß von Anwendung zu Anwendung speziell betrachtet werden. In Zukunft werden verschiedene Sicherheitskonzepte parallel integriert werden müssen, z.B. DCE Security für verteilte Rechnersysteme, die nach dem Client-Server-Prinzip arbeiten, und die Integration von Sicherheitsfunktionen in Anwendungen für die Kommunikation mit fremden Rechnersystemen wie z.B. Banken, usw.

## 5. Literatur


DCE91        Open Software Foundation: "Introduction to OSE DCE", Cambridge Center, Cambridge MA 02142

Kauf91   -    F.-J. Kauffels: "Lokale Netze", DATACOM-Verlag, Pulheim 1991

Kerb88   -    Steiner, Neuman, Schiller: "Kerberos - An Authentication Service for Open Network Systems", Dallas, 1988

Kryp90   -    Produktinformation KryptoKom: "SmartGuard B", Aachen, 1990

Pohl92   -    N. Pohlmann: "Sicherheitsdienste in Paket-Netzen und ihre Implementation", Sicherheit in netzgeschützten Informationssystemen - Proceedings des BIFOA-Kongresses, SECUNET 1992

Rula87   -    C. Ruland: "Datenschutz in Kommunikationssystemen", DATACOM-Verlag, Pulheim 1987

Rula90   -    C. Ruland: "Sicherheit und Sicherheitsmanagement in Offenen Kommunikationssystemen", DATACOM-Verlag, Pulheim 1990

RuPo89   -    C. Ruland, N. Pohlmann: "Datensicherheit bei Kommunikation über Datex-P", DATACOM 1/98, DATACOM-Verlag, Pulheim 1989

Prof. Dr. K. Bauknecht

# Definition und Vorgehensplanung für die Einführung einer Sicherheitsarchitektur in offenen verteilten Systemen

Prof. Dr. Kurt Bauknecht
Martin Erzberger

**Das klassische Sicherheitsmanagement bei einzelnen Mehrbenutzersystemen und bei geschlossenen homogenen Netzwerken konzentrierte sich darauf, die bedrohten Werte (Hardware, Software, Daten) zu identifizieren, die Bedrohungen und ihre Auswirkungen zu ermitteln, die Eintretenswahrscheinlichkeit von Sicherheit bedrohenden Ereignissen und die damit verbundenen Kosten zu schätzen und schliesslich adäquate Sicherheitsmassnahmen mit einem bestmöglichen Kosten-/Nutzenverhältnis zu realisieren.**
**Für den Betrieb von offenen verteilten Systemen als Cluster steht nun aber mehr als eine Softwareumgebung zur Verfügung, und der Wechsel von einer NIS/NFS- zu einer OSF/DCE-Architektur ist z.B. zu weitreichend und vielschichtig, als dass die zu lösenden Sicherheitsprobleme allein mit traditionellen Konzepten und einzelnen Kosten-/Nutzengrössen beurteilt werden können. Bevor einzelne Sicherheitsmassnahmen diskutiert werden können, müssen deshalb die grundsätzlichen Auswirkungen der gewählten Umgebung auf die Sicherheit des Gesamtsystems analysiert werden. Ausgehend von einer Fallstudie wird in den folgenden Ausführungen der Frage nachgegangen, ob sich die Umstellung auf eine OSF/DCE-Umgebung allein aus Gründen der Sicherheit lohnt. Die Aussagen stützen sich dabei auf die eigenen Erfahrungen ab, welche zur Zeit bei uns beim Übergang von einer zentralisierten Grossrechnerumgebung auf ein "Distributed Computing Environment" gemacht werden.**

## 1  Einleitung

Das Rechenzentrum der Universität Zürich (RZU) hat im Jahre 1991 beschlossen, auf den anstehenden Ersatz von einem der beiden Grossrechner zu verzichten und stattdessen eine Anzahl von UNIX-basierten Servern einzusetzen. Der Übergang vom Grossrechnerbetrieb auf die Client-Serverumgebung ist mittlerweile erfolgreich vollzogen worden. Eine weitere Umstellung mit weitreichenden Konsequenzen steht jedoch noch bevor: Die Software zur Realisation des Rechnerverbundes soll mittelfristig durch OSF/DCE abgelöst werden.

In den folgenden Ausführungen werden nun einerseits sicherheitsspezifische Schwachstellen der heutigen und einer möglichen künftigen OSF/DCE-Umgebung analysiert, und anderseits werden Fragen zur Wirtschaftlichkeit der beiden Lösungen betrachtet. Aus den gewonnenen Erkenntnissen lässt sich schliesslich abschätzen, ob sich die Umstellung auf OSF/DCE allein aus Gründen der Sicherheit aufdrängt bzw. lohnt.

Im ersten Teil werden die *Hardwarekonfigurationen* der zentralen und der ab 1992 eingesetzten verteilten Umgebung vorgestellt und die grundsätzlichen Sicherheitsanforderungen des RZUs dargelegt. Im zweiten Teil wird die aktuell im Einsatz befindliche Lösung mit ihren sicherheitsrelevanten Problemen und deren Lösungsmöglichkeiten diskutiert, und der dritte Teil legt die geplante *OSF/DCE-Umgebung* dar. Schwerpunktmässig wird hier auf die sicherheitsrelevanten Eigenschaften eingegangen. Im vierten Teil erfolgt eine Wirtschaftlichkeitsbetrachtung der beiden Lösungen, um anschliessend im fünften Teil Schlussfolgerungen zu ziehen.

## 1.1  Das Projekt *UNIX Server am Rechenzentrum* (USAR)

### Projektgeschichte

Pfeiler der Informatikeinrichtung des RZU waren in der Vergangenheit zwei Grossrechner und eine mehrstufige Netzwerkinfrastruktur, mit denen rund 100 Standorte in der Stadt Zürich und einige tausend Benutzer mit Informatikleistung bedient werden konnten. Zu Beginn der 90er Jahre waren gemäss Langfristplanung und bestätigt durch die aktuelle Ressourcenauslastung die Ablösung eines Grossystems und ein massiver Ausbau der Rechenleistung vorgesehen. In Anbetracht neuer Technologien und dem ausgeprägten Trend zur Umorientierung in Richtung verteilter Systeme erschien es jedoch zweckmässig, das gesamte Einsatzkonzept für die Informatikmittel grundsätzlich zu überdenken und vor allem die schwerpunktmässige Ausrichtung auf Grossysteme in Frage zu stellen. Dies war umso mehr angebracht, weil Erfahrungen mit leistungsfähigen Workstations zeigten, dass mit solchen Geräten den Grossystemen beinahe ebenbürtige Leistungen mit wesentlich geringeren Produktionskosten erbracht werden können.

Nach eingehenden Konzeptüberlegungen und Konfigurationsdiskussionen fiel der Entscheid schliesslich zu Gunsten einer Client-Serverlösung, welche als verteiltes heterogenes offenes System implementiert werden sollte.

### Neue Betriebsumgebung

Der Entscheid für die verteilte heterogene Systemlösung und der Einbezug von Workstation Cluster hatten verschiedene einschneidende Konsequenzen. Vor allem die Realisierung einer neuen Betriebsumgebung bedingte eine grosse Zahl von teilweise sehr anspruchsvollen Teilprojekten. Auszugsweise seien hier folgende Schwerpunktaktivitäten genannt:
- Benutzer- und Ressourcenverwaltung
- Dezentrales Drucken und Plotten

- Erweitertes E-mail Konzept
- Lastverteilung zwischen Mainframe Server und Workstation Cluster
- Einheitliche Betriebsumgebung für den Benutzer
- Leistungsabrechnung für die Benutzung aller Client-Serverressourcen
- Sicherheitskonzept, welches die gesamte offene Systemumgebung abdeckt.

Grundsätzlich sollen die Rechner als Verbund betrieben werden, d.h. dass für den Benutzer ein Komplex "UNIX-Server" existiert auf dem - wie bisher auf dem Grossrechner - sämtliche Dienstleistungen angeboten werden (sogenanntes "Single System Image"). Die Art und Weise, wie dieser Verbund realisiert wird, hat Auswirkungen auf die Sicherheit des Gesamtsystemes. Es wurde entschieden, mit den 1991 bereits verfügbaren Mitteln eine solche Umgebung aufzubauen, aber mittelfristig auf modernere Konzepte zurückzugreifen. Dies führt zu den beiden Lösungen NFS/NIS (jetzt im Einsatz) und OSF/DCE als zukünftige Umgebung.

## 1.2 Hardwarevoraussetzungen

**Zentrale Lösung bis 1991**

Bis Ende 1991 wurden am RZU zwei zentrale Grossrechner (IBM 3081 und HDS AS/XL-V60) unter den IBM Betriebssystemen VM/CMS und MVS/TSO betrieben. Dienstleistungsschwerpunkte waren rechenintensive Anwendungen, Dokumentenerstellung, Informationssysteme, Bibliothekssysteme, Statistik und Kommunikation. Die Interaktion mit den Rechnern geschah über 3270-basierte Endgeräte (Terminals bzw. PC's mit Terminalemulation).

**Verteilte Lösung ab 1992**

Seit 1992 werden im Rahmen der verteilten Lösung im RZU folgende Mittel (Stand 1993) eingesetzt:

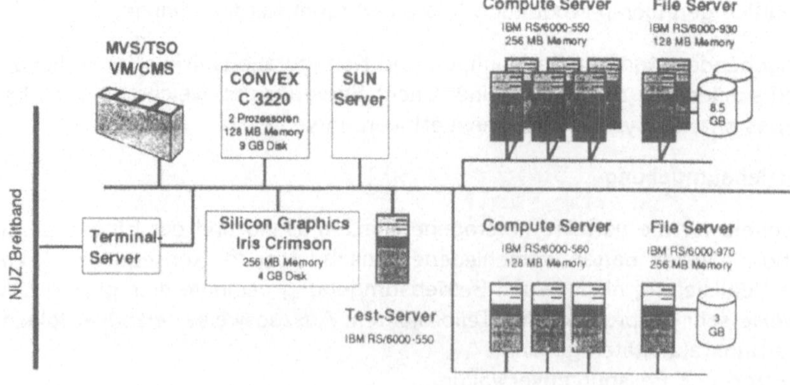

Wie aus der Grafik ersichtlich ist, sind zur Zeit drei RS/6000 Teilcluster installiert:
- Für den interaktiven Betrieb zwei Cluster mit je einem Fileserver RS/6000, Modell 930 sowie je drei Computeserver RS/6000, Modell 550.
- Für den Batch-Betrieb ein Cluster mit einem Fileserver RS/6000, Modell 970 sowie drei Computeserver RS/6000, Modell 560.

Der Einbezug zusätzlicher Cluster ist vorgesehen. Die weiteren UNIX-Rechner (SUN, Iris Crimson, CONVEX, etc.) werden für Spezialaufgaben (z.B. rechenintensive parallelisierbare Problemstellungen, Visualisierung) eingesetzt, sie sollen aber ebenfalls in das Distributed Computing Environment eingebunden werden.

## 1.3 Sicherheitsanforderungen des RZU

In den Zielsetzungen des Rechenzentrums wird u.a. ein sicherer Betrieb gefordert: "Das RZU ... betreibt die Informatikmittel. Ziele sind hohe Verfügbarkeit, Benutzerfreundlichkeit und Sicherheit [RZU91]".

Für den Betrieb und die Benutzung der Ressourcen gelten folgende Grundsätze:
- Die Ressourcen des Rechenzentrums dürfen nicht missbräuchlich verwendet werden.
- Die Besitzer der Daten (Datenhalter) bestimmen die Zugriffsrechte.
- Die Verfügbarkeit der Daten wird vom RZU garantiert.
- Es dürfen keine vertraulichen Daten unverschlüsselt auf den RZU-Rechnern abgelegt werden (z.B. Patientendaten).
- Die Mitarbeiter des Rechenzentrums gelten als vertrauenswürdig. (Für diesen Entscheid gibt es hauptsächlich zwei Gründe: Erstens sind am RZU mittels Computer keine materiellen Vorteile zu erringen, zweitens ist der Personalbestand zu klein, um z.B. ein System mit gegenseitiger Kontrolle zu etablieren.)
- Für Sicherheitsbelange einzelner Anwendungen sind die Benutzergruppen (Institute) und die einzelnen Benutzer selbst zuständig und verantwortlich.


## 2 Bestehende Lösung für die Realisation des Verbundes

Die für die Realisation des gewählten "Single System Image" Konzeptes notwendigen Komponenten sind nicht ausschliesslich durch die Sicherheitsanforderungen bestimmt. Für die Wahl der Lösung ausschlaggebend sind u.a. auch folgende RZU-Rahmenbedingungen:
- "Das RZU ... stützt sich primär auf käufliche Produkte ..., die vom Lieferanten gewartet werden können. Nur in Ausnahmefällen werden Eigenentwicklungen vorgenommen" [RZU91].
- "Die angebotenen Funktionen sind in einheitlicher, integrierter Form sowohl auf PC und Workstations als auch auf der Grossanlage zur Verfügung zu stellen" (Auszug aus dem Pflichtenheft zur Beschaffung der UNIX-Server).

Im folgenden werden nun die Systemarchitektur und die verwendeten Softwarekomponenten vorgestellt und deren Auswirkungen auf die Sicherheit des Gesamtsystems untersucht.

## 2.1 Systemlösung

Das implementierte "Single System Image" Konzept bewirkt, dass der Benutzer nichts davon merkt, dass mehrere Rechner im Einsatz stehen. Das heisst insbesondere, dass sich der Benutzer für alle Dienstleistungen, für die er autorisiert ist, mit demselben Passwort anmelden kann und dass die Umgebung (persönliche Files, Applikationen) immer dieselbe ist.

Um diese gewünschte Transparenz zu erreichen, wird die Software *Network Information System* (NIS) und *Network File System* (NFS) eingesetzt. Prinzipiell wird mittels NIS die Benutzerverwaltung realisiert, und mit dem NFS wird für den Benutzer eine einheitliche Umgebung geschaffen.

### Network Information System (NIS)

Das NIS wurde Mitte der achtziger Jahre von Sun Microsystems entwickelt und ist eine einfache verteilte Datenbank, um diverse Dateien (Passwortdateien, Gruppeninformationen, Netzwerkadressen etc.) über das Netz allen Clients zur Verfügung zu stellen. Auf diese Weise müssen die Informationen nur an einem Ort (auf dem NIS-Server) verwaltet werden.

Dabei besteht die Möglichkeit, den Benutzernamen lokal abzulegen, für die weiteren Informationen (Passwort etc.) aber auf den NIS-Server zu verweisen. Diese Funktion wird ausgenützt, um zwar die Passwortverwaltung zentral zu halten, aber dennoch differenzierte Zutrittsberechtigungen auf verschiedenen Rechnern zu ermöglichen.

### Network File System (NFS)

Das NFS erlaubt Applikationen, welche auf einer Client-Maschine laufen, auf Dateien eines Servers lesend und schreibend zuzugreifen. Der Zugriff erfolgt für die Applikationen transparent, d.h. so, als ob die Dateien lokal vorhanden wären.

Die meisten Betriebssystemdateien sind aus Leistungsgründen lokal auf jedem Rechner vorhanden. Die zur Verfügung gestellten Applikationen sind hingegen auf den Fileservern abgelegt. Auch die persönlichen Dateien jedes Benutzers werden zentral gehalten, damit der Zugriff auf diese von jedem Rechner aus möglich ist (für weiterführende Informationen zu NFS und NIS siehe [SANT90]).

## 2.2 Schwachstellen der aktuellen Lösung

Die sicherheitsspezifischen Schwachstellen der oben beschriebenen Lösung werden im folgenden nach den drei Grundbedrohungen (Verlust der Verfügbarkeit, Verlust der Vertraulichkeit und Verlust der Integrität, gemäss [ITSI89]) aufgegliedert.

### Verlust der Verfügbarkeit

Ein ausgewogenes fehlertolerantes Gesamtsystem könnte den Ausfall eines der dreizehn Rechner - allenfalls mit Leistungsdegradation - mittels den noch laufenden Rechnern überbrücken. Im aktuellen System besteht jedoch eine Abhängigkeit des Gesamtsystems von einzelnen Rechnern. So hat der Ausfall einer der zwei Fileserver zur Folge, dass die Hälfte der Benutzer nicht mehr arbeiten kann, da sie keinen Zugriff auf ihre persönlichen Dateien mehr hat. Mit hoher Priorität wird deshalb die Erhöhung der Fehlertoleranz des gesamten Clusters verfolgt, so dass von einem Rechnerausfall nur noch möglichst wenige Benutzer betroffen werden.

**Verlust der Vertraulichkeit**

Die bisher bekannten Lücken (Schwachstellen in NFS, Übermittlung sämtlicher Daten über das Ethernet im Klartext) sind - glücklicherweise - bis heute noch theoretischer Art, da bis jetzt in der RZU-Umgebung keine Verletzungen der Vertraulichkeit bekanntgeworden sind.

*Sicherheitslücken bei NFS:*

Das Client-Server-Prinzip von NFS setzt voraus, dass sämtliche Clientmaschinen vertrauenswürdig sind. Nur dann kann davon ausgegangen werden, dass die NFS-Clients die Benutzeridentifikation und -authentifikation korrekt vorgenommen haben. Diese Voraussetzung trifft aber nur zu, wenn sämtliche beteiligten Rechner unter ausschliesslich zentraler Kontrolle stehen.

Wenn man einen sowohl komfortablen wie auch sicheren Fileserverdienst auch für externe Rechner (d.h. andere als die Server des RZU) anbieten will, muss man auf Zusatzprodukte ausweichen, mögliche Varianten sind z.B. PC-NFS oder LAN-Server/X. Selbst bei deren Verwendung bestehen aber noch theoretische Lücken; wenn ein zentraler Rechner ausfällt und somit dessen Netzwerknummer frei wird, kann sich ein unautorisierter Rechner unter dieser Nummer maskieren und so die Schwachstelle ausnützen.

*Unverschlüsselter Datenverkehr auf dem Netz:*

Sämtliche Daten werden auf dem Ethernet standardmässig unverschlüsselt übertragen. Dies gilt insbesondere auch für Passwörter, die für die Login-Prozedur angegeben werden müssen. Mit entsprechender Software können diese Passwörter relativ leicht ausgefiltert und dann mit ihrer Hilfe das System missbräuchlich benutzt werden. Da genau dies aber gemäss den bestehenden Sicherheitsanforderungen mit hoher Priorität verhindert werden soll, ist dieser Mangel gravierend.

**Verlust der Integrität**

Integritätsprobleme oder Datenverluste sind bis jetzt keine bekannt geworden, dennoch verlangt dieser Problemkreis hohe Beachtung. Viele Integritätsverletzungen lassen sich durch ein gutes Backup-Konzept auch nachträglich wirkungsvoll reparieren. Ein solches ausgereiftes Konzept (automatischer täglicher Backup) wurde für die zentrale Hostlösung realisiert. Für die nun bestehende UNIX-Umgebung muss der Backup zur Zeit jedoch noch manuell vorgenommen werden, da noch keine befriedigenden Backup-Tools auf dem Markt zur

Verfügung stehen. Ziel ist es aber, baldmöglichst eine analoge Lösung für die Serverumgebung zu realisieren.

## 2.3 Bewertung der aktuellen Lösung

Als Zusammenfassung der vorausgegangenen Aussagen weist die heute betriebene NFS/NIS-Lösung folgende Hauptschwächen auf:
1. Es existiert noch kein befriedigendes Backup-Konzept.
2. Wegen der Schwächen von NFS ist kein komfortabler Fileserverdienst möglich.
3. Passwörter können abgehorcht werden.

Die Punkte eins und zwei können im Rahmen der bestehenden Architektur durch Zusatzprodukte behoben werden. Der dritte Punkt ist nur mit grossem technischem Aufwand vollständig zu beseitigen (z.B. Glasfaserverkabelung, Verschlüsselung an jedem Endgerät). Die Netze sind aber physisch stark segmentiert (so hat z.B. jedes Institut ein eigenes Ethernet-Segment zur Verfügung), so dass jeweils nur das Abhören des Datenverkehrs von kleinen Teilnetzen möglich ist. Der Entscheid, ob mit dieser Sicherheitslücke gelebt werden kann, muss jedes Institut für sich treffen. Das RZU selbst hat sich dazu entschieden, dieses Risiko in Kauf zu nehmen. Einem allfälligen Missbrauch der Systeme wird u.a. mit aussagekräftigen Accountingprogrammen vorgebeugt, welche z.B. auf übermässigen Verbrauch von Rechenzeit oder Speicherplatz hinweisen.

## 3 Künftige Lösung: OSF/DCE

Es ist geplant - vorausgesetzt, entsprechende Produkte sind verfügbar und stabil - mittelfristig die bestehende Umgebung durch eine OSF/DCE-Lösung zu ersetzen. Die sich daraus ergebenden Auswirkungen auf die Sicherheit des Gesamtsystems sollen im folgenden abgeschätzt werden. Zuerst wird aber die Umgebung, insbesondere der Sicherheitsteil, vorgestellt.

## 3.1 OSF/DCE

Die *Open Software Foundation* (OSF), eine unabhängige Vereinigung von Computerherstellern und -benutzern, hat sich zum Ziel gesetzt, Standards für offene Systeme zu definieren und zu implementieren. Ein Resultat dieser Arbeit ist die Software *Distributed Computing Environment* (DCE) [OSF92] [ROSE92]. OSF/DCE bietet Dienste und Tools für die Entwicklung, Benutzung und den Unterhalt von verteilten Applikationen in einer heterogenen Computerumgebung. Das DCE setzt sich aus verschiedenen Bausteinen zusammen (Abb. 2), für deren Erklärung sei auf [ROSE92] verwiesen.

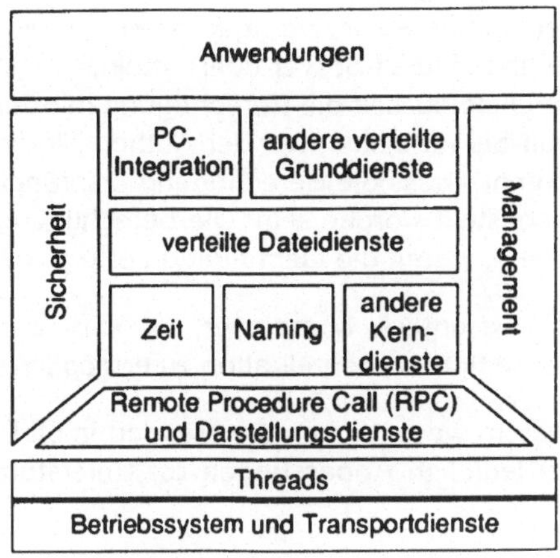


Abbildung 2: DCE-Komponenten

Die OSF/DCE-Funktionen sind eingebettet in Sicherheits- und Managementdienste. Während die Managementdienste heute noch eher rudimentär ausgebildet sind und hauptsächlich der Benutzer- und Dienstverwaltung dienen, interessieren hier primär die Eigenschaften und Möglichkeiten der Sicherheitsdienste.

## 3.2 Der Sicherheitsdienst von OSF/DCE

In einer verteilten Umgebung gibt es vorerst zwei Möglichkeiten für die Benutzeridentifikation und -authentifikation: Ein Server kann die Identifikation jedesmal explizit von jedem Benutzer verlangen, oder er kann davon ausgehen, dass die Clientmaschine die Identifikation korrekt vorgenommen hat. Die erste Lösung ist unangenehm für den Benutzer, weil er sich häufig identifizieren und sich zur Authentifikation für jeden Netzwerkdienst ein separates Passwort merken muss, während die zweite Lösung meistens nicht ausreichende Sicherheit bieten kann (siehe Ausführrungen über NFS).

Der Sicherheitsdienst von OSF/DCE wählt deshalb einen dritten Ansatz: Er überträgt die Benutzeridentifikation und -authentifikation einem speziellen Server, dem sog. Authentifikationsserver. Dieser Server wird sowohl von den Benutzern als auch von den Netzwerkdiensten als vertrauenswürdig anerkannt (und muss deshalb auch entsprechend physisch und logisch geschützt werden). Beim Sicherheitsdienst von OSF/DCE kommt eine modifizierte Version des am MIT als Teil eines umfassenderen Projektes (Athena) entwickelten *Kerberos* zur Anwendung.

Vereinfacht dargestellt läuft das Kerberos-Protokoll in den folgenden Schritten ab:
1. Der Benutzer verlangt vom Authentifikationsserver die Berechtigung, z.B. den E-Mail-Dienst benutzen zu dürfen.
2. Der Server sendet dem Benutzer die Berechtigung und zwar doppelt verschlüsselt: Mit dem Passwort des Benutzers und dem Passwort des E-Mail-Servers.

3. Wenn der Benutzer sein Passwort kennt, kann er die Berechtigung
   entschlüsseln und dem E-Mail-Server übermitteln.
4. Der E-Mail-Server entschlüsselt die Berechtigung mit seinem Passwort. Da
   (ausser dem E-Mail-Server selbst) nur der Authentifikationsserver das
   E-Mail-Passwort kennt, muss die Berechtigung ursprünglich vom Authentifikationsserver ausgestellt worden sein. Die Berechtigung enthält u.a. den
   Namen des Benutzers, womit die Identifikation erfolgt wäre.

Das Protokoll ist noch wesentlich komplexer, um z.B. auch Replay-Attacken
vorzubeugen oder gegenseitige Authentifikation zu ermöglichen [STEI88].

Das Kerberos-System ist im wesentlichen unverändert in OSF/DCE übernommen
worden, wobei die OSF lediglich Anpassungen zur Unterstützung der Integration
vorgenommen hat.

### 3.3  Sicherheitsspezifische Vor- und Nachteile von OSF/DCE

**Verfügbarkeit**

Hauptursache für die zur Zeit noch nicht voll befriedigende Verfügbarkeit sind
Ausfälle der Fileserver, auf welchen die Daten nicht doppelt geführt werden.
Dieses Problem wird aber auch OSF/DCE allein nicht ändern können; hierfür sind
konzeptionelle Verbesserungen erforderlich.

Verwaltungstechnisch einfacher als mit dem NFS ist aber (mittels des verteilten
Filesystems von OSF/DCE) die physikalische Verteilung der Daten auf mehrere
Rechner zu realisieren. Spezialisierte Fileserver sind hierzu nicht mehr erforderlich, da dank des Verzeichnisdienstes Dateien transparent von einem Rechner
zum anderen migriert werden können. Mit einer geschickten Verteilung können so
die Auswirkungen eines Ausfalles relativ gering gehalten werden.

Ein kritischer Punkt bleibt jedoch der Authentifikationsserver. Ein Ausfall dieses
Rechners macht nämlich ein Arbeiten auf dem ganzen Cluster unmöglich.
OSF/DCE bietet jedoch die Möglichkeit, die Benutzerinformationen dauernd auf
einen zweiten Rechner zu spiegeln, so dass dieser im Notfall rasch als Ersatz
eingesetzt werden kann.

**Vertraulichkeit**

Die Sicherheitsfunktionen von OSF/DCE sind Funktionen, welche man bei der
Entwicklung von eigenen Applikationen benutzen kann. Die Sicherheit des
Gesamtsystems hängt jedoch stark davon ab, wieweit der Hersteller die
OSF/DCE-Konzepte in das eigene Betriebssystem integriert. Es ist z.B. denkbar,
dass das gesamte Sicherheitssubsystem von AIX durch die Funktionen von
OSF/DCE ersetzt wird, es ist aber ebenso möglich, dass sich lediglich die DCE-
eigenen Komponenten (verteiltes Dateisystem und der Verzeichnisdienst) des
Kerberos' bedienen und dass AIX weiterhin auf seine eigenen Sicherheitsfunktionen setzt. Zur Zeit ist noch nicht ausreichend bekannt, in welche Richtung und
wie weit die Integration gehen wird. Immerhin kann man sagen, dass ein

Programm, das die Identifikation und Authentifikation mittels OSF/DCE vornimmt, die in Abschnitt 2.2 genannten Schwächen nicht mehr aufweist. Es gibt allerdings immer noch (wenn auch theoretische) Einwände gegen Kerberos, so z.B. in [BELL91] dargelegt.

Speziell ist darauf hinzuweisen, dass zwischen Rechnern, die OSF/DCE verwenden, keine Passwörter mehr im Klartext übertragen werden (siehe Kerberos-Protokoll in 3.2). Die Verbindung zwischen dem Terminal und dem Terminalserver bleibt aber weiterhin ungeschützt, weshalb für eine optimale Sicherheit die Terminals durch Endgeräte, auf denen zumindest Teilfunktionen von Kerberos implementiert sind, ersetzt werden müssten.

Als weitere Lücke von OSF/DCE ist bekannt, dass die graphische Benutzeroberfläche (X-Windows bzw. OSF/MOTIF) sich eigener, unabhängiger Sicherheitsfunktionen bedient, die wesentlich weniger ausgereift als Kerberos sind. Die Security SIG Group von OSF hat dieses Problem auch erkannt und ein Whitepaper mit Vorschlägen zur Verbesserung der Situation erstellt [OSF93]. Unklar ist allerdings noch, wie die Vorschläge umgesetzt bzw. durchgesetzt werden sollen.

**Integrität**

Die Ausführungen zur Vertraulichkeit treffen im Wesentlichen auch für den Schutz der Integrität zu.

## 4  Wirtschaftlichkeitsüberlegungen

### 4.1  Aufwandschätzung der heutigen Lösung

**Benutzerverwaltung**

Die Benutzerverwaltung könnte an sich (dank NIS) zentral auf einem Rechner geführt werden. Die gesamte verteilte Umgebung besteht aber nicht nur aus den RS/6000 Clustern, sondern umfasst weitere Systeme wie Sun's, Silicon Graphics Crimson sowie einen Vektorrechner (CONVEX). Da ein Benutzer nicht notwendigerweise Zugriffsrechte auf alle verfügbaren Rechner besitzt, hat man sich entschlossen, die gesamten Benutzerinformationen mittels einer Oracle-Datenbank zu verwalten. Ziel ist es aber, die erfassten Informationen automatisch in die entsprechenden Konfigurationsdateien umzusetzen.

Für das Rechenzentrum ist diese Art der Benutzerverwaltung sehr komfortabel, wobei die entsprechenden Programme jederzeit auch auf neue Rechner ausgedehnt werden können. Allenfalls können die Oracle-Benutzerinformationen später sogar für die Generierung der OSF/DCE Benutzerdaten verwendet werden.

Für den Benutzer erweist sich diese Lösung als angenehm, da er sich auf dem gesamten Rechnerkomplex des RZU's unter dem gleichen Namen und mit demselben Passwort anmelden kann. Er hat auch immer seine eigene Arbeitsumgebung zur Verfügung. Viele Institute benutzen jedoch nicht ausschliesslich die

RZU-Rechner, sondern haben eine eigene Infrastruktur zur Verfügung, welche vom RZU völlig unabhängig sein kann. Datenaustausch ist zwar mit expliziten Filetransferbefehlen möglich, eine Konsistenzhaltung der eigenen Umgebung im RZU und auf der lokalen Infrastruktur wird jedoch ziemlich mühsam und fehleranfällig.

### Accounting

Zur Beschaffung von Accounting-Informationen werden die in AIX enthaltenen Tools benützt. Die gesammelten Informationen werden anschliessend weiter verdichtet und in das bereits bestehende Programm zur Rechnungsstellung übernommen. Dies erforderte einen relativ hohen Initialaufwand für die Erstellung der Programme, erweist sich aber heute als zuverlässige und einfache Lösung.

### Nötige Eigenentwicklungen

Gegen den sofortigen Einsatz von OSF/DCE spricht heute leider, dass erst Entwicklerversionen mit eingeschränkter Funktionalität verfügbar sind. Die Behandlung von vielen anstehenden Problemen kann aber nicht bis zur uneingeschränkten Verfügbarkeit von OSF/DCE warten; zumindest die dringlichsten Probleme müssen anders gelöst werden. Das kann dazu führen, dass der Betrieb schliesslich zufriedenstellend abläuft und eine spätere Umstellung auf OSF/DCE möglicherweise viel mehr Aufwand verursachen könnte, als jemals wieder eingespart werden kann.

### 4.2 Aufwandschätzung der OSF/DCE Lösung

Eine detaillierte Schätzung des administrativen Aufwandes zum Betrieb einer OSF/DCE-Umgebung ist uns zur Zeit noch nicht möglich. Um Erfahrungen zu sammeln, wird OSF/DCE noch dieses Jahr von einer Projektgruppe versuchsweise installiert. Aufgrund der vorliegenden Literatur ist zu erwarten, dass die Benutzer- und Passwortadministration einfacher wird. Accountingprobleme werden von OSF/DCE hingegen nicht behandelt.

### 4.3 Gibt es noch bessere Lösungen?

Es stellt sich die Frage, ob neben der NFS/NIS-Architektur und der OSF/DCE-Architektur noch weitere, allenfalls bessere Umgebungen in Frage kommen. Zumindest auf dem Papier sind zwar z.T. umfassende Sicherheitsarchitekturen im Entstehen begriffen [ECMA TR46] [OSI7498-2], bis zu deren (Teil-) Implementation wird aber noch eine geraume Zeit vergehen.

In nächster Zeit sind deshalb wohl keine anderen Systeme auf dem Markt zu erwarten, welche die Anforderungen, die sich aus der geforderten Offenheit ergeben, abdecken können. Deshalb wird ein Entscheid zwischen der bestehenden Lösung und OSF/DCE gefällt werden müssen.

## 5 Schlussfolgerungen

Wir sind der Meinung, dass allein aus Sicherheitsüberlegungen OSF/DCE für unsere Umgebung nicht zwingend ist. Die heute bestehenden Sicherheitslücken sind bekannt und dokumentiert (siehe Abschnitt 2.2). OSF/DCE wird für das grösste Sicherheitsrisiko (Passwortübertragung im Klartext über das Ethernet) bei der heutigen Infrastruktur keine Verbesserung bringen, da die verwendeten Endgeräte (Terminals) nicht OSF/DCE-fähig sind. Auch ein vorgezogener Einsatz von Kerberos (das unabhängig von OSF/DCE bereits erhältlich wäre) steht deshalb nicht zur Diskussion.

Die Ansprüche der Benutzer werden sich mit der weiteren Verbreitung von dezentralen PC's und Workstations jedoch Richtung Client-Server-Applikationen verlagern. OSF/DCE bietet für die Entwicklung von Client-Server-Applikationen konsistente und offene Schnittstellen an. Die Applikationen können dabei die Sicherheitsfunktionen von OSF/DCE bzw. Kerberos nutzen. Mittelfristig wird deshalb die Umstellung der heutigen Lösung auf OSF/DCE angestrebt, dies aber nicht primär um die Sicherheit in unserer Umgebung zu verbessern, sondern dies geschieht im Sinne einer Angebotserweiterung.

## 6 Literatur


[BELL91]    Bellovin, Steven M.; Merritt, Michael: *Limitations of the Kerberos Authentication System*; USENIX Konferenz Winter '91.

[ECMA TR46] ECMA Technical Report 46: *Security in Open Systems - A Security Framework*; ECMA 1988

[ISO 7498-2] ISO International Standard 7498-2: *Open Systems Interconnection Reference Model - Part 2: Security Architecture*; ISO 1988

[ITSI89]    *IT-Sicherheitskriterien*; Bundesanzeiger Verlagsgesellschaft mbH; Köln 1989.

[OSF92]     Open Software Foundation: *Introduction to OSF/DCE*; Prentice Hall 1993

[OSF93]     OSF Security SIG: *The OSF, the X Window System and Security*; elektronisch verteilt über OSF Security SIG Mailing List; April 1993.

[ROSE92]    Rosenberry Ward; Kenney David; Fisher Gerry: *Understanding DCE*: O'Reilly & Associates, Inc. 1992.

[RZU91]     *RZU Aktuell*, No. 75, Feb. 91

[SANT90]    Santifaller, Michael: *TCP/IP und NFS in Theorie und Praxis*; Addison-Wesley 1990.

[STEI88]    Steiner, Jennifer G.; Neumann Clifford; Schiller Jeffrey I.:*Kerberos: An Authentication Service for Open Network Systems*; elektronisch erhältlich von ATHENA-DIST.MIT.EDU unter dem Namen USENIX.PS; MIT 1988.

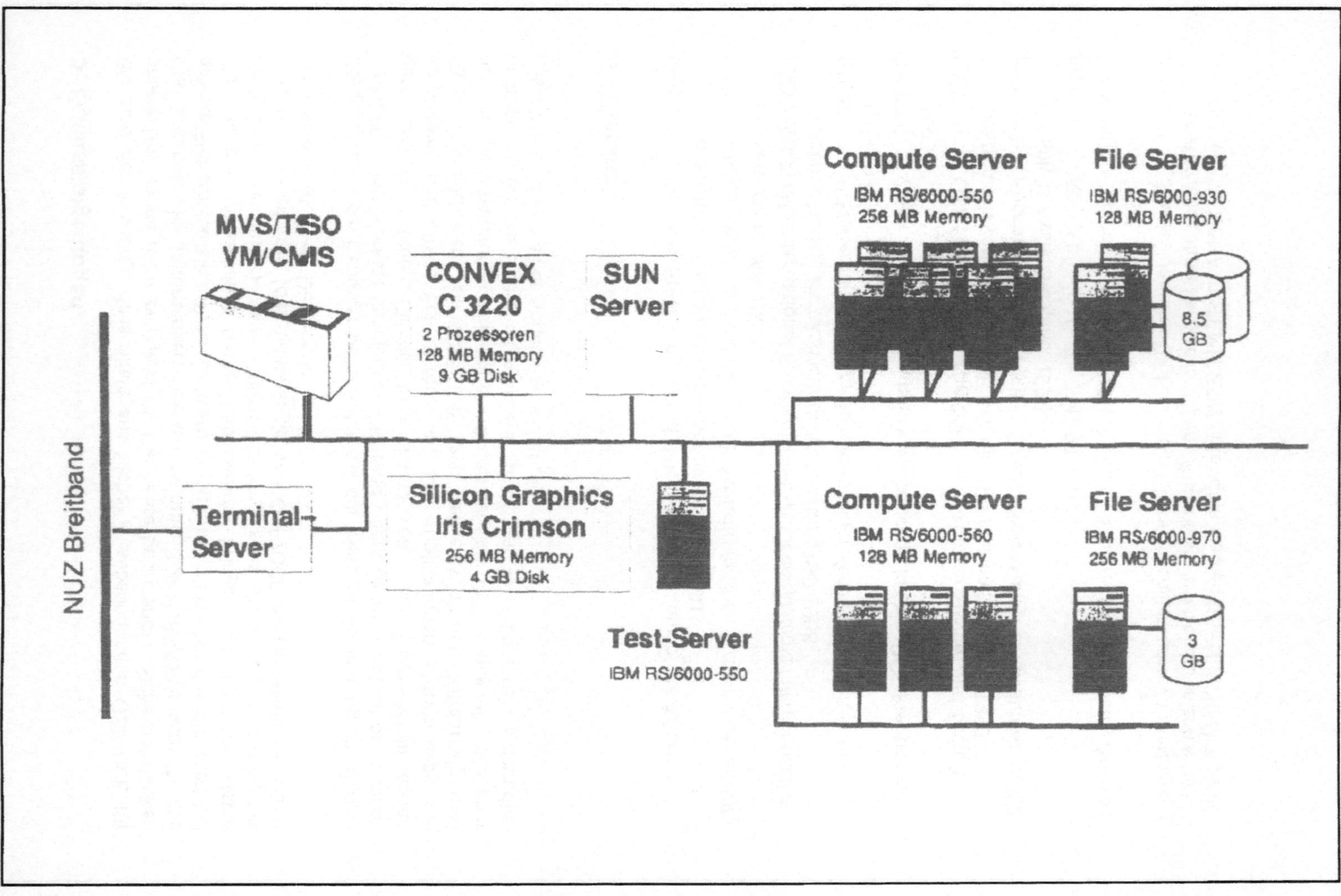


NUZ Breitband
MVS/TSO VM/CMS
Terminal-Server
CONVEX C 3220
2 Prozessoren
128 MB Memory
9 GB Disk
SUN Server
Silicon Graphics Iris Crimson
256 MB Memory
4 GB Disk
Test-Server
IBM RS/6000-550
Compute Server
IBM RS/6000-550
256 MB Memory
File Server
IBM RS/6000-930
128 MB Memory
8.5 GB
Compute Server
IBM RS/6000-560
128 MB Memory
File Server
IBM RS/6000-970
256 MB Memory
3 GB

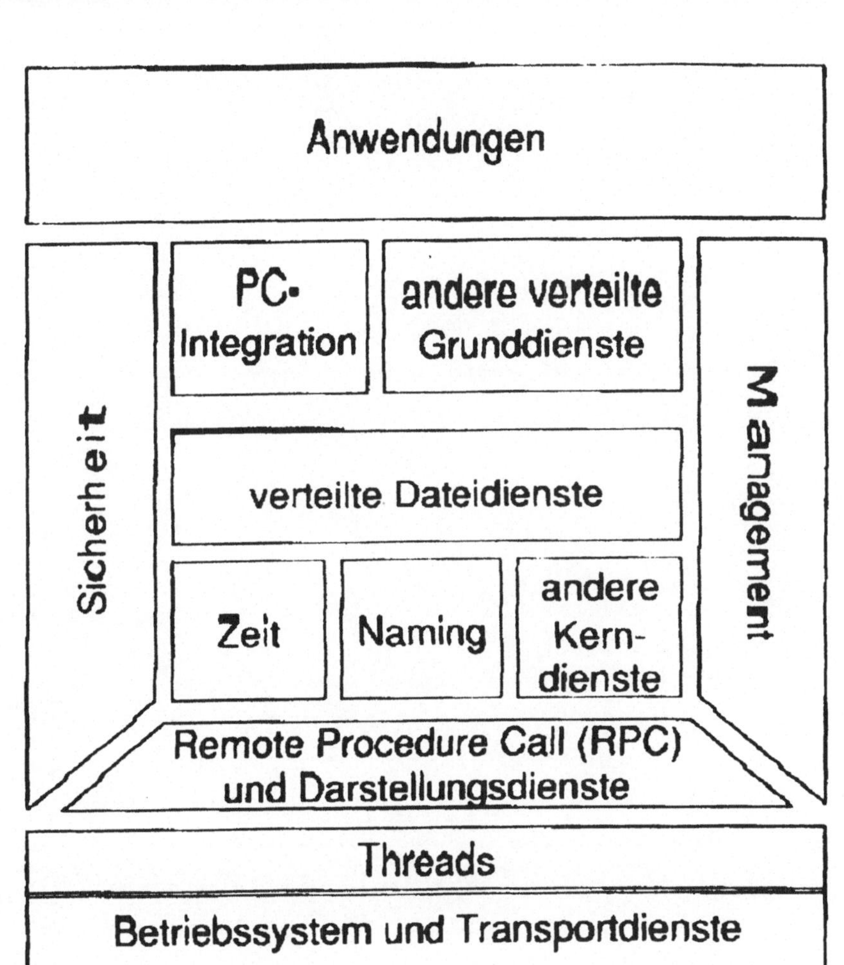

Anwendungen
PC-Integration
andere verteilte Grunddienste
verteilte Dateidienste
Zeit
Naming
andere Kerndienste
Sicherheit
Management
Remote Procedure Call (RPC) und Darstellungsdienste
Threads
Betriebssystem und Transportdienste

**Sektion  D**


# Sicherheit  in  nationalen Telekommunikationssystemen


Leitung:
Dr. Dr. Gerhard van der Giet

Wilhelm Möller

# Datensicherheit in einem AS/400-Speditionsnetzwerk

# Gliederung


- Kühne & Nagel  Allgemein

- Derzeitige TRAFFIC-Systemkonfiguration


- Strategieplanung für Sicherung und Wiederherstellung

    - Erhöhung der Systemverfügbarkeit durch

        - Duale Systeme
        - Unterbrechungsfreie Stromversorgung
        - Spiegelschutz
        - Journalverwaltung / Commit-Steuerung
        - Datensicherung

    - Auswirkungen auf die Verfügbarkeit

    - Zugriffsberechtigungen

        - Systemschutz (Bibliothekschutz, Objektschutz, Menüschutz) mit
        - Sicherheitsstufen
        - Benutzerklassen
        - Sonderberechtigungen und Objektberechtigungen

- Sicherheitsüberwachung

    - Checkliste des Sicherheitsbeauftragten


- Vorgangsweise zur Wiederherstellung im Notfall

### Sicherheit in einem Speditionsnetzwerk

Die derzeitige TRAFFIC-Systemkonfiguration besteht aus dem zentralen Rechenzentrum Bremen (IBM 4381, IBM 3745, IBM AS400), mehreren dezentralen Rechenzentren (IBM AS400) und Steuereinheiten in den innerdeutschen KN-Niederlassungen. Untereinander sind alle Systeme durch ein DEBIS X.25 Netzwerk verbunden. Es handelt sich hierbei um Standleitungen mit X.25 Protokoll und einem PVC (Permanent Virtual Channel). Für die Kundenanbindungen und die interanationale Kommunikation stehen Wählleitungen (nur über IBM 4381, Operator gesteuert) zur Verfügung.
Auf IBM AS400 Rechnern sind momentan als Anwendung TRAFFIC FS (Schiffsfracht Export) in Bremen und TRAFFIC FA (Luftfracht Im- und Export) in Frankfurt installiert.
TRAFFIC stellt momentan Kundenstammdaten und die notwendigen Daten für den Import, Export und die Kommunikation zur Verfügung.

Um die Sicherheit des Netzes zu gewährleisten, sind verschiedene Strategien in den Bereichen Datensicherheit, Datenwiederherstellung, Zugriffsberechtigungen und Sicherheitsüberwachungen nötig.
Durch verschiedene Datensicherungs- und Datenwiederherstellungsstrategien kann man die Systemverfügbarkeit erhöhen und die damit zusammenhängenden Ausfallkosten reduzieren. Mögliche (Unterstützungs-) Instrumente sind hier duale Systeme, unterbrechungsfreie Stromversorgung des Systems oder ein Spiegelschutz.
Beim dualen System handelt es sich um ein primäres und ein sekundäres System, wobei das sekundäre kritische Anwendungsprogramme übernehmen kann, wenn im primären ein Fehler auftritt.
Die unterbrechungsfreie Stromversorgung liefert Notstrom für die Verarbeitungseinheit, so daß z.B. bei kurzen Stromunterbrechungen die Fortführung der Operationen oder bei längeren ein normales Beenden der Operationen gewährleistet wird.
Der Spiegelschutz ist eine Funktion zur Erhöhung der Verfügbarkeit des Systems (IBM AS400) im Fall eines Fehlers bei einer zu einer Platte gehörende Hardwarekomponente.
Während eines Ausfalls einer Komponente arbeitet das System mit der durch Spiegelschutz verbundenen Komponente weiter.
Neben Sicherung und Wiederherstellung von Daten sollte deren Zugriff geregelt und überwacht sein. In dem Bereich Zugriffsberechtigungen gibt es neben der allgemeinen Anmeldung mit User_ID und Passwort verschiedene Systemschutzstrategien, wie z.B. einen Bibliotheksschutz, Objektschutz oder einen Menüschutz.
Diese Schutzmaßnahmen erlauben einem User auf eine bestimmte Gruppe von Anwendungsprogrammen oder Dateien zuzugreifen. Zum Teil werden auch Berechtigungen des Programmeigners übergeben, die aber nur für die Dauer der Aktivierung im Job vergeben werden. Um einer möglichst großen Gruppe von Usern einheitliche Zugriffsrechte einzurichten, sollten die User in sogenannte Benutzerklassen eingeteilt werden, so z.B. in die Klassen Sicherheitsbeauftragter, Sicherheitsadministrator, Programmierer, Systembediener und Benutzer.
So hätte der Sicherheitsbeauftragte, um die Sicherheit in einem Netzwerk zu gewährleisten, die Aufgaben: Gewährleistung der physischen Sicherheit, Benutzersteuerung, Definition der

Benutzerprofile, Berechtigungssteuerung, Regelung bei unberechtigten Zugriffen und bei der
Datenübertragung.
Für auftretende Notfälle sollten detaillierte Pläne ausgearbeitet sein, nach denen im jeweiligen
Anwendungsfall Schritt für Schritt vorgegangen werden kann. Solche Pläne
sollten parallel zur Entwicklung eines Systems erstellt bzw. überarbeitet werden und einen
schnellstmöglichen Zugriff auf alle notwendigen Informationen im Notfall erlauben.

# DFV

Alle Leitungen          - Standleitungen

                        - X.25  Protokoll

                        - PVC (Perment Virtual Channel)


Wählleitungen nur über Hostsystem 4381
Operator gesteuert !   Für

                        - Kundenanbindungen

                        - Internationale Kommunikation

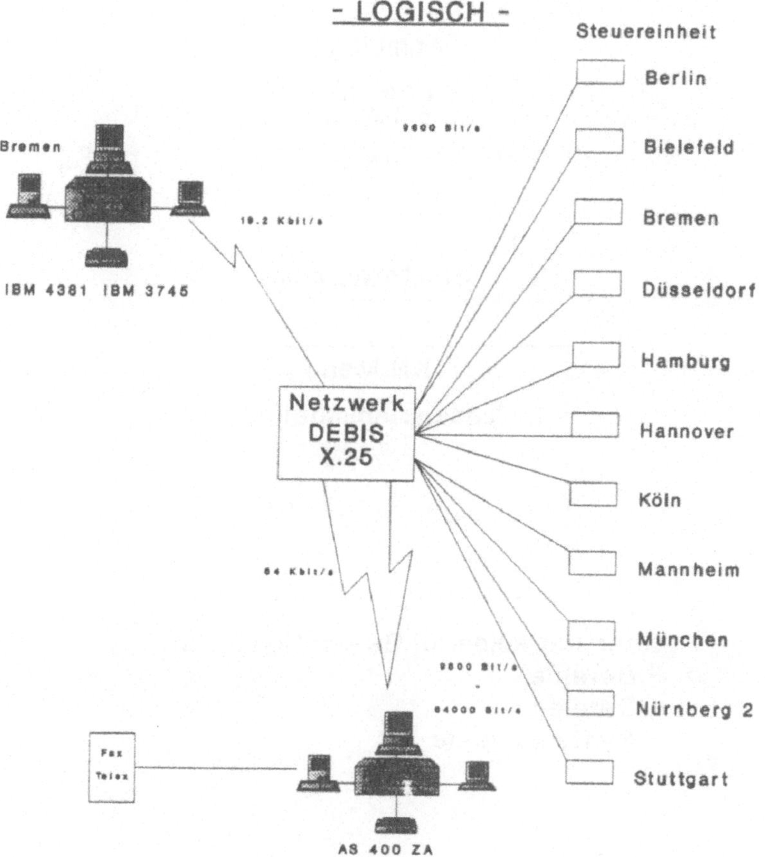
TRAFFIC
- System-Konfiguration -
- LOGISCH -
Steuereinheit
Berlin
Bielefeld
Bremen
Düsseldorf
Hamburg
Hannover
Köln
Mannheim
München
Nürnberg 2
Stuttgart
Bremen
9600 Bit/s
19.2 Kbit/s
IBM 4381 IBM 3745
Netzwerk
DEBIS
X.25
64 Kbit/s
9600 Bit/s
-
64000 Bit/s
Fax
Telex
AS 400 ZA

# Berechtigung eines Users

# im System

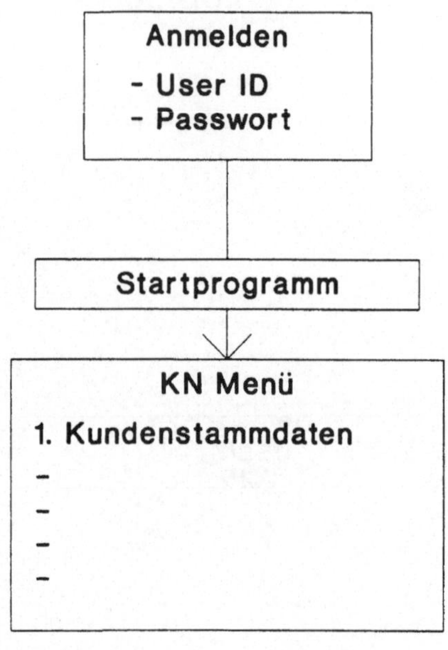


User hat keinerlei Berechtigung für
- Befehle
- Dateien
- Systemobjekte

# KN Menu

1 Stammdaten

2 Export

3 Import

4 Kommunikation

Jeder Menupunkt wird einzeln authorisiert !

Einzelne Menupunkte sind Passwort geschützt !

KN Menü

1 Kundenstammdaten

–

–

–

–

Programm: Kundensta
- Ersteller hat die
Berechtigung für die
benutzten Dateien

Dateien
- Adressen
- Konditionen
- Anliefer-Adressen

Nur während der Programmausführung erhällt
der **Benutzer** die Berechtigung für die
Bibliotheken und Dateien !

# Strategien für den Systemschutz

**Bibliothekenschutz** - Sicherheit auf Bibliotheksebene
Verwaltung von Anwendungsprogrammen
in seperaten Bibliotheken und die Trennung
der Test- und Produktionsobjekte auf
Bibliotheksebene

**Objektschutz** - Berechtigung auf Objektebene einer Bibliothek,
z.B. für eine Datei

**Menüschutz** - Möglichkeiten eines Benutzers einschränken
- Zugriff auf eine vordefinierte,
geschützte Umgebung

## Sicherheitstufen

| Funktion | Stufe 10 | Stufe 40 |
|---|---|---|
| Benutzername zu Anmeldung erforderlich | Ja | Ja |
| Kennwort zur Anwendung erforderlich | Nein | Ja |
| Kennwortschutz aktiviert | Nein | Ja |
| Ressourcenschutz aktiviert | Nein | Ja |
| Menü-und Startprogramschutz aktiviert | Nein | Ja |
| Zugriff auf alle Objekte | Ja | Nein |
| Automatische Benutzerprofil-erstellung | Ja | Nein |
| Alle Programme im Protokolljournal aufzeichnen, die über nicht unterstützte Schnittstellen auf Objekte zugreifen | Ja | Ja |
| Programminstruktionen, die nicht umgewandelt werden können, im Protokolljournal aufzeichnen | Ja | Ja |
| Programme, die über nicht unterstützte Schnittstellen auf Objekte zugreifen, zur Ausführungszeit abbrechen | Nein | Ja |

# Benutzerklasse

- Sicherheitsbeauftragter

- Sicherheitsadministrator

- Programmierer

- Systembediener

- Benutzer

| Berechtigung | Objekt Verwend. | Verw. | Exits. | Daten Lesen | Hinzuf. | Aktual. | Lösch. |
|---|---|---|---|---|---|---|---|
| •ALL | X | X | X | X | X | X | X |
| •Change | X | | | X | X | X | X |
| •USE | X | | | X | | | |
| •EXCLUDE | Keine | Berechtigung | | | | | |

Alle        :  Mit dieser Berechtigung stehen alle Objektberechtigungen
(•ALL)         und alle Datenberechtigungen zur Verfügung.
               Der Benutzer kann die Objektexistenz steuern, den Schutz des
               Objekts angeben, das Objekt ändern und grundlegende
               Operationen mit dem Objekt durchführen, z.B. Programmaus-
               führung oder Anzeige von Objektbeschreibung und -inhalt.


Ändern      :  Mit dieser Berechtigung stehen die Objektverwendungs-
(•CHANGE)      berechtigung sowie alle Datenberechtigung zur Verfügung.
               Der Benutzer kann Einträge einem Objekt hinzufügen,
               bestehende Objekteinträge ändern und löschen oder er kann
               den Inhalt eines Eintrags in einem Objekt lesen


Verwenden :    Mit dieser Berechtigung stehen die Objektverwendungs-
(•USE)         berechtigung und die Berechtigung zum Lesen zur Verfügung.
               Der Benutzer kann ein Programm ausführen und die
               Beschreibung oder den Inhalt des Objekts anzeigen.
               Der Benutzer kann das Objekt nicht ändern.


Keine       :  Mit dieser Berechtigung kann der Benutzer nicht auf das
(•EXCLUDE)     Objekt zugreifen. Wenn diese Berechtigung angegeben ist,
               kann keine weitere Berechtigung angegeben werden.

## <u>Mitglieder der Gruppe haben dieselben Sonder-<br>berechtigungen und Objektberechtigungen</u>

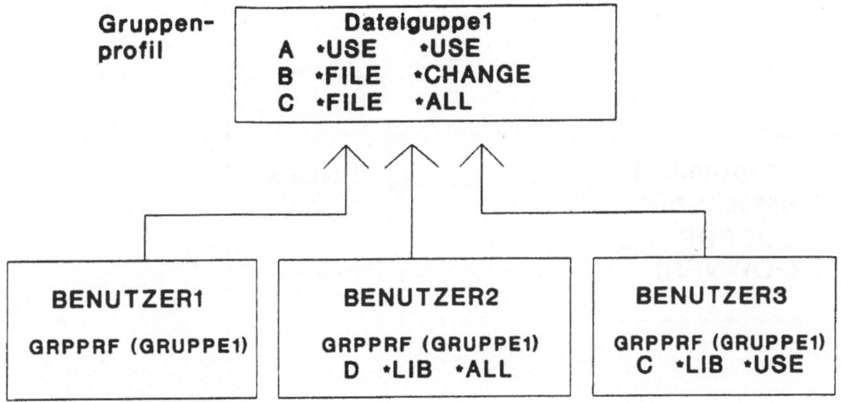

## Programme, die die Berechtigung des Eigners übernehmen

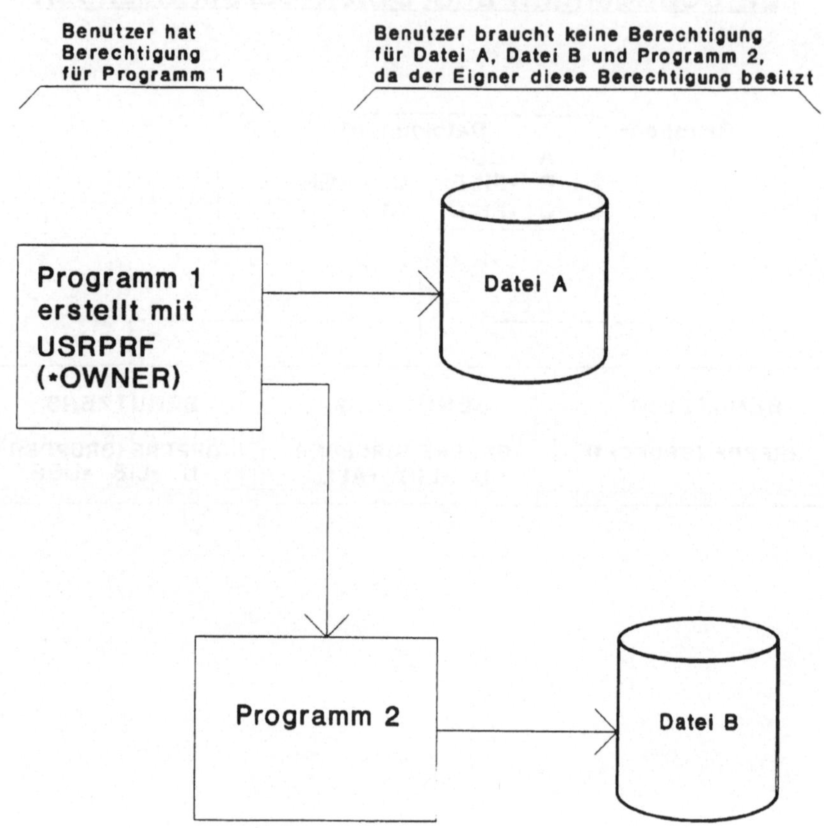

# Sicherheitsüberwachung mit Befehlen für das Systemprotokoll

# Überwachung der Maßnahmen des Sicherheitsbeauftragten

## Aufgezeichnete Fehler

Berechtigungsfehler

Domänenfehler

Ausführung von eingeschränkten Instruktionen

Versuche auf schreibgeschützte Speicherbereiche zuzugreifen

Ändern der Berechtigung

Ändern von Benutzerprofilen

Löschen von Objekten

Ungültiges Kennwort

Ungültige Benutzer-ID

Ändern von Systemwerten

# Checkliste des Sicherheitsbeauftragten

Ein Unternehmen kann aus den folgenden Punkten diejenigen
auswählen, die seinen Sicherheitsanforderungen entsprechen.


## Physische Sicherheit
- Die Verwendeung der als Systemkonsole definierten Daten-
station wird eingeschränkt.
- Offline-Datenträger werden gesichert und an einem
sicheren Ort aufbewahrt
- Der Sicherheitsbeauftragte kann sich nur an best.
Einheiten anmelden.


## Benutzersteuerung
- Die Kennwörter für die gelieferten Benutzerprofile
werden geändert.
- Eine Kennwortänderung ist alle 30 bis 90 Tage erforderlich
- Triviale Kennwörter werden verhindert, indem Sytemwerte
für die Kennwortregeln entsprechend festgelegt werden und
ein Kennwortsteuerprogramm verwendet wird.
- Mehrere Benutzer dürfen nicht das gleiche Kennwort
benutzen.
- Mitarbeiter werden sofort aus dem System entfernt, wenn
sie versetzt oder entlassen werden.
- Programmierer dürfen nicht auf Produktionsbibliotheken
zugreifen.
- Die Eigner von Objekten überprüfen einmal im Jahr
die Benutzer der Objekte, einschließlich der Benutzer mit
Zugriffsberechtigung *PUBLIC.
- Die für das Sytem berechtigten Benutzer werden einmal
jährlich von der Unternehmensleitung überprüft.
- Die Benutzer mit der Sonderberechtigung *ALLOBJ
werden von der Unternehmensleitung vierteljährlich
uberprüft.

## Benutzerprofile
- Jedem Benutzer wird ein eindeutiges Benutzerprofil zugeordnet.
- Benutzer dürfen ihre eigenen Kennwörter ändern und müssen sich somit keine Kennwörter mehr notieren.
- Die Benutzerprofile mit der Sonderberechtigung *ALLOBJ werden begrenzt zugeordnet und nicht als Gruppenprofile verwendet.

## Berechtigungssteuerung
- Eigner von Daten sind dazu verpflichtet den Benutzern, die auf diese Daten zugreifen müssen, eine entsprechende Berechtigung zu erteilen.
- Vertrauliche Daten stehen der Allgemeinheit nicht zur Verfügung.
- Programme, die Berechtigungen übernehmen, werden nur bei Bedarf ausgeführt.
  - Programme, die Berechtigungen übernehmen, sind zu überprüfen, damit der Benutzer keine unzulässigen Funktionen durchführt, wie z.B. die Eingabe von Befehlen während der Ausführung des Programms mit den übernommenen Berechtigungen.

## Unberechtigter Zugriff
- Der Systemwert QMAXSIGN beschränkt die zulässige Anzahl ungültiger Anmeldeversuche.
- Die Nachrichtenwarteschlange QSYSMSG wird erstellt und überwacht.
- Systemprotokollnachrichten die ein unzulässige Berechtigung mitteilen, werden auf wiederholte Zugriffsversuche des Benutzers überprüft.
- Programme, die versuchen, über nicht unterstütze Schnittstellen auf Objekte zuzugreifen werden nicht ausgeführt.
- Sicherheitsereignisse werden im Protokolljournal (QAUDJRN) aufgezeichnet.
- Benutzer-ID und Kennwort sind erforderlich.

## Datenfernübertragung
- Die Kommunikation über Telefon wird durch Rückfruf-
procedueren geschützt.
- Vertrauliche Daten werden verschlüsselt übertragen.
- Für alle DFV-Jobs sind Benutzer-ID und Kennwort
erforderlich.

# Strategieplanung für Sicherheit und Wiederherstellung

## Sicherungs- und Wiederherstellungsmöglichkeiten

System, Speicher und Objekte sichern und zurückspeichern

Journalverwaltung

COMMIT-Steuerung

Spiegelschutz

Unterbrechungsfreie Stromversorgung

Duale Systeme

## Sichern und Zurückspeichern

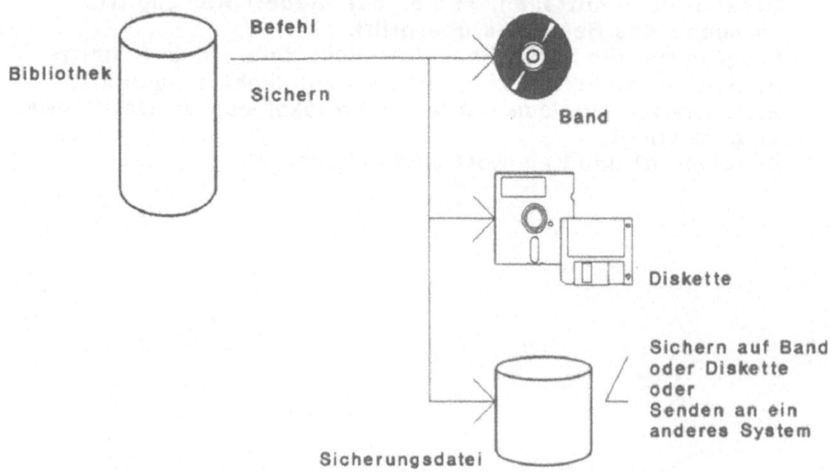

# Duale Systeme

**Ein Duales System kann benutzt werden, um Änderungen
in einem sekundären System aufzuzeichnen, wenn
sie im primären System ausgeführt werden.
Das sekundäre System kann kritische Anwendungsprogramme übernehmen, wenn im primären System
ein Fehler auftritt.**

# Logische Ansicht einer typischen unterbrechungsfreien Stromversorgung

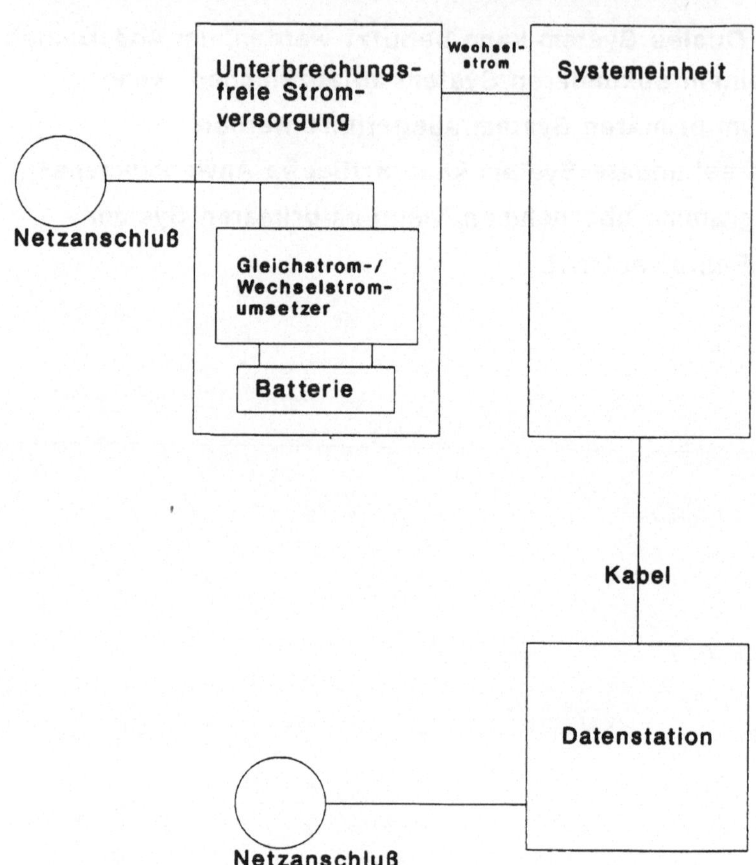

# Spiegelschutz

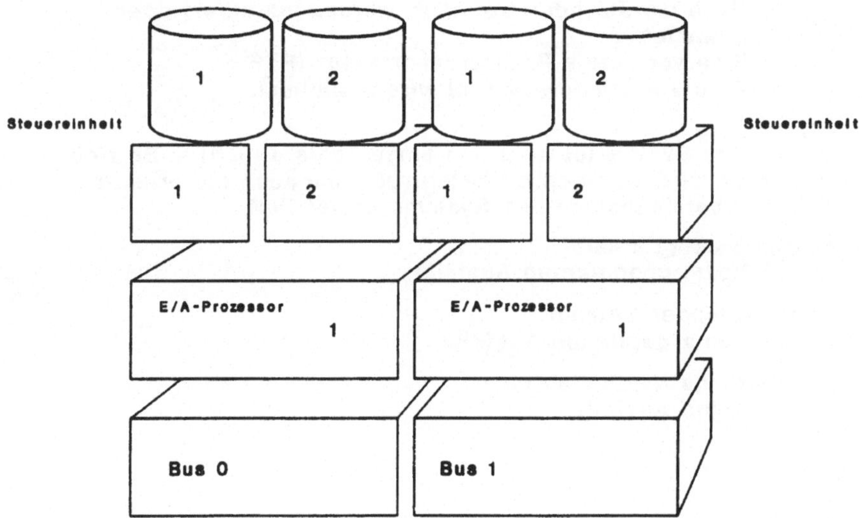

# Systemverfügbarkeit

* Geplant
  Das System ist aufgrund einer geplanten oder bekannten
  Ursache nicht in Betrieb.
  - Das System wird nicht benötigt.
  - Im System wird gesichert.
  - Neue Geräte oder Software werden installiert oder
    gewartet.
  - Eine vorläufige Programmkorrektur (PTF -
    Program Temporary Fix) wird installiert.

* Ungeplant
  - Das System ist aufgrund eines Fehlers nicht in Betrieb.
  - Es wird Zeit durch Warten verloren; auch die erneute
    Inbetriebnahme des Systems kostet Zeit.

* Hohe Verfügbarkeit
  - Keine ungeplanten Ausfälle.

* Fortlaufender Betrieb
  - Keine geplanten Ausfälle.

* Anhaltende Verfügbarkeit
  - Keine Ausfälle.

## Strategien

| Wiederherstellungs-<br>hilfsmittel | Ge-<br>ring | Mittel | Hoch<br>Ein-<br>zelnes<br>System | Hoch<br>Duales<br>System |
|---|---|---|---|---|
| Sichern und Zurück-<br>speichern | X | X | X | X |
| Unterbrechungsfreie<br>Stromversorgung | O | O | X | X |
| Aufzeichnen von<br>Dateiänderungen | X | X | X | X |
| COMMIT-Steuerung | X | X | X | X |
| Spiegelschutz | | | X | O |
| Zwei Systeme | | | | X |

Voraussichtliche Wiederherstellungsdauer und
Verfügbarkeit der aktuellen Daten bei den
verschiedenen Strategien

| Wiederherstellung-dauer/aktuelle Daten | Ge-ring | Mittel | Hoch Ein-zelnes System | Hoch Duales System |
|---|---|---|---|---|
| **Voraussichtliche Wie-derherstellungsdauer, wenn :** | | | | |
| Kein Plattenverlust | Lang | Mittel | Mittel | Kurz |
| Plattenverlust | Lang | Lang | Mittel | Kurz |
| **Daten sind aktuell, wenn :** | | | | |
| Kein Plattenverlust | Ja | Ja | Ja | Ja |
| Plattenverlust | Nein | Ja | Ja | Ja |

Anmerkung: Bei Spiegelschutz gibt es keinen Datenverlust.
Das System arbeitet weiter.

# Beispiel für einen Plan zur Wiederherstellung nach einem Notfall

**Abschnitt 1.**
  Einführung und Übersicht zur Wiederherstellung nach einem
  Notfall
  Notwendigkeit eines Plans zur Wiederherstellung nach einem
  Notfall
  Sicherheitsstufen und Maßnahmen zur Wiederherstellung
  nach einem Notfall
  Mögliche Arten von Notfällen
  Maßnahmen der Geschäftsleitung
  Hauptziele des Plans

**Abschnitt 2.**
  Personal
  Personal in der Datenverarbeitung
  Benutzer
  Weitere wichtige Telefonnummern
  Organisationsdarstellung

**Abschnitt 3.**
  Anwendungsprofil

**Abschnitt 4.**
  Hardwareprofil

**Abschnitt 5.**
  Wiederherstellung nach einem Notfall
  Starten der Wiederherstellung nach einem Notfall

**Abschnitt 6.**
  Plan zur Wiederherstellung an einem mobilen Standort
  Aufbau des mobilen Datenzentrums
  Plan für den Notfall im Telekommunikationsbereich
  Plan für den Notfall im DFV-Bereich
  Wiederherstellung mit Ersatzstandort
  Konfiguration des Ersatzstandorts

# <u>Beispiel für einen Plan zur Wiederherstellung nach einem Notfall</u>

**Abschnitt 7.**
  Das Gesamte System Zurückspeichern
  Gesamtrückspeicherung
  Schritt 1. Das Betriebssystem zurückspeichern
  Schritt 2. Benutzerprofile, Einheitenkonfiguration,
            Benutzerbibliotheken und Berechtigungen zurückspeichern
  Methode 1.
            Gesamtes System Zurückspeichern
  Methode 2.
            Mit den Zurückspeicherungsbefehlen
            Geänderte Objekte zurückspeichern
            und im Journal aufgezeichnete Änderungen anlegen
            Mit Journalen arbeiten
            Geänderte Objekte zurückspeichern
            im Journal aufgezeichnete Änderungen zurückspeichern
            Geänderte Dokumente und Ordner zurückspeichern

**Abschnitt 8.**
  Wiederherstellungsprozeß

**Dipl.-Phys. Peter-M. Oden**

# Sicherheitsaspekte beim strategischen Einsatz von vertriebsunterstützenden AD-Beratungssystemen

**Die Sicherheit von PCs gewinnt heute überall zunehmend an strategischer Bedeutung. Im Gerling-Konzern werden unter diesen Sicherheitsaspekten nicht nur isolierte Einzelkomponenten wie Datenschutz oder Virenproblematik verstanden, sondern vielmehr die Gesamtheit aller einzelnen Facetten, die erforderlich sind, um einen PC sicher zu machen.**
**Durch den derzeit anstehenden flächendeckenden Einsatz von Laptops zur Unterstützung des Außendienstes gewinnen diese Fragen eine zunehmend weiter gestiegene Bedeutung.**

### 1. Der Gerling-Konzern

Der Gerling-Konzern als weltweit operierendes Versicherungsunternehmen benötigt weltweite integrierte Bürokommunikations- und Informationssysteme. Zur Abwicklung der zahlreichen operativen und dispositiven Aufgaben an den unterschiedlichen Standorten werden mittlerweile zahlreiche PC-Lösungen angeboten, die mit einem Mainframe nicht oder nicht sinnvoll darstellbar sind. PCs sind heute im Gerling-Konzern etabliert und werden im Netzwerkverbund der Zukunft ein wichtiger und integrativer Bestandteil sein.

Mit einem flächendeckenden Netz von rund 40 Vertriebsgesellschaften in den alten und neuen Bundesländern werden in der Bundesrepublik Deutschland und von den europäischen Gesellschaften insgesamt über eine Million Kunden betreut. Hierfür sind rund 9.000 Mitarbeiter in der Zentrale in Köln, in den Vertriebsgesellschaften sowie in den Auslandsgesellschaften beschäftigt.

An den zentralen Großrechnern sind derzeit über viertausend Bildschirme für die Kölner Zentrale und die einzelnen Vertriebsgesellschaften angeschlossen, über die der Zugriff auf die zentralen Versicherungsanwendungen und Datenbestände sowie auf die Bürokommunikationsanwendungen erfolgt.

## 2. Einführung von Außendienstsystemen

Nach Abschluß eines ausführlichen Feldtests mit Geräteauswahl, Kofferentwicklung und Realisierung der erforderlichen Softwarekomponenten für die vorgesehenen Angebots- und Beratungsbereiche ist 1993 das Jahr der flächendeckenden Einführung dieser Systeme.

Zur Gewährleistung eines sicheren Betriebs dieser Systeme (>1.000) sind zentral gesteuerte Verfahren und Lösungen erforderlich.

Geräte, Koffer und Sicherheitssysteme werden zentral ausgewählt und bereitgestellt. Als Vermittler zwischen der Zentrale und den Anwendern dienen Verantwortliche auf den Vertriebsgesellschaften, die zentral geschult werden, als erster Anlaufpunkt bei Fragen oder Problemen der Anwender dienen und für die dezentrale qualifizierte Administration der Geräte zuständig sind.

Die Laptops der Außendienstmitarbeiter sind **geschlossene Systeme**! Ein Arbeiten mit dem System ist nur nach korrekter Anmeldung an das System möglich. Die eingesetzte Sicherheitssoftware sorgt darüberhinaus dafür, daß ein Anwender ausschließlich mit den Applikationen arbeiten kann, für die er freigeschaltet wurde. Diese Möglichkeiten werden ihm über ein Menusystem angeboten (hierzu gehören auch die Optionen zur Datensicherung und Rücksicherung). Der Zugang zur Betriebssystemebene ist gesperrt. Auch nach einem eventuellen ´Booten´ von Diskette hat der Anwender keinen Zugang zur Festplatte, den Anwendungen oder den gespeicherten Daten.

Die auf der Festplatte gespeicherten Daten sind darüberhinaus verschlüsselt abgelegt, um auch im Falle eines Diebstahls immer die Sicherheit der (wenn auch im Falle von Angebots- und Beratungssoftware nicht hochgradig sensiblen) Daten gewährleisten zu können.

Für den Upload und Download von Daten und Programmen zwischen Laptop und Zentrale werden derzeit Distributions- und Teleservice-Verfahren eingeführt, die in der Lage sind, die erforderlichen Kommunikationsschritte auch mit nur temporär (im Netz der Geschäftsstellen) verfügbaren Laptops einzuleiten.

**Nur durch die Kombination von standardisierten zentralen Verfahren und einer ´Abschottung´ der Laptops gegen unbefugten Zugriff ist auf Dauer ein sicherer Betrieb möglich.**

# Übersicht :

1. Der Gerling-Konzern im Überblick

2. EDV-Vertriebsunterstützung

3. Projektentwicklung

4. Sicherheit im Betrieb

5. Sicherheit bei der Datenübertragung

6. Sicherheit der Daten

7. Zusammenfassung

# 1. Der Gerling-Konzern im Überblick // Eckdaten

## Das Prämienaufkommen des Gerling-Konzern in 1992 betrug ca. 11 Mrd. DM.

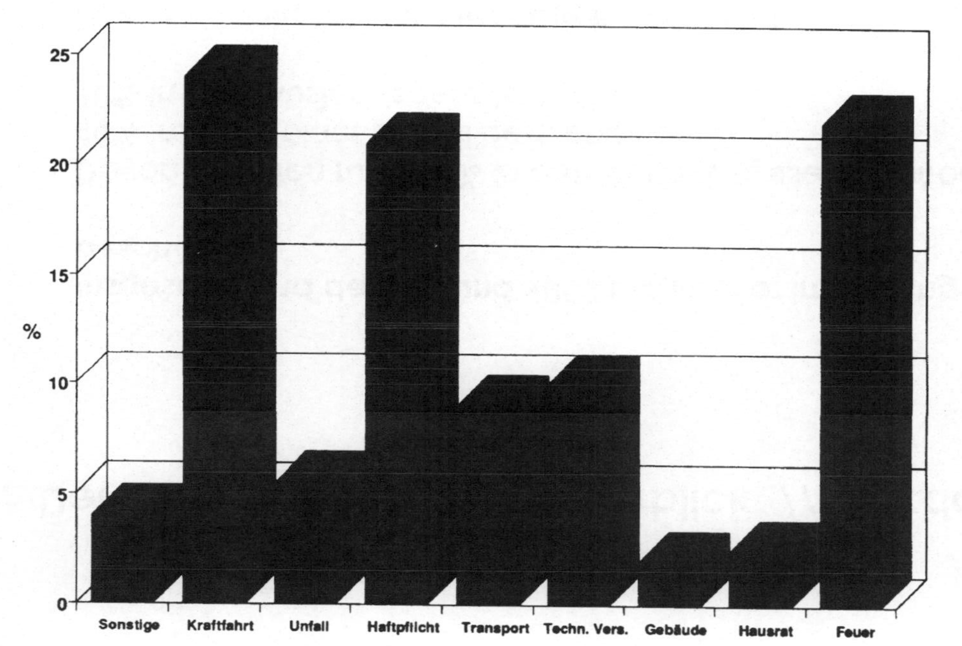

# 1.  Der Gerling-Konzern im Überblick  //  Eckdaten

Insgesamt sind derzeit rund 9000 Mitarbeiter im Gerling-Konzern beschäftigt.

Davon arbeiten rund 50% in den Vertriebsgesellschaften,
40% in den Kölner Zentralbereichen und
10% in den Auslandsgesellschaften.

Eine der zentralen Gesellschaften ist die GKI:
Gesellschaft für Informationsmanagement und Organisation mbH
mit über 300 Mitarbeitern.

# 1. Der Gerling-Konzern im Überblick // Struktur

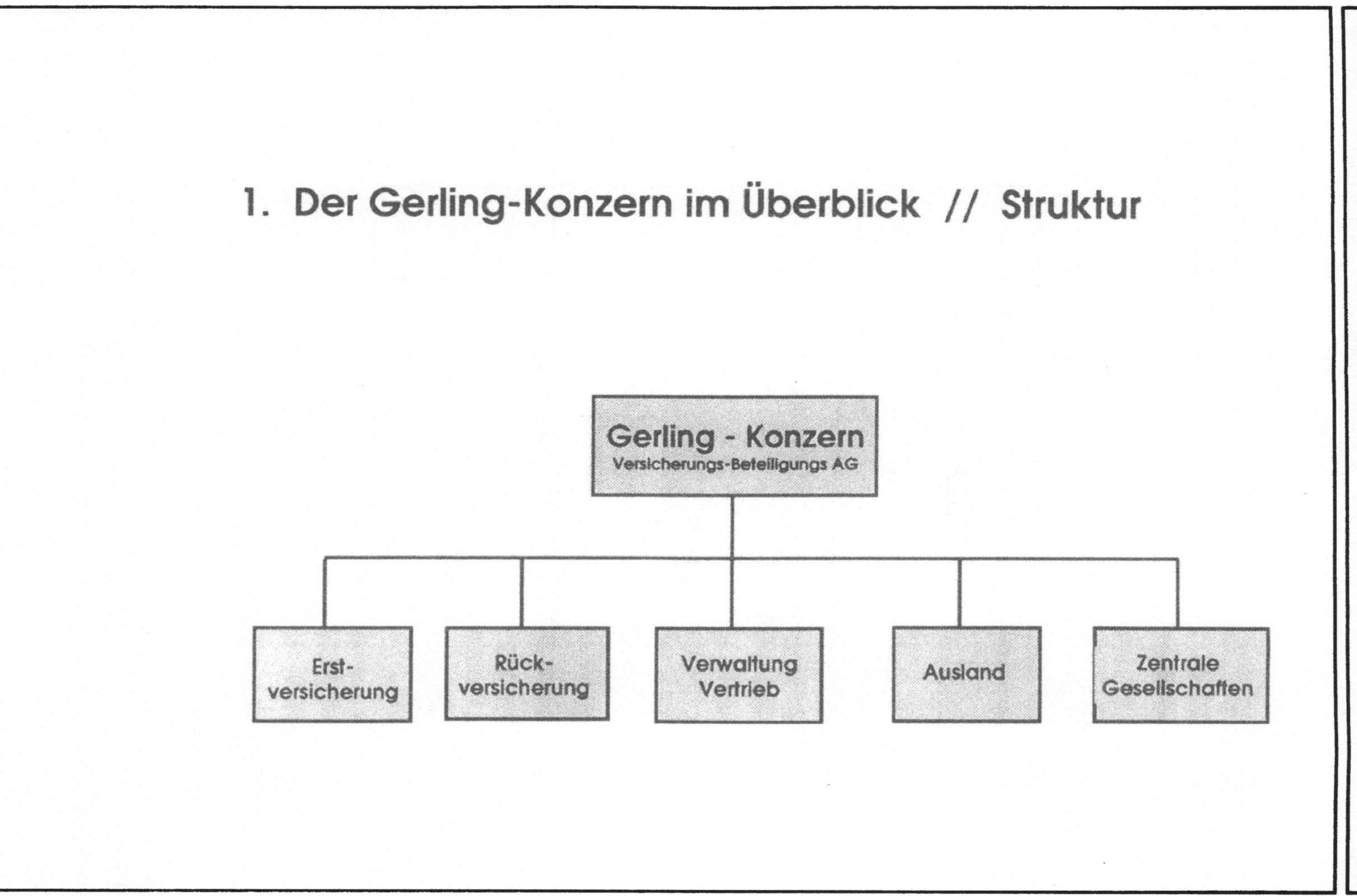

# 1. Der Gerling-Konzern im Überblick // Organisation DV

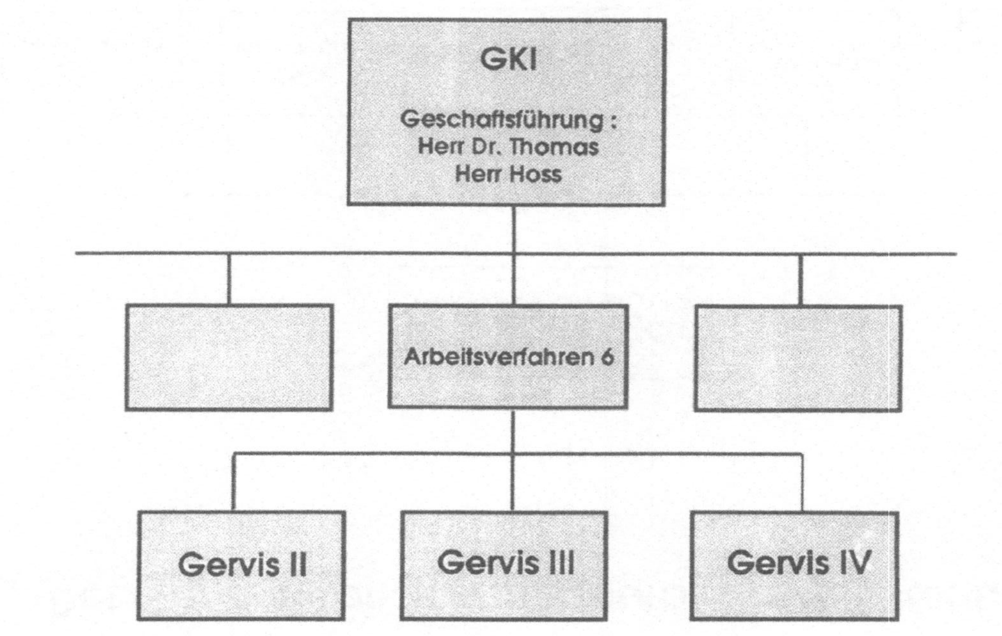


Die GKI gliedert sich in insgesamt acht Hauptabteilungen.

# 1. Der Gerling-Konzern im Überblick // Verbreitung

Über 40 Vertriebsgesellschaften sind in

ganz Deutschland verteilt.

Jede von ihnen ist

- mit den zentralen Großrechnern
  in Köln verbunden

- mit einem UNIX-System

- und mit 1-n MS/DOS-PCs

ausgestattet.

# 1. Der Gerling-Konzern im Überblick // Verbreitung

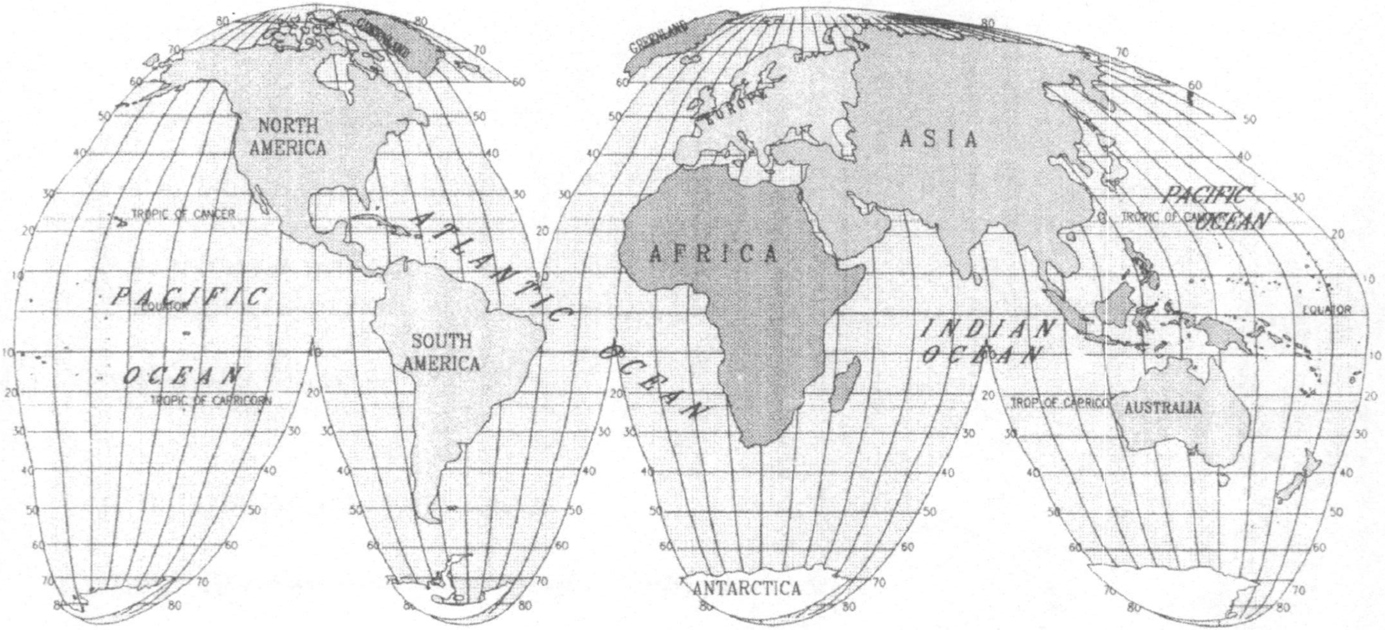

Ausländische Gesellschaften sind praktisch weltweit von Oslo bis Johannesburg und von Kuala Lumpus bis Rio de Janeiro vertreten.

## 2. Ebenen der Vertriebsunterstützung

2. Ebenen der Vertriebsunterstützung

Im Endausbau werden im Rahmen von GERVIS IV rund

1.500 festangestellte AD-Mitarbeiter

mit Laptops (incl. Angebots- und Beratungssoftware)

ausgestattet sein.

Für ein reibungsloses Handling dieses Volumens sind

standardisierte automatische Verfahren zwingend

erforderlich !

## 3. GERVIS IV

GERVIS IV ist im Gerling-Konzern die Lösung
für eine integrierte, EDV-gestützte
Kundenberatung und Angebotserstellung
für die Vertriebsmitarbeiter.

3. GERVIS IV

*Aufbau einer integrierten, EDV-gestützten
Kundenberatung und Angebotserstellung*

- Schaffung einer stationär und mobil verfügbaren Anwendung sowie deren Anbindung an bestehende Systeme

- Schaffung eines Verfahrens für den maschinellen Datenaustausch zwischen den dezentralen und zentralen Systemen

- Erweiterung der DV-technischen Infrastruktur um dezentrale intelligente Endgeräte

- Aufbau eines bundesweiten, zentral gesteuerten Logistiksystems zur Administration von Hard- und Software !

## 3. GERVIS IV

**Mittels Gervis IV lassen sich
alle Phasen der Kundenbetreuung
unter Nutzung und Ergänzung
der zentralen Datenbestände
unterstützen:**

*Bedarfsanalyse
Produktkomposition
Produktberechnung
Beratungsergebnis
Deckungskonzept
Produkterstellung*

## 3. GERVIS IV

Alle verwendeten und noch zu erstellenden Module sind nach einheitlichen Grundsätzen aufgebaut :

In den Gervis-Programmen wurde eine vollständige Entkopplung von Datenerfassung, -verwaltung, Berechnung und Ergebnisaufbereitung realisiert.

Dies ermöglicht eine durchgängige Verwendbarkeit der Gervis-Software in allen Einsatzgebieten

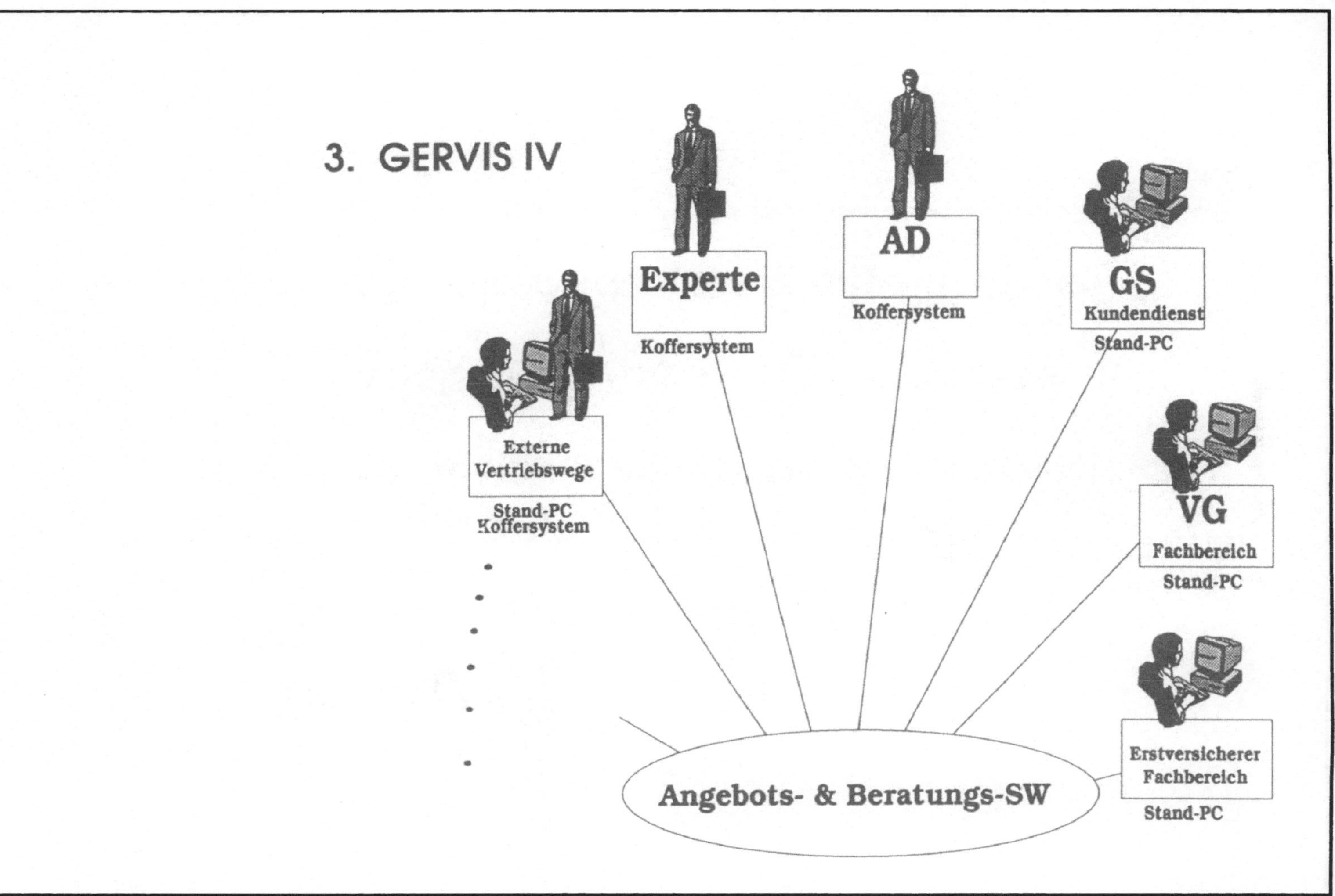

3. GERVIS IV
Experte
Koffersystem
AD
Koffersystem
GS
Kundendienst
Stand-PC
Externe
Vertriebswege
Stand-PC
Koffersystem
VG
Fachbereich
Stand-PC
Erstversicherer
Fachbereich
Stand-PC
Angebots- & Beratungs-SW

## 3. GERVIS IV

Bedingt durch das modulare Konzept können Hard- und Software an die unterschiedlichsten Einsatzerfordernisse angepaßt werden.

## 3. GERVIS IV

Systemadministration
Servicefunktion
Datensicherheit
Kommunikation
Datenhaltung
Datenschutz
Beratung
Legitimation

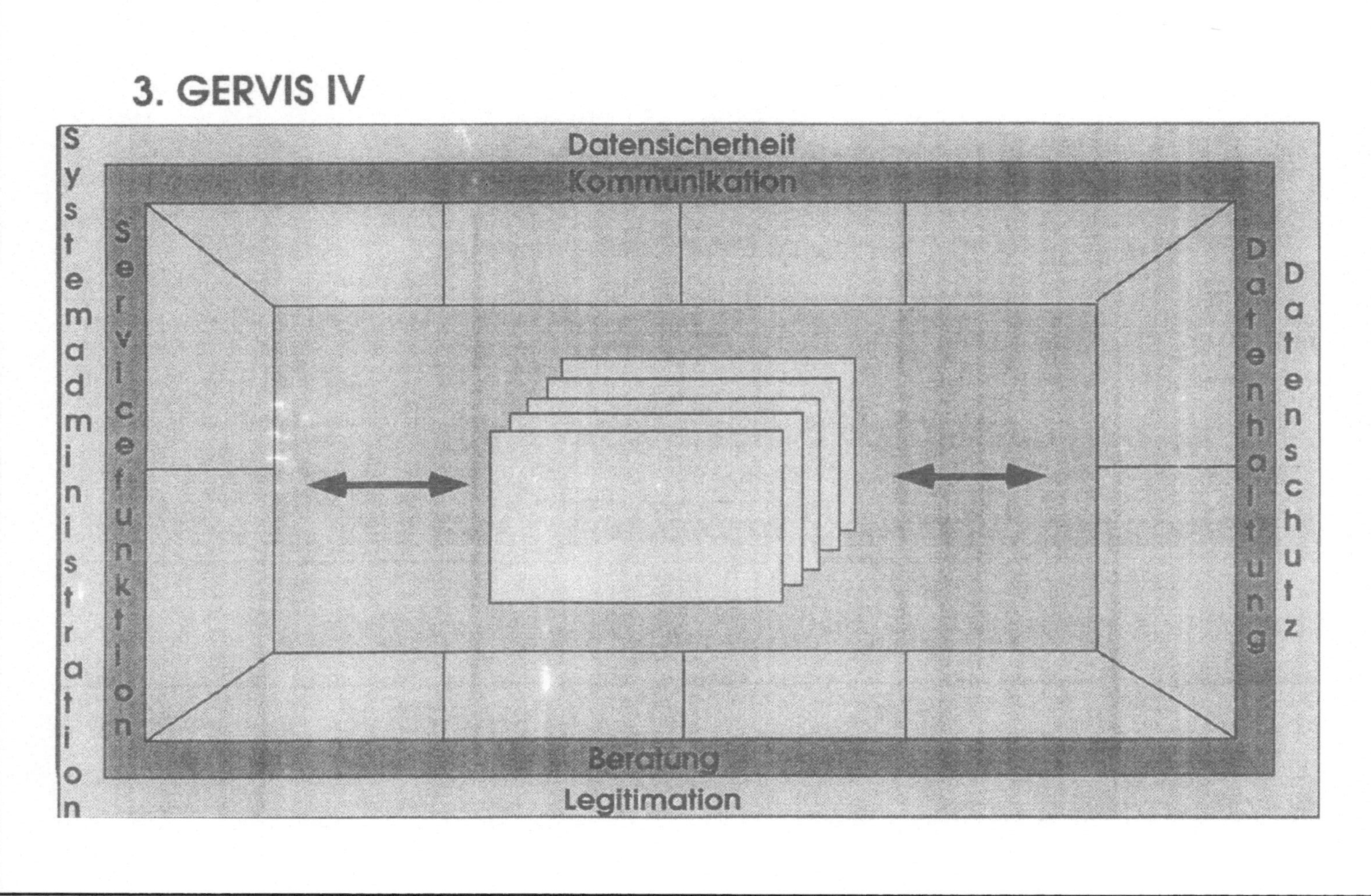

## 3.  GERVIS IV

1989     **Grundsatzentscheidung und Konzept**

1990     **Vorbereitung und Beginn Feldtest**

' 1991     **Durchführung und Auswertung Feldtest**

1992     **Einsatzbeginn bei VG / GS / AD**

1993     **Flächendeckender Einsatz**

## 3. GERVIS IV

*Ergebnisse des Feldtests :*

- Sehr gute Anwenderakzeptanz durch hohe Entlastung

- Sehr gute Kundenakzeptanz durch Verbesserung
  der Beratungsqualität

- Ein guter Berater wird in seinem Fachwissen unterstützt

- Stärkere Identifikation des Kunden mit dem Ergebnis

- Tendenz zu Rundum-Deckung und Cross-Selling

3. GERVIS IV

*Ergebnisse des Feldtests :*

- Differenzierte Angebotserstellung im Erstgespräch

- Folgebesuch entfällt durch sofortige Angebotserstellung

- Reduzierung der Besuchsanzahl pro Akquisition

- Steigerung der Anzahl besuchter Kunden

3. GERVIS IV

*Fazit des Feldtests :*

**Die Realisierung der potentiellen Produktivitätssteigerung**

**- erfordert ein integriertes System zur Rundumberatung in den einzelnen Geschäftsfeldern**

**- bedingt intensive Schulungsmaßnahmen zur Sicherstellung der Systembeherrschung und -akzeptanz (Hardware, Software, Fachgebiet und Verkauf)**

**- bedeutet konsequente Vertriebssteuerung und Mitarbeiterführung mit dem Ziel, bei gleicher Besuchsfrequenz zu mehr Abschlüssen zu kommen.**

## 4. Sicherheit im Betrieb

Die Auswahl der einzusetzenden Geräte orientierte sich an den Ergebnissen des Feldtests und an den Möglichkeiten des Marktes.

## 4. Sicherheit im Betrieb

Eingesetzt werden derzeit Koffersysteme mit eingebautem Laptop und Drucker sowie zusätzlichem Stauraum für Zubehör, Formulare usw.

Als Stromversorgung kann sowohl ein (gemeinsames) externes Netzteil als auch ein 12V-Autoadapter dienen.

## 4. Sicherheit im Betrieb

**Technische Spezifikationen des Laptops :**

- 386SX-Prozessor
- 25 MHz-Taktrate
- 4 MByte Hauptspeicher
- 80 MByte Festplatte

- Betriebsdauer mindestens 3 Stunden
- Gewicht unter 3 Kilo

## 4. Sicherheit im Betrieb

Gemeinsam mit dem Lieferanten des Koffersystems (Generalunternehmer!) wurde ein Wartungskonzept festgelegt, das einen Austausch defekter Geräte innerhalb von 24 Stunden ermöglicht.

1) Fehlermeldung durch Anwender
2) Fernwartung durch BSZ
3) Versand eines Erstzgerätes durch BSZ (vollst. installiert)
4) Rücksicherung der Daten durch Benutzer
5) Reparatur des Gerätes durch Lieferant
6) Übernahme des Gerätes in den Austauschpool

## 5. Sicherheit bei der Datenübertragung

**Der Dialogbetrieb mit bestehenden Host-Systemen ist nach Anschluß der Laptops an ein GS-Netz (mit Communication-Server) möglich :**

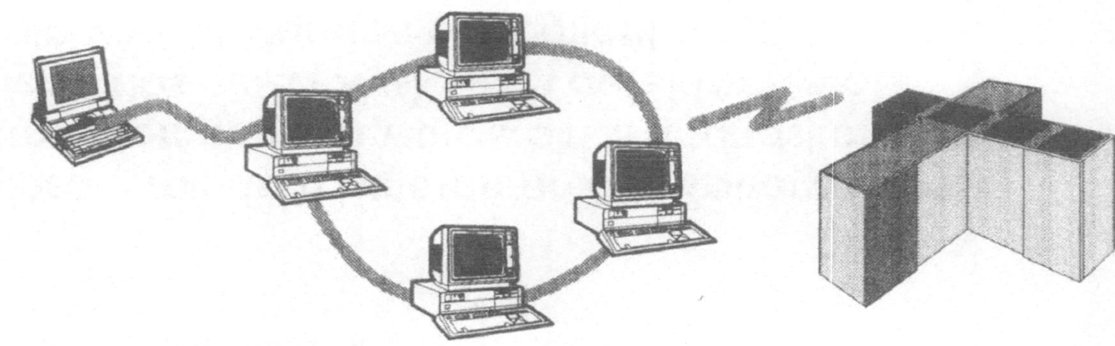

## 5. Sicherheit bei der Datenübertragung

**Die Versorgung der dezentralen Systeme mit Daten (Filetransfer) und Programmen (Ferninstallation) erfolgt mit Hilfe eines Distribution Managers.**

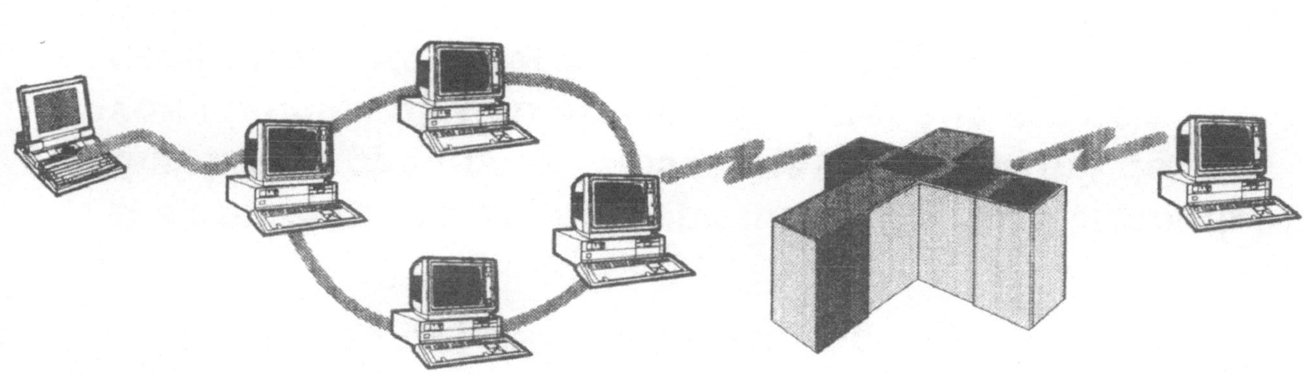

## 5. Sicherheit bei der Datenübertragung

**Die Fernwartung der Laptops (und PCs) wird ermöglicht durch eine geeignete Teleservice-Software, mit der man von einem zentralen Service-Rechner aus auf den dezentralen Rechner zugreifen kann (auch im Netz).**

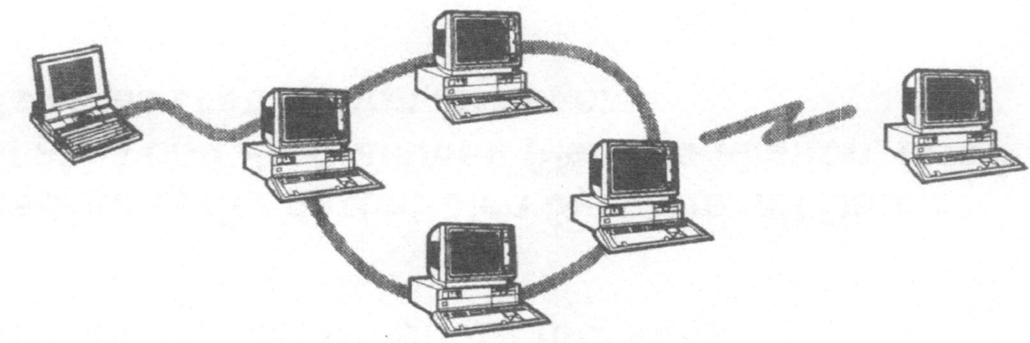

## 5. Sicherheit bei der Datenübertragung

**Die Sicherung gespeicherter Daten (Download) erfolgt zusätzlich zu einer manuellen Sicherung durch den Benutzer automatisch während des Verbindungsaufbaus mit dem PC-Netz der Geschäftsstelle.**

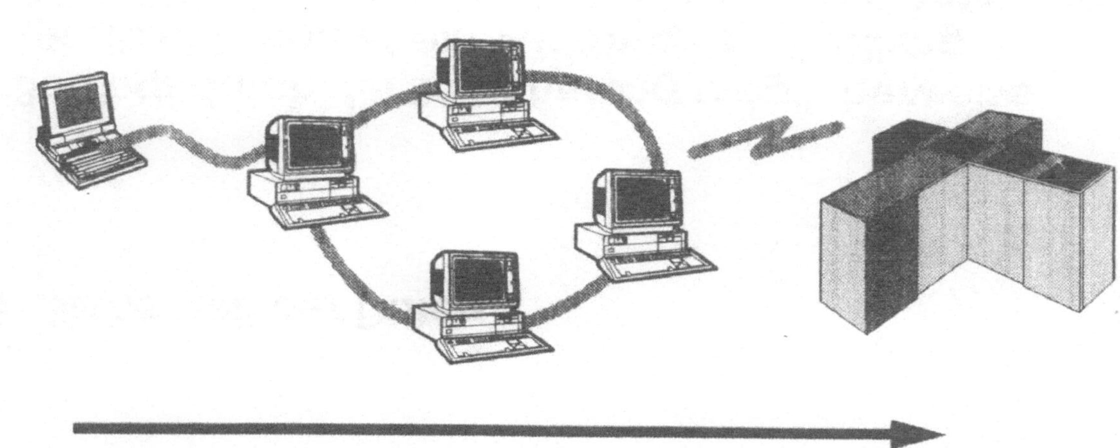

## 6. Sicherheit der Daten

Bedingt durch die Speicherung möglicherweise
sensibler Daten ist ein Verfahren zur Erfüllung
der Anforderungen von Datenschutz und Datensicherheit
zwingend erforderlich!

Hierbei sind in besonderem Maße Risiken wie
Laptop-Diebstahl (Festplatte) zu berücksichtigen.

## 6. Sicherheit der Daten

**Der Gerling-Konzern setzt ein software-basierendes System zur Absicherung der Laptops ein.**

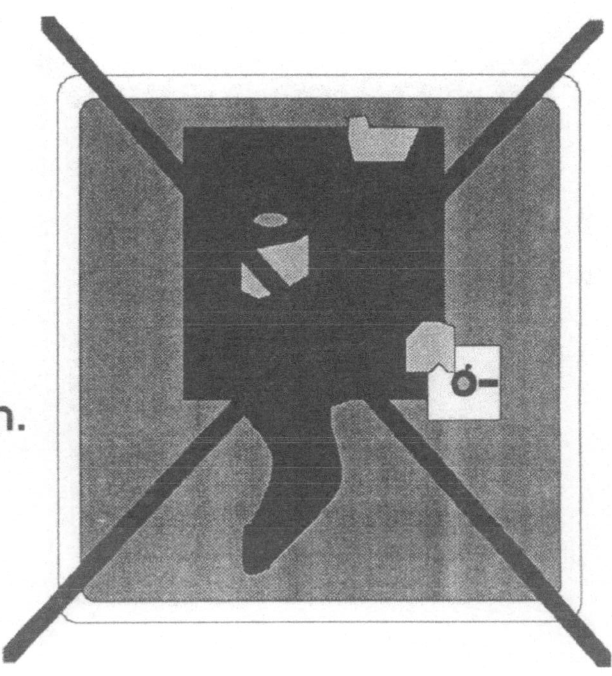

## 6. Sicherheit der Daten

Das Arbeiten mit dem Gerät ist nur nach ordnungsgemäßer Anmeldung an das System möglich (Identifikation und Authentifikation)

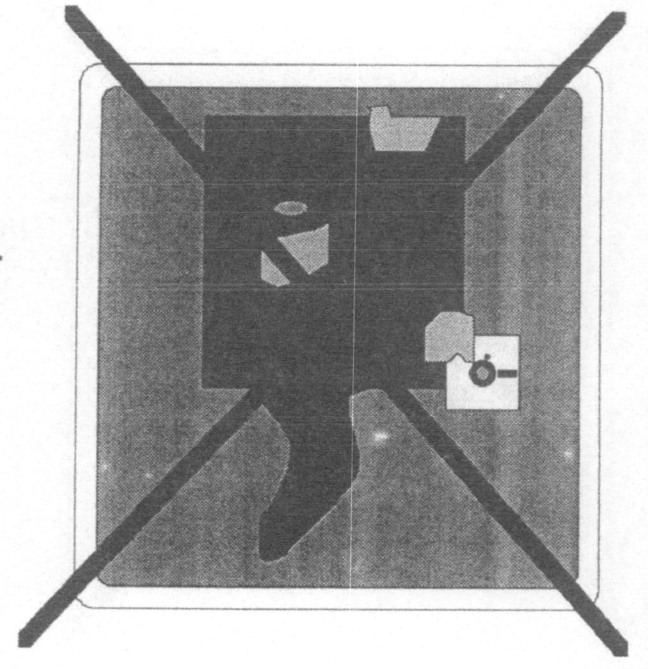

## 6. Sicherheit der Daten

Die Laptops für den Außendienst sind sicherheitstechnisch 1 : 1 ihren Benutzern zugeordnet.

Die Benutzer der Laptops sind verantwortlich für die regelmäßige Sicherung der gespeicherten Daten.

Die Verwaltung und Betreuung der Geräte erfolgt über Verantwortliche auf den Vertriebsgesellschaften.

## 6. Sicherheit der Daten

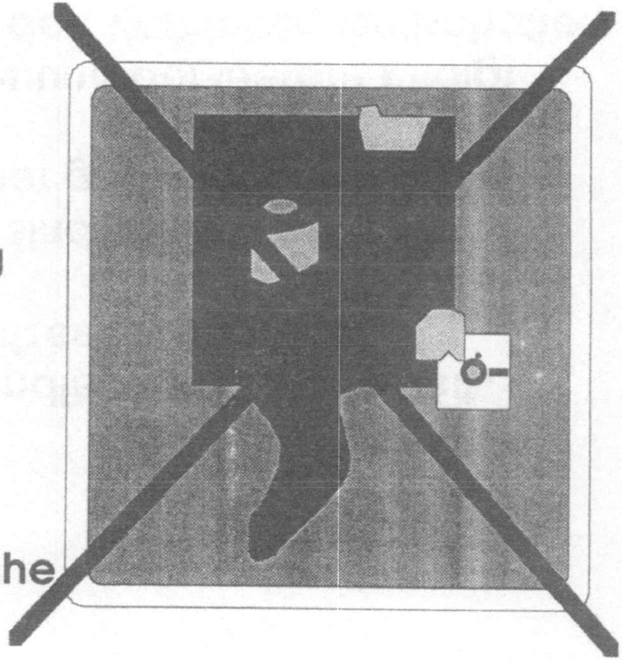

Nach erfolgreicher Anmeldung an das System stehen einem Benutzer nur die Applikationen zur Verfügung, für die er freigeschaltet worden ist.

Er ist nicht in der Lage, zusätzliche Anwendungen selbst zu installieren.

## 6. Sicherheit der Daten

**Der Zugang zur Betriebs-systemebene ist unterbunden!**

**Die Ausstattung der Geräte richtete sich an den heute geplanten Anforderungen aus !**

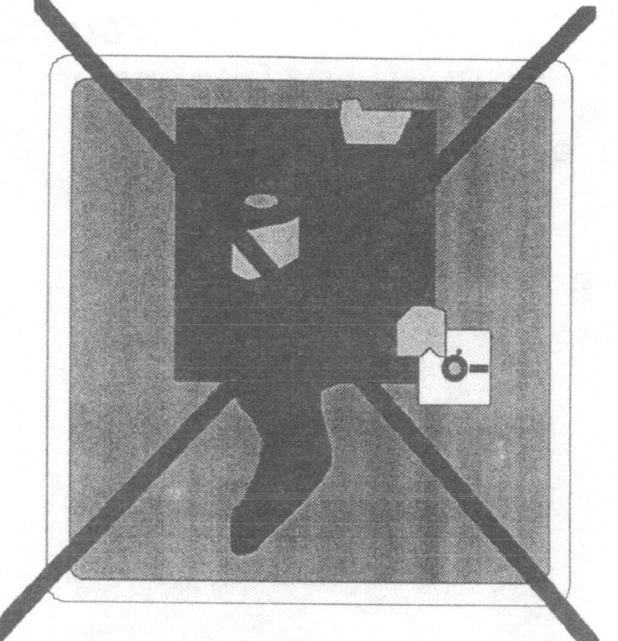

**Für einen sicheren Betrieb auch in Zukunft im Netz mit Up-/Download-Funktionen und Teleservice ist die Wahrung einer einheitlichen Konfiguration erforderlich!**

## 6. Sicherheit der Daten

Die Laptops sind zur optischen Absicherung mit einem eingeprägten GERLING-G versehen worden.

Die Daten auf den Festplatten der Geräte werden verschlüsselt gespeichert, um auch im Falle eines Diebstahls keinem Unbefugten Zugang zu irgendwelchen Kundendaten zu ermöglichen.

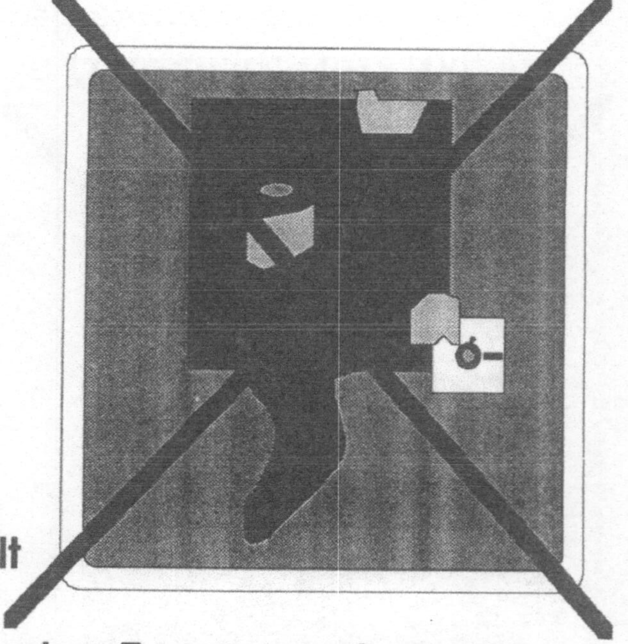

## 7. Zusammenfassung

Dr. Karl Rihaczek

# Ansatzpunkte und Entwicklungsstand der Realisierung digitaler Urkundsbeweise

# (1) Ausgangssituation

### Digital-elektronische Urkundsbeweise aus ökonomisch/ökologischen Gründen

## Bisherige Nachteile der Elektronik:

- Elektronische Daten **schwerer zugänglich** als Papier

- Elektronische Daten **spurlos physikalisch veränderbar**, Authentizität vorgelegter elektronischer Daten von vertrauenswürdigem Dritten nicht beurteilbar

- Verarbeitung elektronischer Daten **weniger transparent** als Beschreiben und Auswerten von Papier

- Rechtsprechung: Computer-Ausdrucke, Telefaxe etc **nur Anscheinsbeweise** (Beweislasterleichterung nicht -umkehr)

## Abhilfe durch Neuentwicklungen

- Technische Komponente - Integritätssicherung (Daten, Zuordnung Daten/Aussteller): **Verschlüsselung, Chipkarten**

- Organisatorische Komponente - Bezeugbarkeit (der Integrität) durch **vertrauenswürdige Dritte** (Fernmeldeinstanzen)

- **Aber:** Gesicherte elektronische Daten bezüglich verbesserter **Beweiseignung der Rechtsordnung unbekannt**

# (2) Praktische Ansatzpunkte für eine rechtliche Regelung

keine spekulative Vorwegnahme technischer
Entwicklung durch Rechtsentwicklung

- Ansatzpunkt 1: Anwendungen in **geschlossenen Benutzergruppen**

- Ansatzpunkt 2: **Internationale technische Normung**

- Ansatzpunkt 3: Die Entwicklung **ergonomischer Benutzeroberflächen** von Informationssystemen

- Ansatzpunkt 4: Anwendung im **Verkehr mit Gerichten**

# (3) Ansatzpunkt 1: geschlossene Benutzergruppen

z.B. elektronische Zahlungssysteme, Electronic Data Interchange EDI

- Rechtsverbindlichkeit durch vertragsrechtlich **gewillkürte Formalbeweise** - Grundlage für Verbindlichkeit: eigenhändige Unterschrift unter Benutzungsvertrag

- **Gesetz über die Allgemeinen Geschäftsbedingungen** erfordert mittelbar Sicherung der Integrität

- kein Regelungsdefizit aber **Zugangsbarrieren**

- auf offene Systeme **übertragbar: beweissichernde Mechanismen**

- auf offene Systeme **nicht übertragbar: rechtliches Regelungsmuster**

# (4) Ansatzpunkt 2: technische Normung

- Normung neuer Fernmeldesystemskomponenten im **CCITT X.509 "Directory - Authentication Framework"**

- Dort vorgesehen: Mechanismus für **Teilnehmerauthentikation per "elektronischer Unterschrift"** mittels Verschlüsselung

- Auch für ein **Unterschriftssurrogat** vorgesehen

- **asymmetrische Verschlüsselung:** Unterschriftsschlüssel geheim, Verifikationsschlüssel öffentlich - "Unterschrift" von Text zu Text unterschiedlich

- **Zertifikationsautorität**: neuartige Fernmelde-Instanz, vergibt Zertifikate an Teilnehmer

- **Zertifikat**: von der Zertifikationsautorität unterschriebene "Credentials" (Name, Verifikationsschlüssel, Gültigkeit etc)

- **Namengeberautorität** - herkömmliche Stelle (Amt, Arbeitgeber, Bank, etc): vergibt Distinguished Names

- **Distinguished Name:** eindeutig, nicht eineindeutig - lebensbereichsspezifisch mit Angaben zur Rolle des Namensträgers ("Unterschriften" mit unterschiedlichen Namen)

- **Directory** u.a. zur Abbildung der Namensvielfalt auf die Person des Teilnehmers, Verkettung von Rollen möglich

- **Regelungskompetenz** Zertifikat als Teilnehmeradresse: Fernmelderecht/Bund

# (5)  Ansatzpunkt 3: Benutzeroberflächen

Kulturelle Verankerung legt rechtsinduzierte **Funktionsäquivalenz** zur eigenhändigen  Unterschrift nahe.

**Technisches Potential** zur Funktionsäquivalenz:

- **Abschlußfunktion:** erfüllt

- **Identitätsfunktion:** mittels geheimer PIN erfüllbar (eventuell biometrische Erkennung verlangt)

- **Echtheitsfunktion:** erfüllt, da praktisch unfälschbar

- **Beweisfunktion:** erfüllt, Integritätssicherung und Bezeugbarkeit durch Dritte (Zertifikations-, Namengeberautorität)

- **Warnfunktion:** zweifelhaft, Aufmerksamkeit des Teilnehmers gefordert, ergonomische Hemmschwelle (Tastendruck? per Programm ausgelöst?)

- **Laien-Transparenz:** zweifelhaft (überfordernd), gegenläufig zu Hemmschwelle - Abwägungsproblem

- **Visualisierbarkeit:** zweifelhaft, kein "Unterschriftszug"

- **Dokumentierbarkeit:** zweifelhafte Langzeitdatenhaltung

- **Rückrufbarkeit** (vor Zustellung): noch nicht vorgesehen

- **Von rechtlicher Seite zu erwartende Vorgaben:** Spezialrechtlich ausgewogene Hinweise zur Benutzeroberflächengestaltung für Warnfunktion, Laien-Transparenz, Visualisierbarkeit, Dokumentierbarkeit, Rückrufbarkeit

- **Regelungskompetenz:** Unterschrift/Zertifikat als übertragener Inhalt: Zivilrecht/Bund-Länder-Konkurrenz

# (6) Ansatzpunkt 4: Anwendungen im Gerichtswesen

## Gerichte müssen mit den Parteien elektronisch rechtssicher verkehren

- **Anwendungsvorgaben** von **Juristen** (kein Henne-Ei-Problem)

- Beispiel: **Mahnbescheidanträge**, § 690 Abs.3 ZPO (neu):

  "Der Antrag kann in einer nur maschinell lesbaren Form übermittelt werden, wenn diese dem Gericht für seine maschinelle Bearbeitung geeignet erscheint; der handschriftlichen Unterzeichnung bedarf es nicht, wenn in anderer Weise gewährleistet ist, daß der Antrag nicht ohne Willen des Antragstellers übermittelt wird."

  Begründung der Vorschrift: Vorausgesetzt, daß die Antragstellung ausreichend gegen Mißbrauch abgesichert ist.

- Projekt: **Zentrales Mahngericht Stuttgart** mit "Unterschrift" nach CCITT X.509 / TeleTrusT

# (7) FAZIT I: Erkennbare rechtliche Vorgaben für die technische Entwicklung

- Das Unterschriftssurrogat sollte allen wesentlichen von Rechtsordnung und Rechtswissenschaft an die Unterschrift gestellten Ansprüchen (Abschluß-, Identitäts-, Echtheits-, Beweis-, Warnfunktion, Transparenz, Visualisierbarkeit, Dokumentierbarkeit, definierte Rückrufbarkeit) **funktionsaquivalent** genügen.

- Die **Form** des Unterschriftssurrogats sollte (wie die eigenhändige Unterschrift) in den unterschiedlichen Anwendungsfällen möglichst **gleichartig** und erkennbar sein.

- Der **Vorgang** des elektronischen Unterschreibens sollte anwendungsunabhängig **gleichartig, laien-transparent** und **herausgehoben** sein.

- Die **Apparatur**, mittels der ein Unterschriftssurrogat geleistet wird, sollte anwendungsunabhängig **als solche erkennbar** sein.

- Die technische Entwicklung muß **lanzeitgespeicherte elektronische Dokumente lesbar/verifizierbar** halten.

- Wo (ohnedies) im Kommunikationssystem zwischengespeichert wird, sollte ein Sender die Möglichkeit haben, von ihm versandte und unterschriebene Nachrichten **zurückzurufen**.

# (8) FAZIT II: Gesetzgeberischer Handlungsbedarf

## Regelung nicht der Rechtsprechung überlassen

(1)  Gesetz zur **Errichtung von Zertifikationsautoritäten**, zur Zertifikation und Namengebung, zur Beweiseignung des (CCITT-spezifizierten) Unterschriftssurrogats, mit **Legaldefinition einer "elektronischen Urkunde"**, **Verordnungsermächtigung** an die Bundesregierung, die Anforderungen an die Sicherheit dem jeweiligen Stand der Technik anzupassen

(2)  **Berücksichtigung** des Unterschriftssurrogats und der elektronischen Urkunde **bei der Novellierung von Gesetzen** und Änderung von Verordnungen und Verwaltungsvorschriften, die dem Gebrauch moderner Kommunikationsmedien angepaßt werden sollen und bislang Schriftform und Unterschrift erfordern

**Dipl.-Kfm. Michael Müller-Berg**

# EDI und Sicherheit

Agenda:

1. Einführung in EDI

   Definition
   Komponenten einer EDI-Anwendung

2. Auswirkungen von EDI

3. Sicherheit im Bereich der Telekommunikaton

4. Sicherheitsmaßnahmen

   Dienste und Verfahren
   Systemanforderungen
   Audit Trail
   EDIFACT-Syntax
   Archivierung
   Elektronische Unterschrift
   EDI-Vertrag

# Einführung
# EDI

## Definition



EDI ist unabhängig von Hardware, Software und Kommunikationsnetzen

# Einführung
# EDI

## Vollständiger elektronischer Datenaustausch

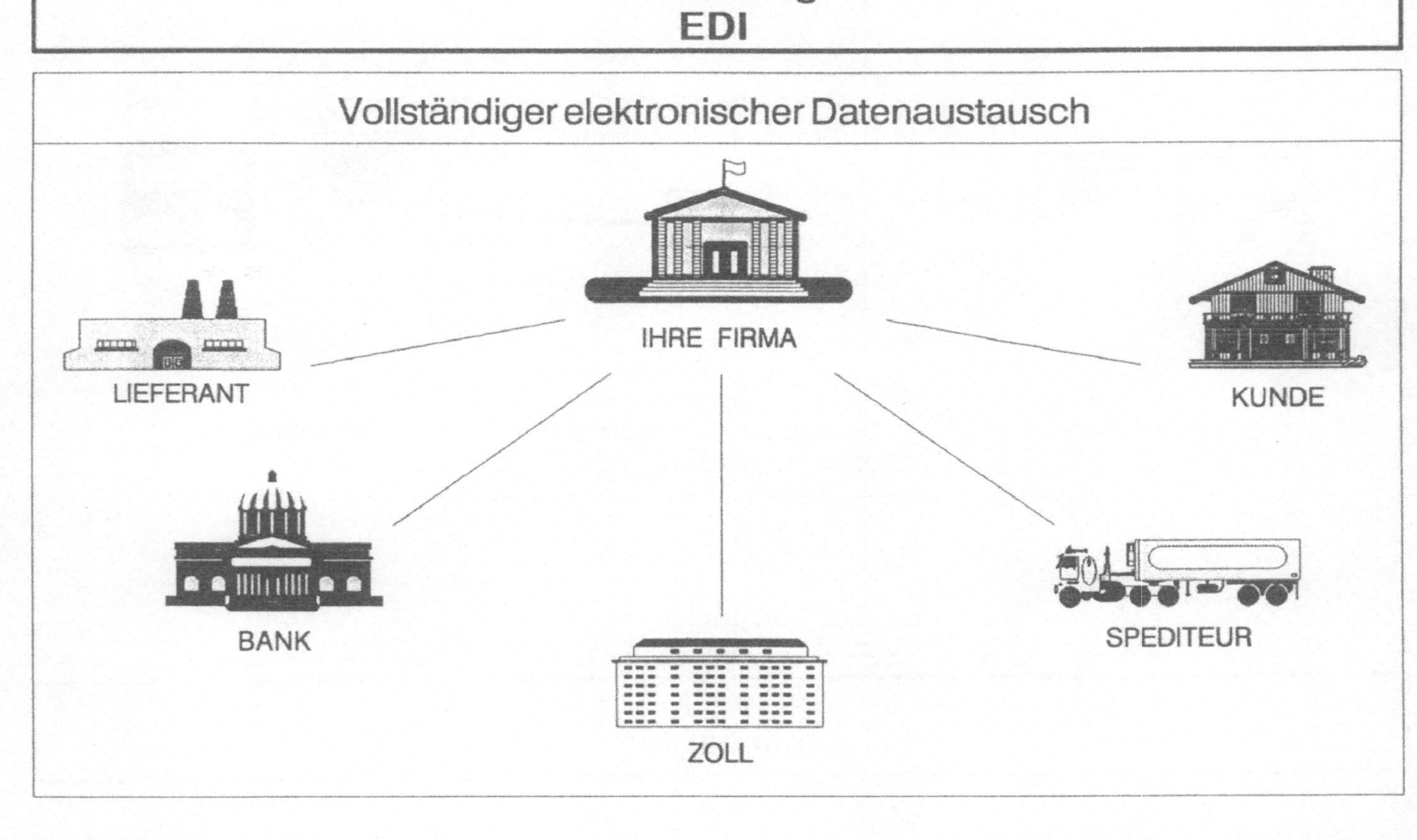

# Einführung EDI

## EDIFACT

|  | branchen-abhängig | branchenun-abhängig |
|---|---|---|
| **international** | SWIFT<br>ODETTE | EDIFACT |
| **national** | VDA<br>SEDAS | ANSI X.12 |

- EDI benötigt Partner.

- EDI bedeutet Kommunikation mit heterogenen Partnern.

- EDI - Partner müssen sich verstehen.

EDIFACT erfüllt die Anforderungen einer branchenunabhängigen, international gültigen Norm.

# Einführung
# EDI

## Verbindung der Business - Cycles

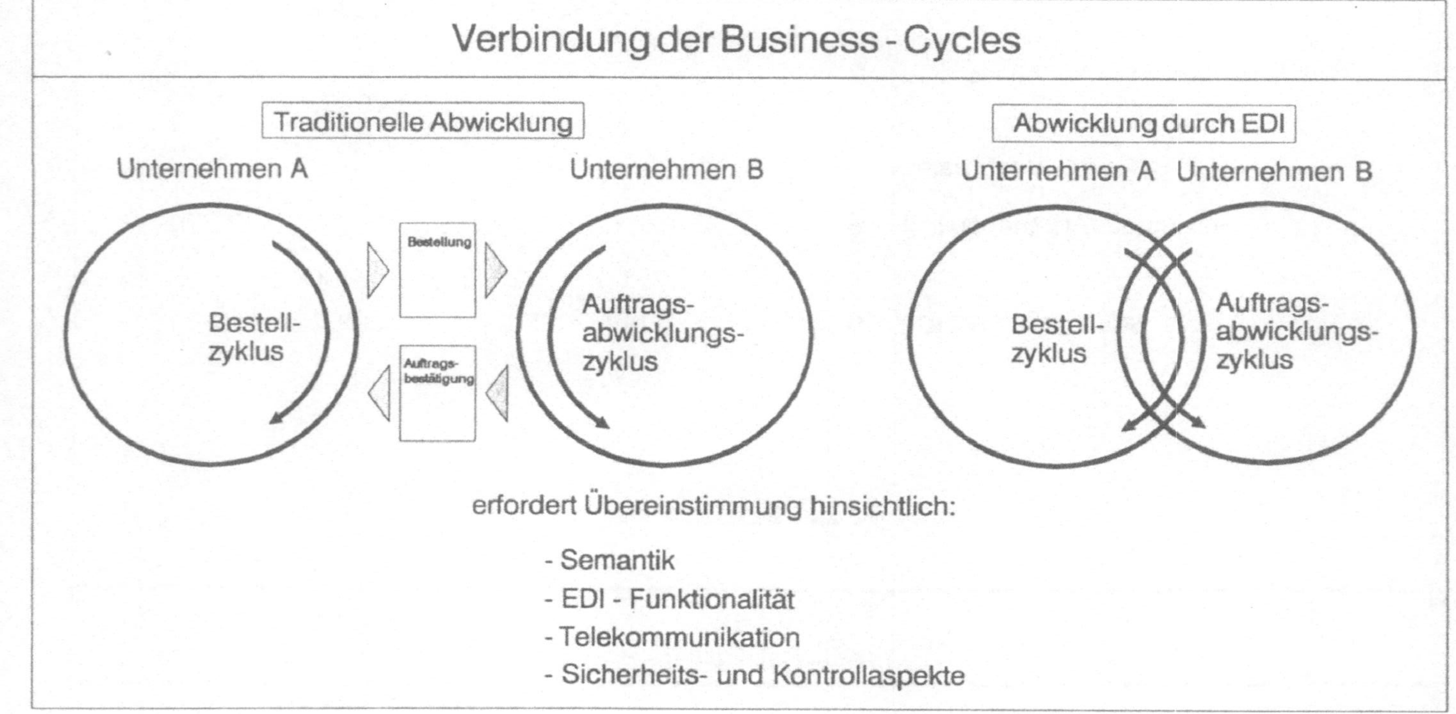

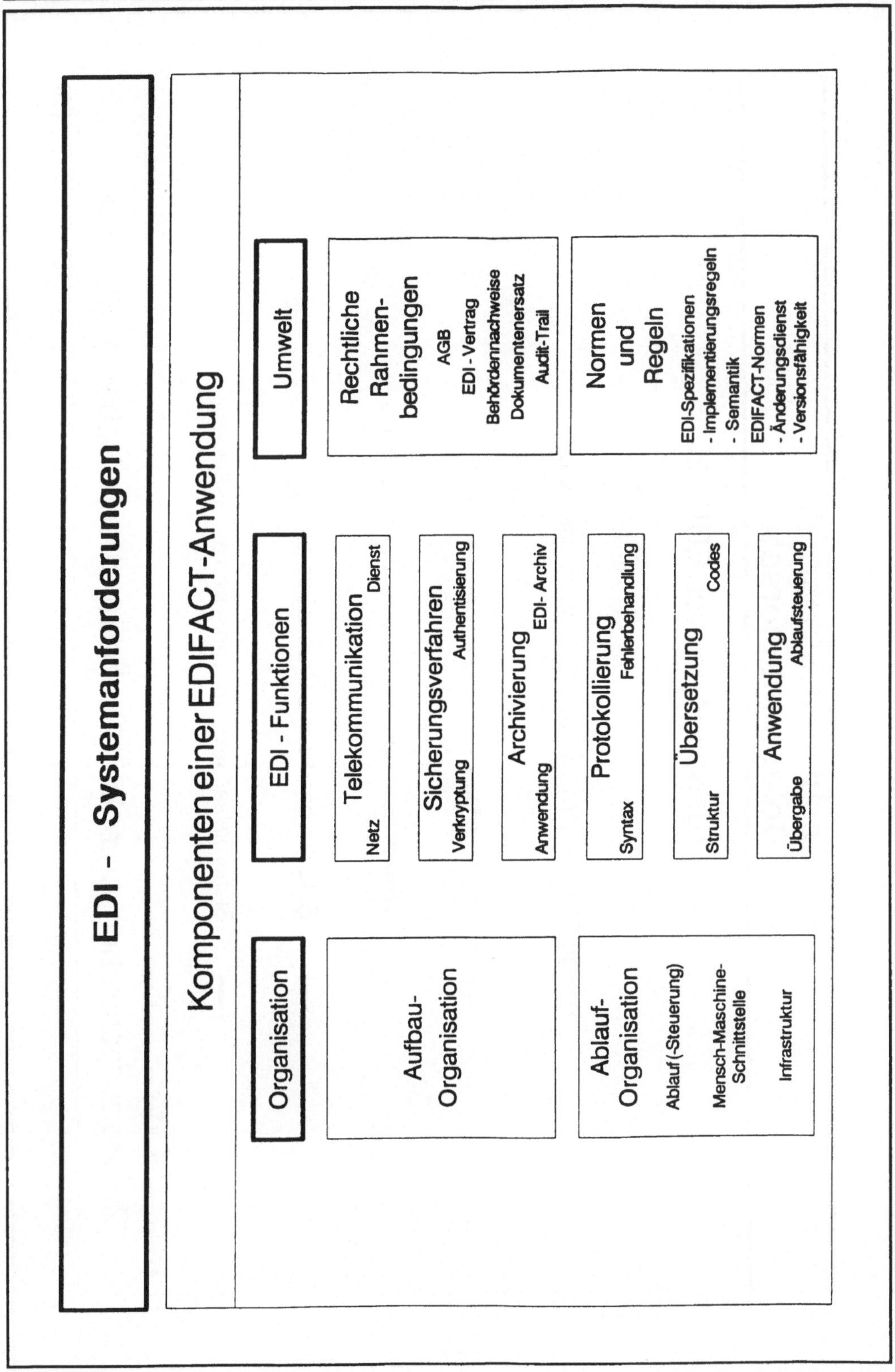

EDI - Systemanforderungen
Komponenten einer EDIFACT-Anwendung
Organisation
EDI - Funktionen
Umwelt
Aufbau-Organisation
Telekommunikation
Netz
Dienst
Sicherungsverfahren
Verkryptung
Authentisierung
Archivierung
Anwendung
EDI- Archiv
Rechtliche Rahmen-bedingungen
AGB
EDI - Vertrag
Behördennachweise
Dokumentenersatz
Audit-Trail
Ablauf-Organisation
Ablauf (-Steuerung)
Mensch-Maschine-Schnittstelle
Infrastruktur
Protokollierung
Syntax
Fehlerbehandlung
Übersetzung
Struktur
Codes
Anwendung
Übergabe
Ablaufsteuerung
Normen und Regeln
EDI-Spezifikationen
- Implementierungsregeln
- Semantik
EDIFACT-Normen
- Änderungsdienst
- Versionsfähigkeit

# Recht und Sicherheit
## Dokumentenersatz

### Auswirkungen von EDI

Belege (Nachrichten) kommen elektronisch ins Haus

→ Es werden keine Papierbelege mehr erstellt

→ Damit ändern sich Verfahren zur Belegbearbeitung

→ Es fehlen anerkannte Grundsätze zum EDI

→ Sicherheitsaspekte verlagern sich auf IV-Systeme

Zwang zu rechtlichen, organisatorischen und technischen Änderungen

# Recht und Sicherheit
## Telekommunikation

- Festgeschaltete Leitungen

- Rückruf

- Passworte  ( verkryptet )

- Physische Trennung des Servers vom Host

- Mailboxen (Clearing ) versus Punkt - zu - Punkt

- Systemdateien schützen

- Geschlossene Benutzergruppen

- Partnerprofile

# Recht und Sicherheit
## Sicherheitsmaßnahmen

| Dienste (ISO) | EDI-Verfahren |
| --- | --- |
| Authentikation | Verschlüsselung |
| Zugangskontrolle | Elektronische Unterschrift |
| Vertraulichkeit | Audit Trail |
| Integrität | EDIFACT |
| Unwiderrufbarkeit | Telekommunikation |
| | TeleService |

Sichere Informationsübermittlung ist Voraussetzug für den EDI-Einsatz

# Recht und Sicherheit
## Sicherheitsmaßnahmen

## EDI-Systemanforderungen

**Datensicherheit / Integrität**
- Übertragungsprotokoll
- Verkryptung

**Zugriffsschutz / Vertraulichkeit**
- Identifizierung über Partnerprofil
- Password
- Verkryptung

**Zustellbeweis**
- Empfangsbestätigung
- Protokollierung

**Authentisierung**
- Elektronische Unterschrift

Zu erwartende Anforderungen vorsehen

# Recht und Sicherheit
## Audit Trail

## Protokollierung

**Prüfung der EDIFACT - Syntax**

Aufbau

Muss- Segmente und - Elemente

Formate und Kontrollangaben

**Fehlerbehandlung**

Kennzeichnung auf Nachrichtenebene

Anzeige der Fehlerposition

Dokumentation

**Ablaufprotokoll**

Audit-Trail
Historie

# Recht und Sicherheit
# Sicherheitsmechanismen

## EDIFACT

**Authentikation** → Übermittlung elektronischer Unterschriften (AUT-Segment)

→ Austausch partnerspezifischer Paßworte (UNB-Segment)

→ Sender-/Empfängerkennungen (UNB-Segment)

**Integrität** → Vollständigkeitsprüfung durch Nachrichten-/Segmente-Zähler
(UNT-/UNZ-Segment)

→ Prüfung der Reihenfolge durch Meldesequenznummern
(UNH-Segment)

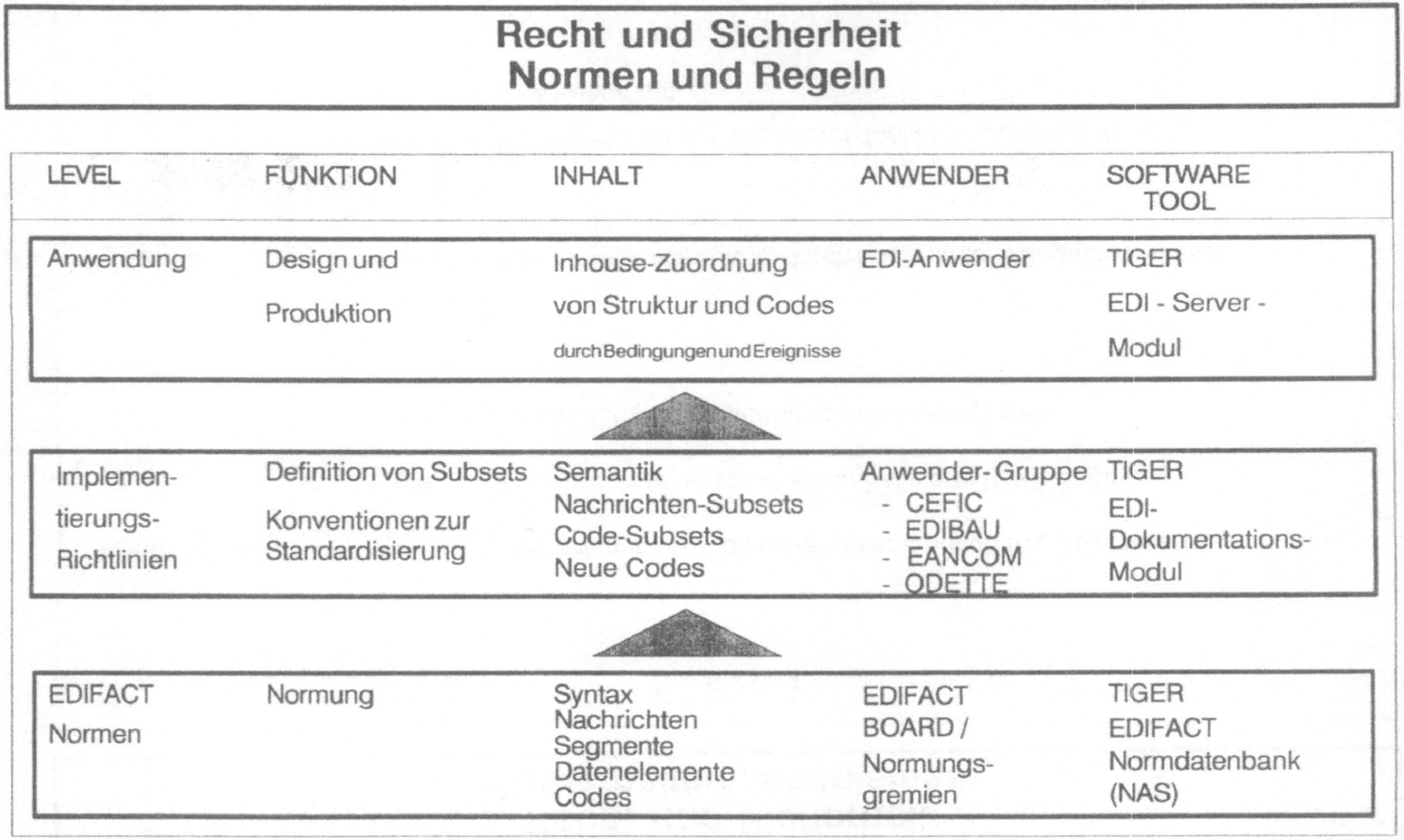

## Recht und Sicherheit
## Normen und Regeln

| LEVEL | FUNKTION | INHALT | ANWENDER | SOFTWARE TOOL |
|---|---|---|---|---|
| Anwendung | Design und Produktion | Inhouse-Zuordnung von Struktur und Codes durch Bedingungen und Ereignisse | EDI-Anwender | TIGER EDI - Server - Modul |
| Implemen-tierungs-Richtlinien | Definition von Subsets Konventionen zur Standardisierung | Semantik Nachrichten-Subsets Code-Subsets Neue Codes | Anwender-Gruppe - CEFIC - EDIBAU - EANCOM - ODETTE | TIGER EDI-Dokumentations-Modul |
| EDIFACT Normen | Normung | Syntax Nachrichten Segmente Datenelemente Codes | EDIFACT BOARD / Normungs-gremien | TIGER EDIFACT Normdatenbank (NAS) |

# Recht und Sicherheit
## Normen und Regeln

## Das EDIFACT Normensystem und seine Teilsysteme

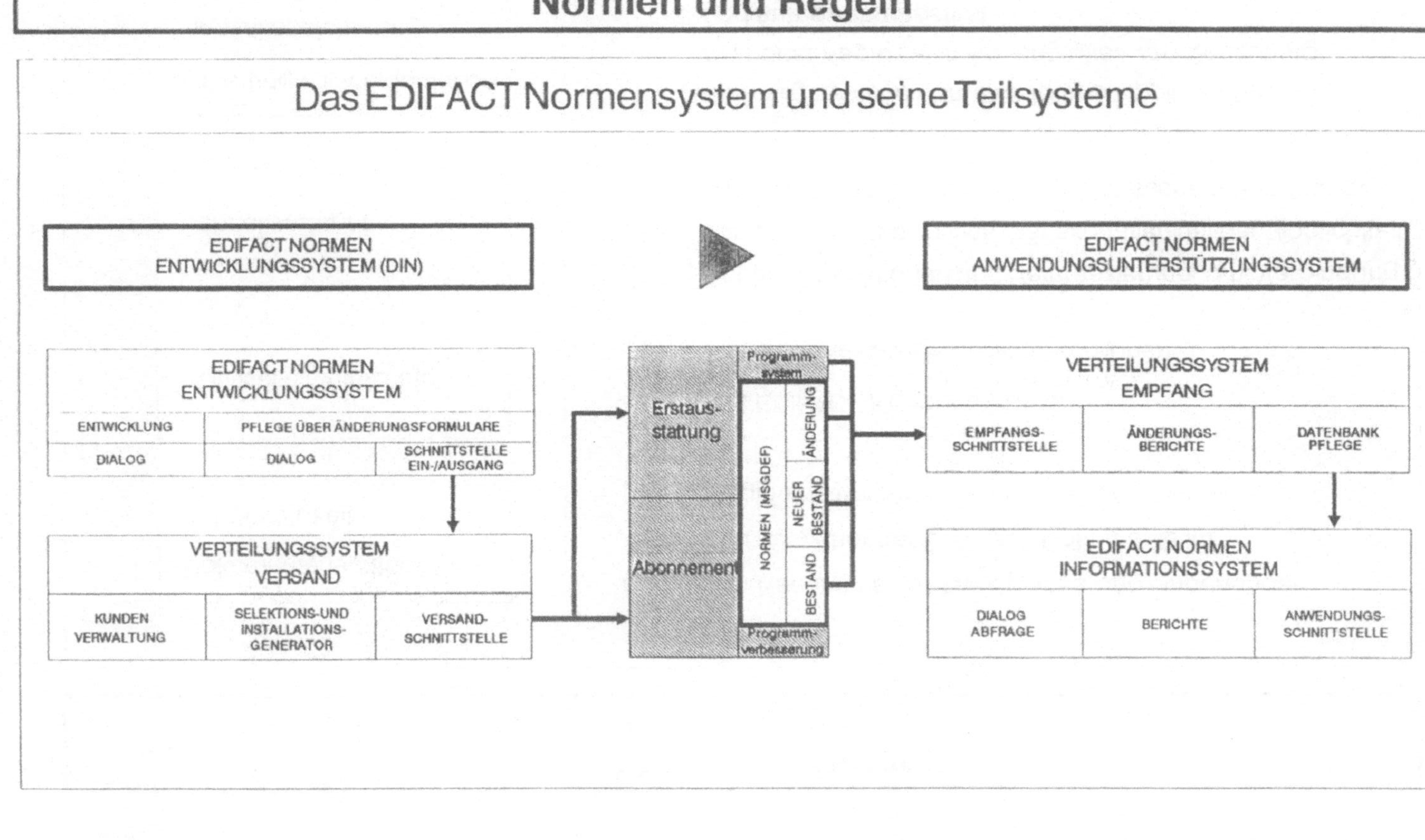

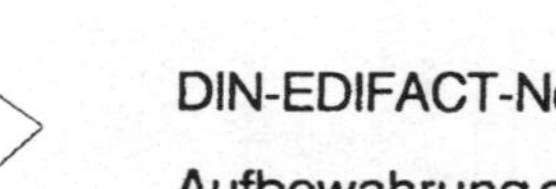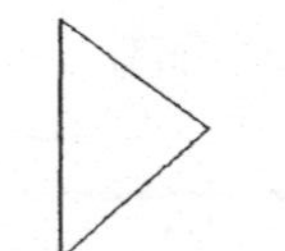

# Recht und Sicherheit
## Archivierung

# Recht und Sicherheit
## Archivierung

Reproduktion der EDIFACT-Nachrichten

Standardsuchkriterien

- Dokumentenidentifikation → Nachrichtentyp, Dokumentennummer

- Datumsangaben → Belegdatum

- Personenangaben → Absender, Empfänger

Schneller Zugriff durch eindeutige Suchkriterien

# Recht und Sicherheit
# Archivierung

## Reproduktion der EDIFACT-Nachrichten

**Zusätzliche Suchkriterien**

Beispiele:

- Referenzangaben → Auftragsnummer bei Bestellung
- Formale Nachrichteninformationen → INVOIC 9001/Rechnung
- Dateiinformationen → Dateinummer
- Projektinformationen → Projektnummer, Projektbezeichnung
- Freie Deskriptoren → Sachbearbeiter, Bearbeitungsdatum

## Schneller Zugriff durch eindeutige Suchkriterien

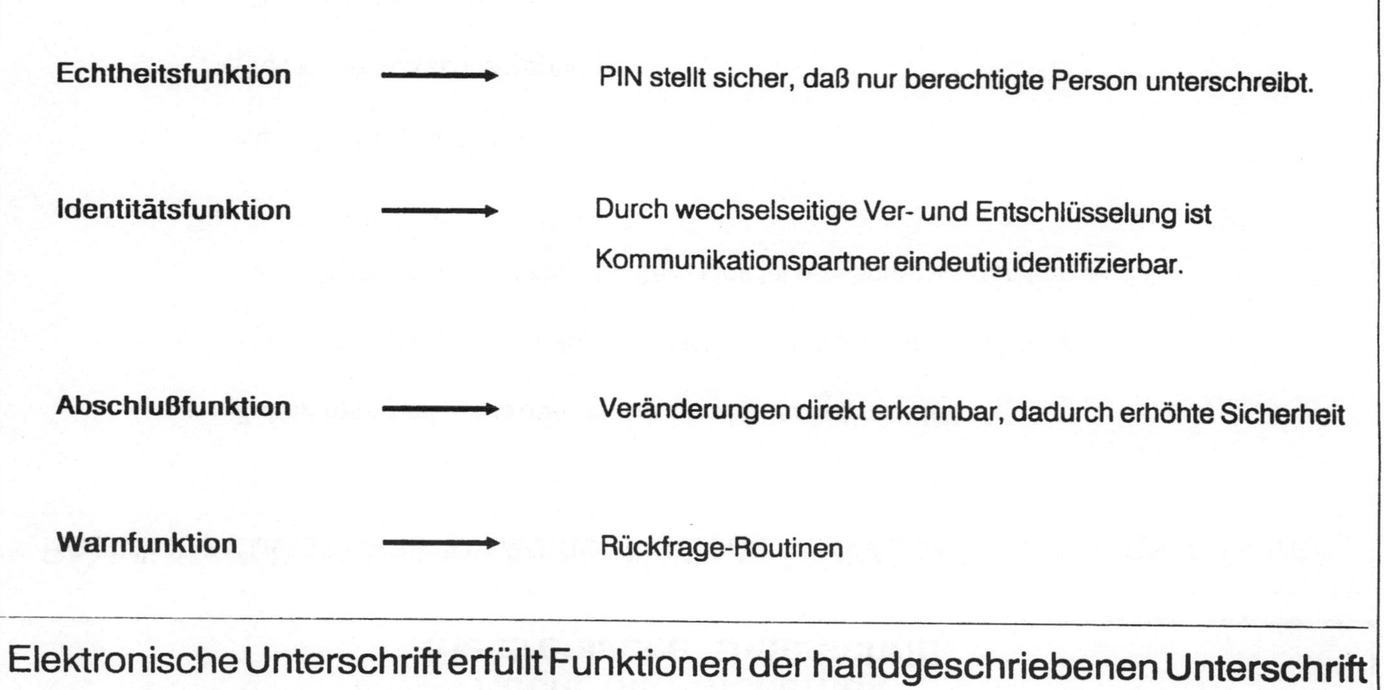

Recht und Sicherheit
Elektronische Unterschrift

Echtheitsfunktion → PIN stellt sicher, daß nur berechtigte Person unterschreibt.

Identitätsfunktion → Durch wechselseitige Ver- und Entschlüsselung ist Kommunikationspartner eindeutig identifizierbar.

Abschlußfunktion → Veränderungen direkt erkennbar, dadurch erhöhte Sicherheit

Warnfunktion → Rückfrage-Routinen

Elektronische Unterschrift erfüllt Funktionen der handgeschriebenen Unterschrift

# Recht und Sicherheit
## Elektronische Unterschrift

### Rechtliche Zulässigkeit von Authentikations- und Verschlüsselungsverfahren

**Zulässigkeit ist gegeben, wenn gewährleistet ist, daß:**

- Verschlüsselte Erklärungen im Streitfall entschlüsselt werden können

- Verschlüsselte Erklärungen als Beweismittel verwendet werden können

**Kein Widerspruch zur:**

- Telekommunikationsordnung

- Strafprozeßordnung

### Rechtsordnung verbietet Verschlüsselungen weder ausdrücklich, noch mittelbar

# Recht und Sicherheit
# Elektronische Unterschrift

## Vertragliche Regelungen

**Situation**

Rechtsordnung berücksichtigt elektronische Verfahren nur unzureichend

**Problematik**

Erweiterung der Vorschriften ist ein langwieriger Prozeß

**Lösung**

Verwendung von Authentikations- und Verschlüsselungsverfahren ist vertraglich zu regeln.

Zu vereinbaren sind u.a.:

- Technische Spezifikationen

- Beiderseitige Haftung und Verantwortung

- Fehlerbehandlung

# Recht und Sicherheit
# Elektronische Unterschrift

## Certification Authority

**Aufgabe**

- Schlüsselzertifizierung

**Optional**

- Schlüsselgenerierung

- Schlüsselvergabe

- Chipkarten - Vergabe

**Organisation**

- Zertifizierung beschränkt sich auf eingegrenzten Personenkreis

- Zentrale nationale Zertifizierungsinstanz für alle Bereiche aus

  Wirtschaft und Verwaltung

- Hierarchische Struktur durch Verbindung dezentraler Zertifizierungsinstitutionen

  mit einer zentralen unabhängigen Stelle auf höchster Ebene

Zertifizierungsinstanz muß rechtlichen Anforderungen eines Notars genügen

# Recht und Sicherheit
## Archivierung

### Beleg - Manipulations - Ausschluß

1. Elektronische Belege dürfen nicht veränderbar sein

2. Korrekturen und Ergänzungen nur in Beleg-Kopie

3. Doppelungen verhindern

4. WORM - Einsatz

## Dokumentensicherheit muß gewährleistet sein

## Recht und Sicherheit
## EDI-Vertrag

**Problem**

- international gültiger EDI-Vertragsentwurf fehlt

- zahlreiche Gremien/Unternehmen erarbeiten spezifische EDI-Verträge

**Lösungsweg**

- Koordinierung nationaler Aktivitäten durch das DEUPRO

- Erarbeitung eines national gültigen EDI-Vertrages durch die AWV

- Arbeitsergebnisse fließen in internationale Gremienarbeit
  der EG-Kommission ein

Ziel: international gültiger Vertragsentwurf, der nationale Besonderheiten berücksichtigt

**Dipl.-Math. Klaus-Dieter Wolfenstetter**

# Sicherheit in internationalen Telekommunikationssystemen

**Zusammenfassung**

Im europäischen und internationalen Kommunikationsverkehr spielen Datenschutz und Datensicherung als technisches Mittel zur Durchsetzung des Datenschutzes eine für weltweit agierende Unternehmen entscheidende Rolle. Die geplanten Bestimmungen der derzeit im Europäischen Parlament diskutierten Datenschutz-Richtlinie - wegen ihrer Aussagen zum Drittlandsverkehr auch weltweit von Bedeutung - sollen letztlich dem Schutz gerade derjenigen Bürger dienen, deren privater wie beruflicher Bewegungsraum erhöhten Verleztlichkeiten ausgesetzt ist. Dem werden andererseits andere gemeinschaftsrechtliche Vorschriften gegenüberstehen, die eine wirksame Strafverfolgung auch im Umfeld transeuropäischer Kommunikationsnetze gewährleisten.

Der hier dringend gebotene Interessensausgleich setzt eine Bestandsaufnahme aller sicherheitsrelevanter europäischer und internationaler Aktivitäten voraus. Der Vortrag versucht diese Momentaufnahme der einschlägigen Aktivitäten im Bereich der Standardisierung und einiger nationaler Rechtsentwicklungen (z.B. Frankreich, USA) vor dem Hintergrund einer zunehmend multimedial vernetzten Welt.

Am Fallbeispiel des paneuropäischen Mobilkommunikationssystems GSM können sowohl die technische Entwicklung eines hochgradig komplexen Systems als auch die besondere Exportproblematik und das "Interworking" der beteiligten Netzbetreiber aufgezeigt werden. Diese Probleme wurden letztlich auf der Grundlage von bilateralen Vereinbarungen (COCOM und GSM-MoU-Regelungen) gelöst.

Jedoch besteht ein dringender Regelungsbedarf bei Entwicklung und Nutzung von Sicherheitstechnik zumindest für Europa, da technische Weiterentwicklungen und ihre Umsetzungen in Telekommunikationsdienstleistungen nur durch ein abgestimmtes Regelwerk zum Erfolg geführt werden können.

**Inhalt**

Sicherheit in kommerziell genutzten Netzen in den USA

Gesetzliche Auflagen für die Sicherheit in Kommunikationssystemen in Frankreich

Kommunikationssicherheit in Deutschland (1;Telekom)

Kommunikationssicherheit in Deutschland (2;"Corporate Networks")

Sicherheitsstandards für Offene Systeme

Kommunikationssicherheit für Europa (1)

Kommunikationssicherheit für Europa (2)

Einflüsse auf die Standardisierung von Sicherheitsmechanismen

Sicherheitsattribute des paneuropäischen Mobilkommunikationssystems (GSM)

GSM-Sicherheitsprotokolle

Exportregelungen für GSM-Sicherheitstechnik

Grenzen des freien Sicherheitsmarktes

**Literatur**

[1]     Beutelspacher, A., Hegenbarth, M., Wolfenstetter, K.-D.:
        ÖKart-Authentication Protocols for the Card Telephone of the German PTT,
        Smart Card 2000, D.Chaum (Editor), 1991

[2]     Mouly, M., Rast, R., Wolfenstetter, K.-D.: Security Mechanisms in the Future
        European Digital Cellular System, International Conference on Digital Land
        Mobile Radio Communications, Venedig, 1987

[3]     GSM-Spezifikationen 02.09, 02.17, 03.20, 11.11

[5]    Michel, U.: Sicherheitsfunktionen im paneuropäischen Mobilfunknetz, GMD-
       Smart Card Workshop, 1991

[6]    Weis, K.: Die Chipkarte im Funktelefonnetz C, ZPF, 1988

[7]    Wolfenstetter, K.-D.: Studie über die Einbahnfunktion SCA-85 für ÖKOM und Netz
       C, Darmstadt, 1985

[8]    Wolfenstetter, K.-D.: Neue Wege zur sicheren Kommunikation, International
       Symposium Telephone Cards Applications and Technology, Nürnberg,1990

[9]    Wolfenstetter, K.-D.: Sicherheitsrelevante Projekte bei der Telekom, Vortrag
       Professorenkonferenz im FTZ der Telekom, nov. 1991 und DuD 1992 (8)

[10]   Wolfenstetter, K.-D.: Multimedium Chipkarte - Informationsträger, Wertkarte,
       Sicherheitswerkzeug, erscheint in telekom praxis Jg. 1993, Heft 1

[11]   Kowalski, B. Wolfenstetter, K.-D.: Trust Center für öffentliche Netze, Sonderheft it
       (1991), Heft 1

[12]   Beutelspacher, A.: Kryptologie, Vieweg Verlag, 1992

## Sicherheit in kommerziell genutzten Netzen in den USA

Vielfältiger Einsatz von Sicherheitsverfahren im öffentlichen und nichtöffentlichen Bereich, z.B. EFT.

Aber:

1) 1984 initiiert die NSA das "Commercial COMSEC Endorsement Program", das zum Gesetz wird:

    *Der Sicherheitsbedarf bei behördlicher und geschäftlicher Kommunikation wird durch die Nutzung von zertifizierten Sicherheitskomponenten (versiegelten Chips und Kryptoverfahren) gedeckt.*

    "Typ 1" - Geräte schützen klassifizierte Informationen

    "Typ 2" - Geräte schützen nicht-klassifizierte Informationen

    Die Sicherheitsverfahren werden nicht offengelegt; DES wird nicht eingesetzt.

2) 1992 schlägt FBI dem Kongreß ein Gesetz zum Abhören von Kommunikationskanälen vor.

## Gesetzliche Auflagen für die Sicherheit in Kommunikationssystemen in Frankreich

*Kryptogesetz zur Wahrung der inneren und äußeren Sicherheit*

Anmeldepflicht bei Anwendungen zur Authentiation (Bestätigung der Kommunikation; Ursprungsnachweis, Dokumentenechtheit etc.)

Genehmigungspflicht für die eingesetzten Mittel zur Sicherung der Vertraulichkeit (HW, SW, Schemata etc.)

Praktisches Beispiel:

Nutzer eines Funktelefons mit Kryptoeinheit

(z.B. GSM):                     keine Genehmigung

Verkäufer:                      Nachweis der Genehmigung

Systemhersteller:               Genehmigung

Netzbetreiber:                  Genehmigung

Verantwortlich: Service de la sécurité  des systèmes d´information(SCSSI)

## Kommunikationssicherheit in Deutschland (1)

Netz- und dienstespezifische Sicherheit der Telekom:
*( Netzsicherheit und Gebühren- (Entgelt-)sicherheit )*


- Funktelefondienst Netz C
  *800 000 Tln*
  *Kombi-Chipkarte mit ÖKOM-Funktionalität*


- ÖKOM (Öffentliches Kartentelefon)
  *40 000 münzlose Öffentliche Telefone*
  *Debit- (=Speicher-) und Kredit- (=Prozessor-) Karten*


- Btx mit Externem Rechner
  *Homebanking mit Bildschirmtextkarte über Chiptel*


*Sicherheitsfunktionen und -medien:*
- *Authentikation von Teilnehmern und*
  *Transaktionsdaten;*
- *Nutzung von teilnehmereigenen Chipkarten*
  *(Prozessorkarten, SmartCards, ICC)*
- *Kryptografische Einbahnfunktionen auf*
  *Prozessorkarten;*
- *Aufbau einer gesicherten*
  *Kommunikationsinfrastruktur*

## Kommunikationssicherheit in Deutschland (2)

*Dienstespezifische Sicherheit*


Telesec (Telekom)

*- kundenspezifische Sicherheitsdienstleistungen*
*- Ende-zu-Ende orientiert*
*- normenkonforme Sicherheit nach dem*
  *technischen Stand*
*- Rechtssicherheit*
*- Transparenz*


"Corporate Networks"

*- Ende-zu-Ende orientiert*
*- Etablierung von Industriestandards*
  *(z.B. RSA und DES im Bankenverbund)*
*- Einsatz auch grenzüberschreitend*
  *(soweit im Partnerland gestattet)*

## Sicherheitsstandards für Offene Systeme

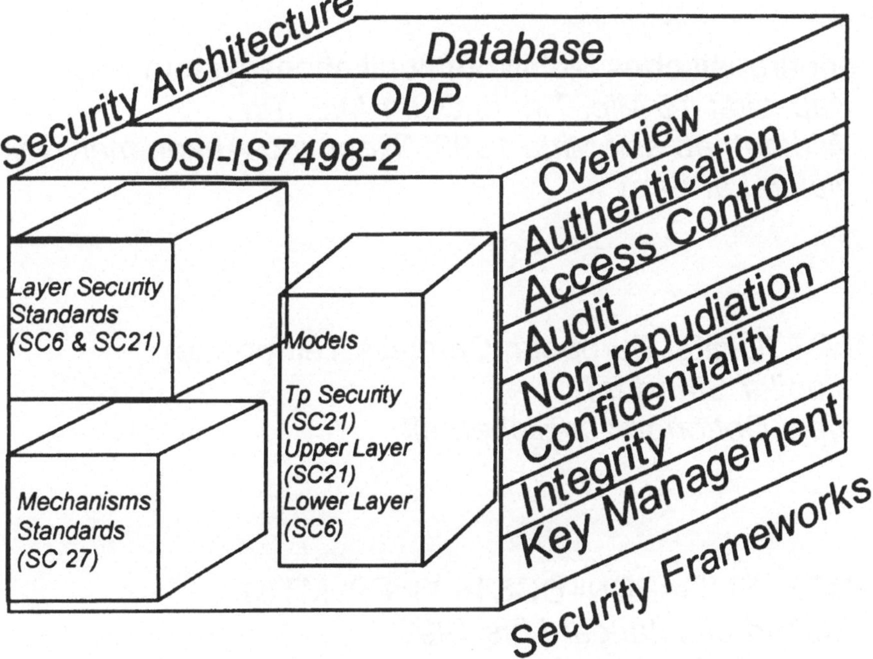


(Quelle: Technical Report;
Joint ISO SC21/CCITT; 1992)

## Kommunikationssicherheit für Europa (1)

*Bestehende und künftige standardisierte Dienste mit Sicherheitsattributen*

Paneuropäisches Mobilkommunikationssystem (**GSM**)
- *Kapazität 15 Mio. Tln; in D 2*1 Mio. Tln*
  *Wirkbetrieb seit Mitte 1992; "Roaming-Abkommen" mit vielen Ländern*

**DECT** (Digital European Cordless Telephone)
- *stabiler Standard*
- *viele Optionen zur Sicherheit*

**UMTS** (SMG=PCN=DCS1800=FPLMTS)
- *Sicherheitsstandard bis 1996*
- *GSM als Basis*

*Authentikation, Vertraulichkeit und Anonymitäts-funktionen vermittels kryptografischer und Chipkarten-basierter Sicherheitstechniken*

## Kommunikationssicherheit in Europa (2)

**TE9** (Multi-application smart cards and card terminals)
*Spezifikation von Kartenapplikationen wie*
- *Identifizierungsverfahren*
- *Verschlüsselung*
- *MAC-Bildung*
- *Unterschriftsverfahren*
- *Geldbörsenfunktionen*


**AVM** (Audio and Video Services)
*Spezifikation von sicheren Videokonferenz-Schaltungen*
- *Authentikation und Vertraulichkeit zwischen mehreren Multipoint Control Units*
- *Ende-zu-Ende Sicherheit zwischen Videokonferenz-terminals*


**UPT**
- *Endgeräte-unabhängige Kommunikation mit weltweiter Mobilität*
- *Nutzung von "intelligenten Netz- und Anwendungsfunktionen" für Operating und Accounting*

**IN** (Intelligentes Netz)
- Plattform für UPT mit hohen Datenschutzanforderungen

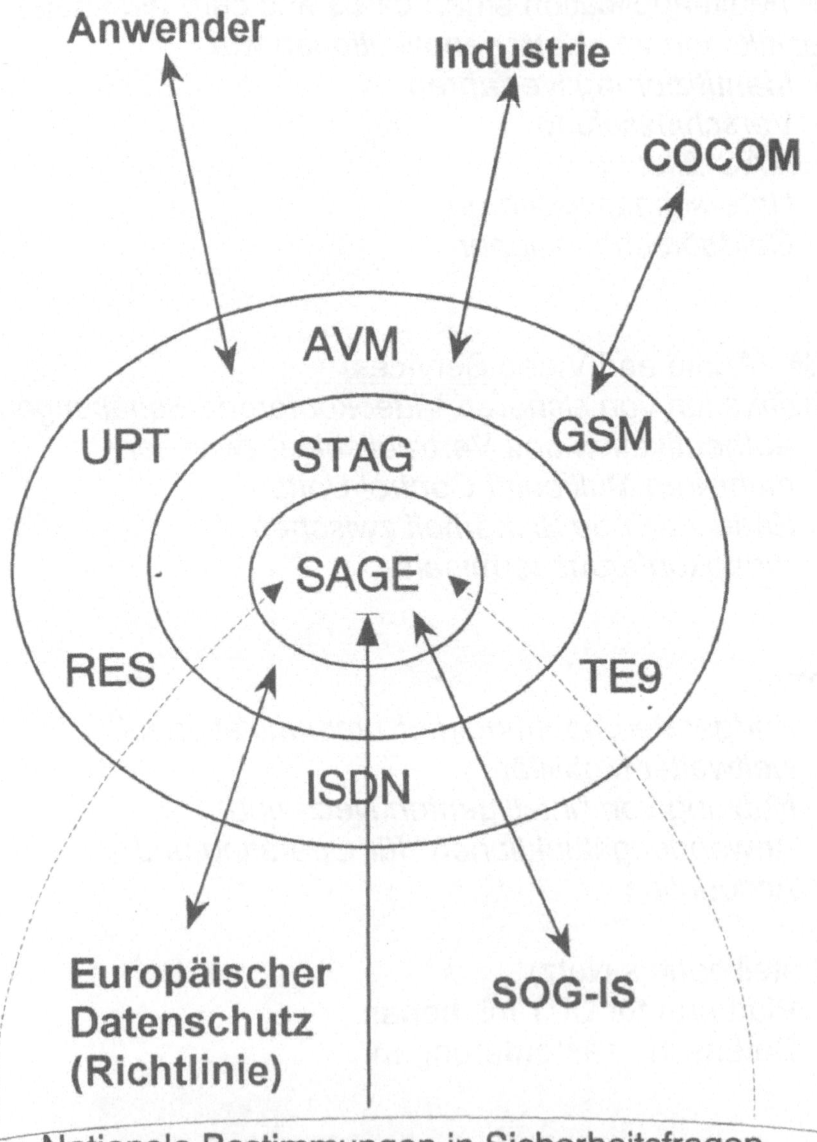
Einflüsse auf die Standardisierung
von Sicherheitsmechanismen
Anwender
Industrie
COCOM
AVM
UPT
STAG
GSM
SAGE
RES
TE9
ISDN
Europäischer
Datenschutz
(Richtlinie)
SOG-IS
Nationale Bestimmungen in Sicherheitsfragen

## Sicherheitsattribute des paneuropäischen Mobilkommunikationssystems (GSM)

Ziel: *Dem Funksystem soll der gleiche Schutz verliehen werden, wie ihn Festnetze per se bieten*

Vier Sicherheitsdienstmerkmale:

- Authentikation der Teilnehmeridentität
  *"authentication is a national matter"*
- Vertraulichkeit der Teilnehmeridentität
- Schutz der Zeichengabeinformationen
- Vertraulichkeit der Benutzerdaten

Unter Verwendung von:

- PIN-geschütztem "Subscriber Identity Module",
  d.h. einer Chipkarte
- Symmetrischen Kryptoverfahren
  (One way-function, Chiffrierverfahren)

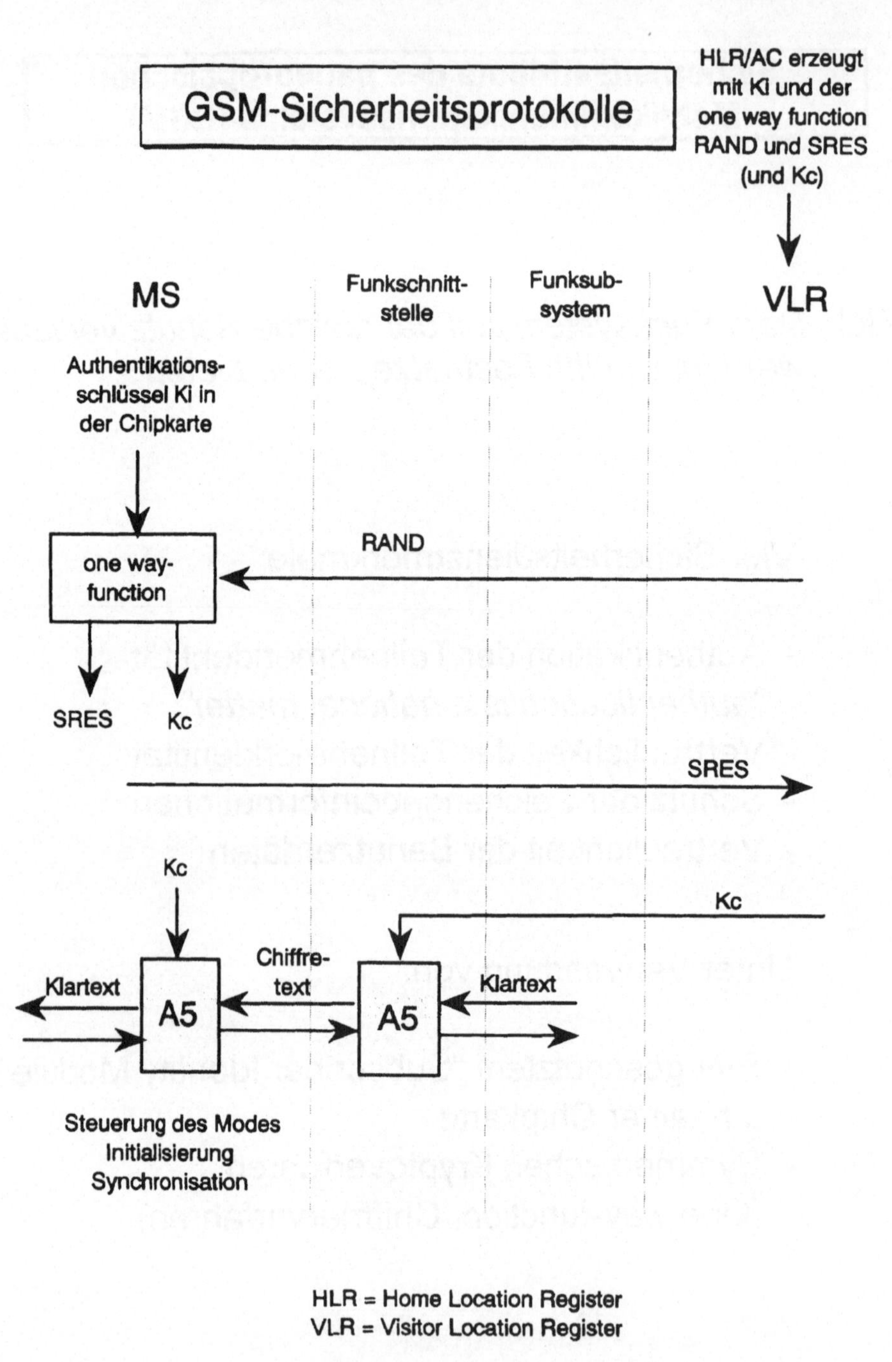
GSM-Sicherheitsprotokolle
HLR/AC erzeugt mit Ki und der one way function RAND und SRES (und Kc)
MS
Funkschnitt-stelle
Funksub-system
VLR
Authentikations-schlüssel Ki in der Chipkarte
one way-function
RAND
SRES
Kc
SRES
Kc
Kc
Kc
Chiffre-text
Klartext
A5
Klartext
A5
Klartext
Steuerung des Modes
Initialisierung
Synchronisation
HLR = Home Location Register
VLR = Visitor Location Register

## Exportregelungen für GSM- Sicherheitstechnik

Kryptoverfahren A5/1 zum Schutz von Signalisierungs- und Nutzdaten auf der Funkstrecke

A5/1 wird an alle GSM-MoU-Staaten und an alle COCOM-Unterzeichnerstaaten exportiert.

Außerdem werden im Einzelfall auch Lieferungen an weitere Staaten (z.B. Australien, Neuseeland, Hongkong oder VAR) genehmigt.

Eine weitere "exportfähige Version ", A5/2, wird an Länder wie Südafrika, Saudi-Arabien oder einige Länder Südafrikas geliefert.

Die Kompatibilitätsprobleme beim Roaming zwischen A5/1- und A5/2-Netzen werden durch zusätzliche Signalisierungen zwischen Mobilstation und Basisstation gelöst.

## Grenzen des freien Sicherheitsmarktes

Anforderungen an Telekommunikationsstandards
- *Einheitlichkeit*
- *Öffentlichkeit*
- *freie Verfügbarkeit*
- *Import-/Exportfähigkeit*
- *einheitliches Operating und Accounting*

gelten auch für Sicherheitsstandards


Nationale Außenwirtschaftsgesetze und COCOM-
Bestimmungen bieten keine befriedigende Lösung

**Es fehlen innerhalb der EG die politischen
Randbedingungen**


Einheitliche Richtlinien sind notwendig für
- *Export- / Importbeschränkungen für Kryptotechnik*
- *Registrierung und Kontrolle des Einsatzes von
  Systemen mit Kryptotechnik nach nationalen
  sicherheitspolitischen Vorgaben*
- *Datenschutzvorschriften*
- *Vorgaben für die Evaluierung sensibler Systeme
  nach ITSEC*

# Sektionsleiter und Referenten

**Prof. Dr. Kurt Bauknecht,** Direktor Institut für Informatik,
Universität Zürich-Irchel

**Wolfgang Bender,** Abteilungsdirektor, Dresdner Bank AG, Frankfurt

**Dipl.-Inform. Petra Borowka,** Geschäftsführerin,
Unternehmensberatung Netzwerke UBN, Stolberg

**Prof. Dr. Alfred Büllesbach,** Leiter Datenschutz und IV-Sicherheit,
debis Systemhaus GmbH, Leinfelden-Echterdingen

**Dipl.-Kfm. Heinz A. Gartner,** Projektleiter Informationssicherheit, BIFOA, Köln

**Dr. Ivo Geis,** Rechtsanwalt, Ortner & Geis Rechtsanwälte, Hamburg

**Dipl.-Ing. Harald Hauff,**
BSI - Bundesamt für Sicherheit in der Informationstechnik, Bonn

**Privatdozent Dr. Heinrich Kersten,** Referatsleiter,
BSI - Bundesamt für Sicherheit in der Informationstechnik, Bonn

**Dipl.-Math. Klaus Keus,** Akkreditierung und Normung,
BSI - Bundesamt für Sicherheit in der Informationstechnik, Bonn

**Dr. Gerhard Klett,** Gruppenleiter Informatik-Sicherheit, BASF AG, Ludwigshafen

**Dr. Heiko Lippold,** Geschäftsführer des BIFOA, Köln

**Teresa F. Lunt,** Program Director, Secure Systems,
SRI International, Menlo Park, CA

**Wilhelm Möller,** Handlungsbevollmächtigter, Abteilungsleiter Systemtechnik,
Kühne & Nagel (AG & Co) Zentralkontor ZES, Hamburg

**Dipl.-Kfm. Michael Müller-Berg,** Geschäftsführer,
LION EDInet Gesellschaft für Kommunikation mbH, Köln

**Dipl.-Phys. Peter-M. Oden,** stv. Abteilungsleiter,
GERLING-KONZERN Gesellschaft für Informationsmanagement
und Organisation mbH, Köln

**Dipl.-Ing. Norbert Pohlmann,** Geschäftsführer, KryptoKom GmbH, Aachen

**Dr. Karl Rihaczek,** Bad Homburg

**Prof. Dr. Paul Schmitz,** Direktor des BIFOA, Bergisch Gladbach

**Jörg Steindecker,** Geschäftsführer, S&S International (Deutschland) GmbH, Hamburg

**Dr. Dirk Stelzer,** Gruppenleiter Informationssicherheit, BIFOA, Köln

**Ministerialrat Dr. Dr. Gerhard van der Giet,**
Leiter Referat ZI 1 IT-Grundsatzfragen, Deutscher Bundestag - Verwaltung -, Bonn

**Hennig R. Wilke,** Geschäftsführer, UniWare Computer GmbH, Berlin

**Dipl.-Math. Klaus-Dieter Wolfenstetter,** Forschungsgruppenleiter Kryptologie,
Forschungszentrum der DBP TELEKOM, Darmstadt

## Programm- und Organisations-Komitee

**Dietrich Cerny**, Referent, Bundesministerium des Innern, Bonn

**Klaus O. Fruhner**, Dezernent für Wirtschaft und Stadtentwicklung der Stadt Köln

**Dipl.-Kfm. Heinz A. Gartner**, Projektleiter Informationssicherheit, BIFOA, Köln

**Dipl.-Betriebsw. Hermann Josef Hoss**, Mitglied des Vorstands,
GERLING-KONZERN Zentrale Verwaltungs-AG, Köln;
Geschäftsführer, GERLING-KONZERN Gesellschaft für Informationsmanagement
und Organisation mbH, Köln

**Andrea Kubeile**, Geschäftsstellenleiterin, NOVELL GmbH, Düsseldorf

**Dr. Heiko Lippold**, Geschäftsführer des BIFOA, Köln

**Dr.-Ing. Karl Rihaczek**, Bad Homburg

**Prof. Dr. Paul Schmitz**, Direktor des BIFOA, Bergisch Gladbach

**Prof. Dr. Dietrich Seibt,** Universitätsprofessor, Lehrstuhl für Wirtschaftsinformatik,
insb. Informationsmanagement der Universität zu Köln,
Geschäftsführender Direktor des BIFOA

**Dipl.-Volkswirt Werner Stüttem**, Referent für Technologietransfer der Stadt Köln

## An der Ausstellung teilnehmende Firmen und Verlage sowie Sponsoren

Algorithmic Research GmbH, Dietzenbach

Computerwoche Verlag GmbH, München

Datenschutz-Berater, Frechen

Digital Equipment GmbH, München

FastNet Computers GmbH, Bochum

FBO Verlag GmbH, Baden-Baden

GIK Gesellschaft für Information, Kommunikation
und DV-/RZ-Beratung GmbH, Hamburg

Kriminalistik Verlag, Heidelberg

MITSUBISHI ELECTRIC EUROPE GMBH, Ratingen

ORACLE Deutschland GmbH, Stuttgart

ProPress Verlag, Bonn

Schumann Unternehmensberatung GmbH, Köln

SecuMedia Verlags GmbH, Ingelheim

SmartDiskette Marketing GmbH, Idstein

Sun Microsystems, Ratingen

UniWare Computer GmbH, Berlin

uti-maco Software GmbH, Oberursel

Verlagsgesellschaft Rudolf Müller GmbH, Köln

Vieweg Verlag, Wiesbaden

Die Zeitschrift zu
Datenschutz und Datensicherung
Recht und Sicherheit der Informations- und
Kommunikationssysteme

*Geschäftsführende Herausgeber*

Dr. K. Rihaczek, Bad Homburg
RA Dr. H. Meister, Wiesbaden

*Redaktion*

Dr. K. Rihaczek, Bad Homburg

*Herausgeberrat*

Dr. H. Auernhammer, Bonn
Dr. W. Brack, Ratingen
Dr. H. Bäumler, Kiel
Prof. Dr. A. Büllesbach, Stuttgart
H. Burkert, St. Augustin
Dr. W. Dohr, Wien
Dr. E. Hort, Hamburg
Dr. J. Jacob, Bonn
H. Laduga, Frankfurt

Dr. H. Lippold, Köln
Dr. G. Lutz, München
Dr. A. Pfitzmann, Hildesheim
Dr. R. Schweizer, St. Gallen
Dr. K. Stollreither, München
Dr. E. Frhr. von Uckermann,
Hannover
W. Vaupel, Frankfurt
C. P. Wilde, München
K.-D. Wolfenstetter, Darmstadt

DuD wendet sich an alle im deutschen Sprachraum mit Datenschutz und Datensicherung, Informationsrecht und sicheren Kommunikationssystemen befaßte Personen und Institutionen. Sie will sich der Einbettung der Informationstechnik in Rechts- und Kommunikationssysteme widmen und dabei

- die Tätigkeit und fachliche Unabhängigkeit des Datenschutzbeauftragten unterstützen
- das Verständnis für den Datenschutz und die Aufgaben des Datenschutzbeauftragten fördern
- Unsicherheiten bei der Handhabung der Gesetze beseitigen
- fundierte praktische Anleitungen geben
- der Verbreitung von Sachkenntnis und der Diskussion von Sachverständigen dienen
- über Ereignisse, Entwicklungen, gesetzliche Bestimmungen, Rechtsprechung, technisch-organisatorische Maßnahmen, Literatur und Ausbildung informieren, wobei eine qualifizierte Darstellung Vorrang vor der Aktualität haben soll
- beteiligte Gruppen zu Wort kommen lassen
- die Arbeitsergebnisse repräsentativer Gremien mitteilen und diskutieren
- im Zweifel einer anspruchsvollen, aber richtigen vor einer leicht verständlichen, aber ungenauen Darstellung den Vorzug geben
- die Interessen der Wirtschaft und der Praxis berücksichtigen

Bitte fordern Sie ein kostenloses Probeheft beim Verlag an!

Verlag Vieweg · Postfach 58 29 · D-6200 Wiesbaden 1